ÉTICA APLICADA
Y DEMOCRACIA RADICAL

ADELA CORTINA

ÉTICA APLICADA Y DEMOCRACIA RADICAL

Diseño de cubierta:
Joaquín Gallego

1.ª edición, 1993
2.ª edición, 1997
3.ª edición, 2001
4.ª edición, 2007
5.ª edición, 2008
6.ª edición, 2012
Reimpresión, 2022

Reservados todos los derechos. El contenido de esta obra está protegido por la Ley, que establece penas de prisión y/o multas, además de las correspondientes indemnizaciones por daños y perjuicios, para quienes reprodujeren, plagiaren, distribuyeren o comunicaren públicamente, en todo o en parte, una obra literaria, artística o científica, o su transformación, interpretación o ejecución artística fijada en cualquier tipo de soporte o comunicada a través de cualquier medio, sin la preceptiva autorización.

© ADELA CORTINA, 1993
© EDITORIAL TECNOS (GRUPO ANAYA, S. A.), 1993, 2022
Juan Ignacio Luca de Tena, 15 - 28027 Madrid

ISBN: 978-84-309-4778-2
Depósito Legal: M. 21.698-2012

Printed in Spain

ÍNDICE

INTRODUCCIÓN .... *Pág.* 11

PARTE I
EL HIBRIDISMO IDEOLÓGIGO

1. DEMOCRACIA SIN DOGMAS 25
2. LAS CONTRADICCIONES DEL LIBERALISMO POLÍTICO 30
    1. VARIEDADES DEL LIBERALISMO 30
    2. LA ÉTICA, DE NUEVO «*ANCILLA*» 32
    3. DEL LIBERALISMO FILOSÓFICO AL LIBERALISMO POLÍTICO 33
    4. EL SENTIDO DEL LIBERALISMO POLÍTICO 36
    5. UN NÚCLEO MÍNIMO DE VALORES MORALES 39
    6. ÉTICA-FICCIÓN: EL IDEAL DE HOMBRE 41
    7. BALANCE DEL LIBERALISMO POLÍTICO 44
3. LEGITIMACIÓN DEL ESTADO Y TECNOLOGÍA SOCIAL 48
    1. UNA VISIÓN FALIBILISTA DEL SISTEMA DE LA SABIDURÍA 49
    2. RACIONALIDAD ECONÓMICA Y PRAXIS POLÍTICA RACIONAL 50
    3. «LEGITIMACIÓN» DEL ESTADO Y TECNOLOGÍA SOCIAL 52
    4. LOS FINES DEL ESTADO 54
    5. EL MÉTODO DE LA PRAXIS POLÍTICA RACIONAL 57
4. IZQUIERDA SIN DOGMAS: UN SOCIALISMO PROCEDIMENTAL . 60
    1. BUENO, PERO ¿QUÉ ES EL SOCIALISMO? 60
    2. IZQUIERDA SIN DOGMAS 63
    3. LA PROFUNDIZACIÓN EN LA DEMOCRACIA. UNA ÉTICA DE LAS INSTITUCIONES 65
    4. TRES OPCIONES PARA EL SOCIALISMO 67
    5. UN SOCIALISMO PROCEDIMENTAL 70
5. SOCIALISMO DEMOCRÁTICO LIBERAL 72
    1. LA CONSTITUCIÓN DEL YO 72
    2. «SOCIALISMO PRAGMÁTICO-TRASCENDENTAL» 77
    3. EL FACTUM DEL HIBRIDISMO 79
    4. SOCIALISMO DEMOCRÁTICO LIBERAL 80

8   ÉTICA APLICADA Y DEMOCRACIA RADICAL

  4.1. *Tres tradiciones* 80
  4.2. *Igualdad compleja: una sociedad sin dominación* 82

PARTE II

DEMOCRACIA RADICAL

6. DOS CONCEPTOS DE DEMOCRACIA: HOMBRE ECONÓMICO FRENTE A HOMBRE POLÍTICO 89

 1. Dos conceptos de democracia 89
 2. El modelo participativo 91
 3. Los haberes del modelo elitista 94
 4. ¿Qué hacer? 97

7. ÉTICA DEL DISCURSO Y DEMOCRACIA PARTICIPATIVA 100

 1. Una democracia a la altura de los tiempos 100
 2. Una democracia participativa comunitaria: *democracia fuerte* .. 102
 3. ¿Fundamenta la ética del discurso una democracia participativa? 107
 4. «Aplicación» del principio de la ética discursiva al ámbito político 112

  4.1. *La propuesta de K.O. Apel* 113
  4.2. *Un modelo de democracia inspirado en la Teoría del Discurso de J. Habermas* 115

 5. Ética del discurso y democracia participativa 119

8. RADICALIZAR LA DEMOCRACIA DESDE UN NUEVO SUJETO MORAL 123

 1. La crítica del sujeto 123
 2. Hacia una figura inédita de sujeto 124
 3. El *factum* de la autonomía 126
 4. Nuevo humanismo *versus* neoindividualismo 128
 5. La teoría del sujeto en la pragmática formal 132

  5.1. *La génesis psicosocial del sujeto* 132
  5.2. *La doble dimensión del sujeto: autonomía y autorrealización* .. 133
  5.3. *Un concepto transformado de autonomía* 135

    5.3.1. Irrebasabilidad de la intersubjetividad 135
    5.3.2. Irrebasabilidad de la subjetividad 137

 6. Diversos usos del término «autonomía» 140

  6.1. *El ámbito político* 140
  6.2. *El ámbito moral* 141
  6.3. *El ámbito médico* 141
  6.4. *El ámbito pedagógico* 142

ÍNDICE 9

9. IDEAL PARTICIPATIVO Y SOCIEDAD CIVIL 143
   1. EL IDEAL DEL PARTICIPACIONISMO 143
   2. EL PÉNDULO DE LA HISTORIA 144
   3. EL DESENCANTO POLÍTICO 147
   4. ADIÓS A HEGEL: EL POTENCIAL ÉTICO DE LA SOCIEDAD CIVIL 150
   5. ÉTICA DE LA SOCIEDAD CIVIL: DE LOS DERECHOS A LAS RESPONSABILIDADES 154

PARTE III
LOS RETOS DE LA ÉTICA APLICADA

10. EL ESTATUTO DE LA ÉTICA APLICADA 161
    1. ÉTICA Y MORAL 162
    2. TAREAS DE LA ÉTICA 164
    3. EL AUGE DE LA ÉTICA APLICADA 165
    4. EL ESTATUTO DE LA ÉTICA APLICADA 166
    5. APLICACIÓN DE LA ÉTICA DISCURSIVA 169
    6. SEIS HIPÓTESIS PARA UNA ÉTICA APLICADA 174

11. MODOS DE ENTENDER LO MORAL 178
    1. MORAL DEL CARÁCTER. MORAL COMO CAPACIDAD PARA ENFRENTAR ANTE LA «DESMORLIZACIÓN» 178
    2. MORAL COMO BÚSQUEDA DE LA FELICIDAD 180
    3. MORAL DEL DEBER. MORAL COMO CUMPLIMIENTO DE DEBERES HACIA LO QUE ES EL FIN EN SÍ MISMO 182

        3.1. Los inevitables conflictos entre lo justo y lo placentero 182
        3.2. Límite de los deberes incondicionados: el problema de la violencia legítima 183

    4. MORAL DE LAS VIRTUDES COMUNITARIAS 192
    5. MORAL COMO CUMPLIMIENTO DE PRINCIPIOS UNIVERSALES 193

12. ÉTICA CÍVICA 195
    1. ¿MORAL CIVIL O MORAL RELIGIOSA? 195
    2. LAICISMO Y FIDEÍSMO 197
    3. ¿QUÉ SIGNIFICA «FUNDAMENTAR LA MORAL»? 200

        3.1. Complejidad del fenómeno moral 200
        3.2. El cristianismo no es una moral 201

    4. ÉTICAS DE MÁXIMOS Y ÉTICAS DE MÍNIMOS 202
    5. LOS FUNDAMENTOS ÉTICOS DE LA MORAL CÍVICA 206

13. MORAL DIALÓGICA Y EDUCACIÓN DEMOCRÁTICA 210
    1. ¿VALE LA PENA ENSEÑAR LA VIRTUD? 210

10   ÉTICA APLICADA Y DEMOCRACIA RADICAL

    2. Insuficiencia de la adquisición de destrezas para construir una sociedad democrática 212
    3. Niveles de la educación moral 214
    4. De la indoctrinación a la herencia moral 217
    5. Moral dialógica y educación democrática 219

14. UN CONCEPTO «TRANSFORMADO» DE PERSONA PARA LA BIOÉTICA 223

    1. El ámbito de la bioética 223
    2. Los principios de la bioética 224
    3. El discurso de la dignidad personal 228
    4. La autonomía como fundamento de la dignidad 230
    5. ¿De qué es digna una persona? 233
    6. Aplicación a la bioética del concepto de persona como interlocutor válido 236

15. MORIR HUMANAMENTE 241

    1. El juego inhumano de las etiquetas 241
    2. La muerte desde el horizonte de la felicidad 243
    3. La muerte desde el horizonte deontológico 246

        3.1. La muerte involuntaria 247
        3.2. La muerte voluntaria 248

16. ASPECTOS ÉTICOS DEL PROYECTO «GENOMA HUMANO» 252

    1. El temor de los científicos ante una ética inquisitorial 252
    2. El proyecto Genoma Humano 253
    3. Un mundo de recelos éticos 254
    4. ¿Cómo responder éticamente? 257
    5. El sujeto ético de la decisión 258
    6. Justificación ética del Proyecto Genoma Humano 260

17. ÉTICA DE LA EMPRESA: SIN ÉTICA NO HAY NEGOCIO 263

    1. ¿Es posible una ética económica? 263
    2. «El negocio es el negocio»: un viejo tópico 266
    3. El nacimiento de la ética empresarial o ética de los negocios ... 268
    4. «Comunitarismo» empresarial frente a individualismo abstracto . 271
    5. De la ética de la convicción a la ética de la responsabilidad, pero no al pragmatismo 272
    6. Valores de una empresa post-taylorista 274
    7. ¿Qué es la ética empresarial? 277
    8. La ética empresarial en el contexto de una ética cívica 280
    9. ¿Un nuevo opio del pueblo? 282
   10. Que la ética sea rentable no es inmoral 283

ÍNDICE DE AUTORES 285

INTRODUCCIÓN

La idea de un progreso indefinido, tanto en la dimensión técnica como en la dimensión moral de los hombres, ha quedado desenmascarada —como sabemos— como uno de esos mitos que fingió el mundo moderno, apoyados, por decirlo con Lyotard, en metarrelatos. En el metarrelato, en este caso, de una humanidad que progresa hacia su emancipación, al ir liberándose paulatinamente de la sujeción a la naturaleza y de esa otra sujeción esclavizadora: la propensión a obrar mal. Es ya de común dominio que la idea de progreso latió con fuerza en cuantas corrientes de pensamiento y acción alumbró la Modernidad, y que son las críticas a la razón moderna las que la desenmascararon como un mito. El saber postmoderno —esto es hoy ya viejo— se caracteriza por lanzarse sin red al espacio, por rehusar el apoyo de acogedores metarrelatos, como el que sustentaba el mito moderno del progreso indefinido.

Sin embargo, con metarrelatos o sin ellos, lo bien cierto es que el propósito de progresar, si no indefinidamente, al menos un poco, parece acompañar a la naturaleza de los hombres, tal vez no desde una teleología como la que presidió la filosofía de la historia, tal vez no asegurando un final feliz a nuestros esfuerzos, pero sí desde la *voluntad indeclinable de alcanzar nuevas metas*. Porque una cosa es diseñar utopías perfectamente detalladas, en las que quedan fijadas las formas de organización política, económica y social del lugar soñado, otra muy diferente aspirar a metas e ideales, a un mundo pensado y pre-sentido como mejor.

Esta aspiración, si no a lo mejor, al menos a algo mejor, sigue acompañando a los hombres en este nuestro tiempo post-utópico, como se echa de ver, sin ir más lejos, en ese constante afán por construir una *democracia auténtica*. Porque la experiencia de organizaciones políticas no democráticas hizo nacer la aspiración a la democracia, pero, cuando tal aspiración se convirtió en realidad, nació otra nueva: la de alcanzar una *verdadera* democracia o, por decirlo con otras palabras, una *democracia radical*.

La expresión «democracia radical» viene siendo hoy un invitado habitual en los escritos sobre ese campo del saber al que los anglosajones llaman «filosofía moral» y que abarca todo el ámbito de la reflexión acerca del obrar: ética, filosofía política, filosofía del derecho y de la religión. En este vasto terreno proliferan hoy, en consonancia con la aspiración a que nos hemos referido, los trabajos sobre las características, posibilidades y límites de la democracia. Y, en estrecha conexión con tópicos tales como la discusión en torno a los modelos de democracia elitista o participativa, directa o indirecta, representativa y un largo etcétera, ha hecho fortuna el que presta parte del título a este libro: democracia radical.

Ciertamente, resulta imposible asignar un significado unívoco a un término como éste, porque las expresiones tan sobradamente cargadas de historia como él han ido recibiendo en manos de sus sucesivos acuñadores connotaciones diversas, para desesperación de los neopositivistas lógicos, deseosos de atribuir a cada término un significado preciso, y para fortuna de cuantos pretendemos conferir a alguno de ellos al menos una leve impronta personal, dentro del contexto de un cierto consenso semántico.

Porque en principio el discurso sobre la democracia radical revela al menos *tres rasgos* en la actitud de quienes lo mantienen: que atribuyen una gran importancia para la vida humana en su conjunto a lograr una forma de organización democrática; que, dada su importancia, les preocupa determinar teórico-prácticamente en qué consiste una «auténtica» democracia, y, en tercer lugar, que hacen coincidir a esta última con una democracia radical, en cuya realización merece la pena comprometerse teórica y prácticamente.

Ahora bien, dentro de este amplio sentido compartido es preciso ir reconociendo *diversas posiciones*, que marcan diferencias de envergadura, diferencias que conviene ir aclarando desde el comienzo por precisar en qué sentido entenderá este libro una democracia que toca la raíz.

En principio, un amplio grupo de tradición *marxista* y *anarquista* entiende en realidad por democracia radical la superación de la democracia y de cualquier forma de dominación política, ya que, desde su lectura de la realidad social, la política es una de las formas de dominación ejercida por la clase dominante, de modo que en una sociedad sin clases desaparecerá la política estatal y en su lugar se fortalecerá la relación social entre productores libremente asociados, que desde su libertad organizarán la vida económica; o bien —por decirlo con el anarquismo— la política, como forma de poder corruptor absoluto, será sustituida por el conjunto de hombres autónomos, que toma sus decisiones asambleariamente.

No es de este tipo de democracia radical, que exige su superación, del que quiero hablar en este libro, porque en él apuesto, siguiendo una trayectoria ya iniciada en otros trabajos, por *metas moralmente deseables y técnicamente realizables*, y sabemos —o deberíamos saber a estas alturas de la historia— que la *organización política es una de las formas inevitables de organización social*. No cabe, por tanto, exigir su eliminación, sino algo más paciente y costoso, en lo que es preciso empeñar todos los haberes de la racionalidad moral y de la instrumental: lograr que la forma política sea *legítima* y que los procedimientos de toma de decisión garanticen al máximo resultados *justos*.

De este tipo de democracia quisiera hablar en el presente libro, porque, a mi juicio, más allá del anarquismo y del materialismo histórico, se trata de ir pergeñando los rasgos de una forma de gobierno legítimo, que nos permita esperar de él decisiones justas. Forma de gobierno que tampoco coincidiría con la que propone un segundo grupo de defensores de una democracia radical.

Para este *segundo grupo*, hoy en día ampliamente representado por el *movimiento comunitario*, la dignidad de la política es tal —a diferencia del grupo anterior—, que la hacen coincidir con la totalidad de la vida social humana, de suerte que la idea de hombre como animal político vuelve a entenderse en el sentido aristotélico: el hombre es un ser dotado de razón y habla —es un animal social—, que sólo en la forma más perfecta de comunidad social —en la comunidad política— puede alcanzar su perfección y felicidad. Animal social y animal político se identifican y ser ciudadano es lo más elevado que un hombre puede ser[1].

Puesto que «democracia» no significa sino «gobierno del pueblo», y puesto que este gobierno se entiende sobre la base de la *isonomía*, es decir, de la igualdad entre los ciudadanos, para este grupo será democracia radical aquella que exige la participación directa de todos los ciudadanos en la toma de decisiones.

Preciso es reconocer que si las propuestas del primero de los grupos mencionados están sobradamente desprestigiadas en nuestro momento, tanto teórica como prácticamente, las invitaciones participacionistas menudean, por el contrario, sobre todo en el comunitarismo norteamericano, y el tipo de insatisfacción que genera su crítica a la democracia representativa es, en el fondo, bien similar: decepcionados por el *tipo de hombre* y *de relaciones humanas* que genera la triunfante democracia liberal, proponen los participacionistas comunitarios desde corrientes

---

[1] También el republicanismo —tanto el comunitarista como el liberal— identifica en muy buena medida lo social y lo político. Ver al respecto Ph. Pettit, *El republicanismo*, Paidós, Barcelona, 1999; J. Conill y D. Crocker (eds.), *Republicanismo y educación cívica*, Comares, Granada, 2003.

diversas considerar como un requisito indispensable para una democracia auténtica la participación *significativa* de cada ciudadano en la toma de decisiones. Porque recuerdan —y no sin razón— que liberalismo y democracia tienen raíces diversas, la defensa de la libertad el primero, la de la igualdad en la participación, la segunda; de suerte que el auténtico demócrata siempre exigirá una mayor participación de los ciudadanos y confiará en ellos, mientras que el liberal, por el contrario, continuará abogando por una limitación del poder político y por un gobierno representativo.

Quitar la razón a los comunitarios en este punto resulta difícil, porque los más sesudos defensores de la democracia liberal no tienen inconveniente alguno en reconocer la verdad del aserto, incluso en afirmar que a la democracia, a la sociedad abierta, el valor le viene de defender los derechos y libertades individuales, por muy paradójicamente que lo haga. Por eso no parece que el defensor de una democracia liberal representativa vaya a tener mucha simpatía por esas democracias radicales, basadas en el aprecio a la igual participación. Y, sin embargo, en este punto se produce una curiosa confusión en algunas corrientes, defensoras de la democracia representativa, que quisiera comentar desde el comienzo, por ir precisando posiciones.

Sin duda el comunitarismo adolece de grandes limitaciones que le hacen inviable, como es el problema de las dimensiones que hoy tiene cualquier comunidad política, y no digamos las comunidades transnacionales. Sin embargo, a mi juicio, su dificultad fundamental consiste en la *confundente identificación entre lo social y lo político*, identificación que se produjo en Grecia, pero que en los tiempos modernos y postmodernos ni existe, ni es técnicamente realizable ni resulta moralmente deseable.

No existe porque la coincidencia entre «comunidad autosuficiente» (*polis*) y cuerpo social se quebró históricamente, al menos desde los albores de la Modernidad, y *la dimensión política, la que dice relación al Estado, es sólo una de las dimensiones sociales*, pero no la única, como muestra cualquier análisis razonable de la sociedad. Sin embargo, el comunitario al identificar teóricamente lo social y lo político —cuando en la realidad son dimensiones diferenciables— y al conferir una dignidad peculiar a lo político, como si fuera lo social, no está haciendo —a mi modo de ver— sino un flaco servicio, porque parece que cualquier asociacionismo no político es egoísta y cuasi indigno, mientras que las actividades políticas se encuentran revestidas de dignidad.

Preciso es recordar desde el comienzo, por ir eliminando confusiones, aunque trataremos con mayor detenimiento esta idea a lo largo del libro, que el prestigio le viene a la política precisamente de una tradición aristotélica y hegeliana, que ya sólo existe en los libros, y funciona ideológicamente: la tradición según la cual el Estado es el lugar en que se defiende lo *universal*, mientras que la sociedad civil es el lugar en que se regulan intereses *particulares* en conflicto, tratando de lograr un equilibrio. Con lo cual sucede que *lo político* acaba identificándose con *lo ético*, y recibiendo una especial dignidad, porque lo político es el lugar de lo universal y también lo ético lo es; de suerte que la mayor gloria de un hombre consiste entonces en ser ciudadano: en participar en la comunidad política que es a la vez comunidad ética.

Sin embargo, esta *identificación entre lo social, lo ético y lo político* es inexistente de hecho y sólo puede cumplir el papel de una *ideología* a la que llamaremos *«imperialismo político»*, que legitima la intervención de la política vigente en todos los resquicios de la vida social, como si todos los sectores de la sociedad civil fueran menores de edad en materia de aspiración a lo universal. ¿No deberíamos decir mejor, con M. Walzer, que lo social se compone de esferas diversas, y que el tipo de igualdad a la que podemos y debemos tender —la igualdad *compleja*— exige que quien posea legítimamente los bienes propios de una esfera no pueda desde ellos poseer los de los restantes, porque esto sí sería dominación ilegítima? El económicamente fuerte no debe adueñarse del poder político, pero tampoco el político electo debe apoderarse de las demás esferas[1 bis].

En este sentido una democracia lúcida, radical, desalentará —creo yo— el *imperialismo político* de los *participacionistas* que identifiquen lo social y lo político, pero más todavía el de *ciertos defensores de la democracia representativa* que, después de atacar por ilusorio al participacionismo de los comunitarios, después de anunciar que la democracia representativa es el único modelo viable, después de convenir en que la democracia no es sino un conjunto de procedimientos para regular intereses particulares en conflicto, pasan a afirmar, de modo totalmente inconsecuente, que avanzar hacia una democracia más plena, *«profundizar en la democracia»* significa extender los mecanismos de la democracia representativa a todas las formas de la vida social. Con lo cual los representantes elegidos por el pueblo para cosa tan necesaria, pero modesta, como organizar los intereses particulares en conflicto para que la sociedad no estalle, acaban interfiriendo en todas las demás formas de organización social, y los mecanismos propios de cosa tan necesaria, pero modesta, como la política, acaban extendiéndose a los restantes ámbitos, en los que debería regir una lógica distinta[2].

[1 bis] M. Walzer, «Liberalism and the Art of Separation», *Political Theory*, vol. 12, n.º 3 (1984), pp. 315-330; *Spheres of Justice*, Blackwell, Oxford, 1985.
[2] Ver capítulo 5 del presente libro.

Aquí se plantea, a mi modo de ver, un grave problema porque el término «democracia» significa claramente «gobierno del pueblo» y «gobierno del pueblo», a su vez, nos remite a participación del pueblo, que en sus orígenes fue directa. Aquí lo social y lo político coincidían. Pero la configuración del Estado moderno llevó al «gobierno representativo», acompañado de un sufragio más o menos amplio, de suerte que los ciudadanos tienen por tarea política elegir representantes y, si quieren desarrollar su capacidad de participación, se ven obligados a hacerlo en otras esferas sociales, distintas de la política. Con lo cual propiamente hay posibilidad de democracia, entendida en el sentido etimológico del término, en otros ámbitos, y no en el político; y, sin embargo, la expresión «democracia» sigue reservándose para lo político, cuando en este ámbito triunfa en realidad el gobierno representativo con un sufragio del que se excluyen los menores de edad y algún otro grupo.

Extender a todos los ámbitos de la vida social el mecanismo del gobierno representativo supone, pues, introducir un imperialismo político y de forma harto falaz, porque si reconocemos que el ideal de *participación significativa* que pretenden los participacionistas no puede ejercerse en la vida política, porque llevaría a asamblearismo y otros males, es preciso respetar otros ámbitos sociales en los que tal vez ese ideal pueda encarnarse, y no reducir permanentemente a los individuos al papel de *electores*.

No en vano algún experto en educación ha preguntado si la educación para la democracia que pretende darse a los niños no debería consistir en prepararles para saber elegir a los compañeros que han de representarles más que en ayudarles a desarrollar su capacidad participativa, porque en este segundo caso estaríamos preparándoles para una tarea que bien poco van a ejercer[3].

Y es que es posible que en múltiples ámbitos de la vida social sea inevitable organizarse de modo representativo, pero eso no puede impedir que otros campos se organicen de un modo distinto, porque sin duda la homogeneización mata la vida, mata la peculiaridad de diferentes actividades que no pueden someterse a idéntico rasero.

Creo que confusiones de este tipo llevan a plantear permanentemente el deseo de realizar una auténtica democracia política, deseo al que suele seguir el sarcasmo de los representacionistas, que ridiculizan por ilusoria o critican por dañina tal pretensión, sin querer darse por enterados

---

[3] No es ésta la opción que defenderé, como puede verse en el capítulo 13 del presente libro.

de que *el participacionismo es al menos la expresión de un doble sentimiento: la insatisfacción por una forma de organización política que reduce la participación social de los ciudadanos al papel de electores ocasionales, pero también la insatisfacción por entender igualmente que la participación de los hombres en las actividades públicas se reduce al papel de electores en la cosa estatal.*

Se trata de una insatisfacción recurrente, que no ha sido capaz por el momento de plasmar una alternativa técnicamente realizable en la vida política, tal vez porque como decía J. L. Aranguren, la democracia participativa es ante todo una aspiración moral. Mientras que la democracia política se las ha necesariamente con el mundo de la prudencia y la estrategia, la pretensión participativa es cosa de una «democracia como moral» —decía ya hace años J. L. Aranguren[4]—, y la historia le ha dado la razón, porque la insatisfacción por la escasa participación en asuntos que a todos nos afectan ha ido generando en la vida social una multiplicidad de exigencias éticas, que se plasman en ese conjunto al que se ha llamado *«éticas aplicadas»,* éticas que tienen en común la necesidad y el deseo de que en los distintos campos sean los *afectados* por las decisiones quienes tengan no sólo la última, sino también algo más que la última palabra.

La ética es algo más —mucho más— que una moda o que una cosmética. Naturalmente puede utilizarse como maquillaje en la política y en las empresas o como mercancía en las publicaciones, ya que al cabo todo puede ser convertido en cosmética, en mercancía y en moda, pero si puede usarse con fines espurios es porque ya tiene un valor para el público, porque es un reclamo que sirve para movilizar sentimientos y voluntades.

Según Lipovetsky, la necesidad de la ética procede de que hemos entrado en la época del liberalismo postmoralista, lo cual significa que los individuos, conscientes de ser fines en sí mismos, como quiere la tradición kantiana, no comparten, sin embargo, con esta tradición la idea del deber, sino más bien la de los derechos subjetivos: cada individuo se sabe sujeto de unos derechos desde los que reclama a la sociedad un orden ético que los respete, pero habiendo perdido el sentimiento de deberes categóricos que acompaña al kantismo. Una ética post-deber es la que exige nuestra sociedad, una ética individualista (liberal), pero de un individualismo que pide orden, reglas, para que los derechos subjetivos

---

[4] J. L. L. Aranguren, *Ética y Política*, Guadarrama, Madrid, 1961; «Ética comunicativa y democracia», en K. O. Apel/A. Cortina/J. de Zan/D. Michelini (comps.), *Ética comunicativa y democracia*, Crítica Barcelona, 1991, pp. 209-218.

sean respetados, de ahí que distinga Lipovetsky entre dos tipos de individualismo: el irresponsable, que en realidad hace imposible el respeto a los derechos subjetivos, y el responsable, para el que carecen de sentido el sacrificio y la autoinmolación, pero no la justicia y el orden[5].

Ciertamente, la descripción que Lipovetsky ofrece de la sensibilidad moral de las sociedades con democracia liberal es acertada y sugerente, sobre todo en lo que se refiere al debilitamiento de la idea de deber y al hecho de que su ocaso no conlleve por parte de los individuos la renuncia a exigencias éticas. Sin embargo, un individuo que plantea tales exigencias puede limitarse a mantenerlas en la medida en que a él le benefician porque protegen directa o indirectamente sus derechos, o bien puede plantearlas porque considera *justo* que se respeten tanto sus derechos como los de los demás hombres, ya que son fines en sí mismos. En cuyo caso, más que en un individualismo responsable nos encontramos en un «post-individualismo», ya que reconocemos que los hombres concretos somos sujetos de derechos, pero a la vez que somos capaces de asumir la perspectiva de la universalidad, por la que creemos igualmente exigible el respeto a los derechos de los demás hombres. Y esto, como veremos, nos lleva a una nueva idea de sujeto, la del hombre como *interlocutor válido*, en la que se articulan dos nociones: la de que cada hombre concreto es un peculiar individuo, cuya *idiosincrasia* ha de ser respetada, pero también es capaz de asumir la perspectiva de la universalidad cuando es preciso decidir normas que afectan a él y a otros, capacidad a la que en una determinada tradición se ha llamado *autonomía*[6].

No se trata ahora de los ciudadanos (éste es un modo de ser hombre, pero sólo uno), sino de los hombres de carne y hueso, a quienes *afectan las decisiones* que se vienen tomando en el terreno ecológico y en el económico, en el mundo de la información y en el de las biotecnologías, en las empresas y en las instituciones. En todos esos lugares de toma de decisión son ellos *afectados*, pero a la vez, a la altura de la conciencia moral alcanzada por las sociedades con democracia liberal, son *interlocutores válidos*, y esto plantea la exigencia de asumir en los distintos campos no sólo la perspectiva del experto, no sólo —en su caso— la del representante, sino sobre todo la de los afectados por las decisiones, que no son simples objetos «beneficiarios» de ellas

---

[5] G. Lipovetsky, *Le crépuscule du devoir. L'éthique indolore des nouveaux temps démocratiques*, Gallimard, Paris, 1992.
[6] Ver capítulo 8 del presente libro.

—como querría un despotismo ilustrado—, sino sujetos autónomos, facultados para y con derecho a participar significativamente en tales decisiones.

No es entonces el participacionismo tan sólo una cuestión política, viable o no, realizable de uno u otro modo, sino mucho más que eso: es el reconocimiento de un derecho de los hombres concretos a asumir su propia vida, a asumir la responsabilidad por las decisiones en que se juegan los intereses de todos.

Por eso la *tesis del presente libro* podría explicitarse así: sería democracia radical la que, respetando la diversidad de facetas humanas y de esferas sociales, reconociera sus compromisos en el campo político y se empeñara en cumplirlos, abandonando todo afán de colonizar otros ámbitos, porque la solución al economicismo no es el politicismo ni viceversa; pero también la que afrontara el reto de tomar en serio en la teoría y en la práctica que los hombres concretos, raíz y meta, si no de todas las cosas, sí al menos de las que les afectan, son interlocutores válidos y, por tanto, han de ser tenidos dialógicamente en cuenta.

El modo de tenerlos dialógicamente en cuenta —cómo ha de hacerse esto realidad en cada campo— es lo que iré intentando sugerir, ya que en cada ámbito ha de concordar con la lógica de ese mismo campo; porque no es la lógica de la institución universitaria igual a la de la política, ni la de las ciencias de la información igual a la de las ciencias de la salud. La homogeneización mata la vida, sólo la potenciación de la diversidad de las actividades humanas la vigoriza. Y no deja de ser curioso que sean precisamente los retos de la ética aplicada los que hoy han sacado a la luz esta doble verdad: que en cada uno de sus ámbitos los hombres son interlocutores válidos, que en cada uno de ellos el modo de ejercer su capacidad y derecho es específico, que la dimensión política es una más, y que imaginar y poner por obra los mecanismos para que los hombres —raíz y meta de cualquier tarea— ejerzan su competencia de interlocutores válidos es el modo de construir una democracia radical.

Con ello diseñamos —como es obvio— siquiera sea una *antropología mínima* —la del hombre como interlocutor válido—, que alumbrará, lo queramos o no, una *antroponomía*; aportación no despreciable porque parece que en las teorías de la democracia los grandes olvidados sean los hombres de carne y hueso, y se llega al extremo en ocasiones de intentar formar a los hombres para las instituciones, cuando el proceder debería consistir más bien en construir formas de organización social y política a la altura de los hombres.

Un servicio semejante exige, en primer lugar, un proceso de autorreflexión por el que la democracia deje de pensarse como un dogma indiscutible para llegar a saberse simple medio, más o menos adecuado según satisfaga o no aspiraciones humanas. Por eso la primera tarea de una democracia radical consiste en desprenderse del halo que le circunda de dogma indiscutible y en someterse, en consecuencia, a la crítica, al discernimiento. Desde dónde ejercer esa crítica es sin duda la siguiente tarea, que en este trabajo vamos a intentar llevar a cabo en un primer momento desde las ideologías sociopolíticas que han solido alinearse bajo el rótulo de los amplios géneros «liberalismo» y «socialismo», eligiendo aquellas que gozan a la vez de un fuerte componente filosófico y de un manifiesto deseo de orientar la acción.

Y como no es ésta una novela policíaca, en la que la intriga constituya un ingrediente indispensable, anunciaré desde el comienzo que en esta primera parte no habrá ni vencedores ni vencidos, sino la convicción de que hoy en día es imposible renunciar totalmente a alguno de los legados —liberal o socialista—, porque se va produciendo un fenómeno al que quisiera calificar de *hibridismo*: ni los liberalismos extremos ni los socialismos puros dan cuenta de la realidad; ni unos ni otros saben proporcionar proyectos de futuro moralmente deseables y técnicamente viables. Sólo el cruce de lo mejor de ambos puede hoy ayudarnos a pergeñar una democracia auténtica.

Ahora bien, enfrentar la tarea de su posible diseño es cosa que sólo puede hacerse atendiendo a dos polos: a los modelos de democracia que históricamente se nos han ido ofreciendo, y a las realidades concretas. Por eso nuestro *siguiente paso* consistirá en considerar distintos modelos de democracia, tejidos, en último término, sobre la urdimbre de distintas concepciones de hombre, lo cual nos llevará a la que considero más adecuada y ya he mencionado: la del hombre como interlocutor válido, tal como la sugiere en principio la ética del discurso y tal como creo puede ser ampliada y profundizada.

De justificar con argumentos mi opción por este tipo de ética, como también de exponer sus trazos y ponerla en diálogo con otras éticas contemporáneas me he ocupado ya en trabajos como *Razón comunicativa y responsabilidad solidaria* y como *Ética mínima*[7] y, por tanto, remito a ellos para la tarea de fundamentación y diseño de la ética del discurso, así como a las obras de sus creadores e intérpretes. Como también remito a *Ética sin moral* que se ocupó ya de realizar una triple tarea: situar

---

[7] A. Cortina, *Razón comunicativa y responsabilidad solidaria*, Sígueme, Salamanca, 1985; *Ética mínima*, Tecnos, Madrid, 1986. Ver también *Ética de la razón cordial*, Nobel, Oviedo, 2007.

a la ética del discurso en el contexto de la las clasificaciones éticas y en el mundo de la discusión entre comunitarios, universalistas y postmodernos; iniciar un serio proceso de autocrítica, ya que nuestra ética puede acabar disolviendo la moral si no trata de superar sus límites; y sugerir por último algunos caminos para llevar a cabo tal superación[8].

Quedaba apuntada en aquel trabajo, entre otras cosas, la posibilidad de que una ética semejante, con las complementaciones necesarias, alumbrara un modelo de democracia. Y es de corregir y desarrollar amplia y detalladamente tal apunte de lo que se ocupará la parte central de *Ética aplicada y democracia radical*, que ya no entiende la participación política como una forma de vida, sino como un mecanismo, a diferencia de lo que ocurría en *Ética sin moral*; pero que —eso sí— trata de salvar la verdad del participacionismo por otros conductos, porque la aspiración de los participacionistas tiene —como he dicho— una muy buena parte de verdad que es urgente satisfacer.

Esta parte de verdad nos lleva curiosamente de la mano a la exigencia de una *ética de la sociedad civil* y sobre todo a los *sujetos morales,* que constituyen la raíz de la política y de cualquier ámbito vital. De ahí que los capítulos 8 y 9 configuren el núcleo del libro, el nudo en que se articulan los dos momentos que lo componen: el de la democracia considerada como mecanismo político (partes I y II) y el de la exigencia de participación de todos y cada uno de los hombres desde los distintos sectores de la ética aplicada (parte III). Porque, en definitiva —y *ésta sería mi conclusión—, una democracia radical es imposible sin construir una moral civil desde los distintos ámbitos de la llamada «ética aplicada».*

Es este terreno de la aplicación, más que el de la fundamentación, el que parece estar hoy de moda, tanto en la vida cotidiana (a través de los medios de comunicación, los códigos de conducta, las protestas de moralidad), como en el dominio de los expertos, en el que se multiplican las revistas especializadas y las monografías sobre el tema. Pero que esté de moda no es necesariamente una ventaja, porque el hecho de que la opinión publicada le preste sus páginas y sus ondas no significa que sepamos en qué consiste ni tampoco que hayamos podido descubrir si se trata sólo de un asunto fugaz o de una radical exigencia humana. Por eso la parte III del libro emplea sus energías en intentar desentrañar cuál sea el estatuto de la ética aplicada, cómo se

---

[8] A. Cortina, *Ética sin moral*, Tecnos, Madrid, 1990. De expresar en forma de ensayo el contenido de los libros citados me he ocupado en *La moral del camaleón*, Espasa-Calpe, Madrid, 1991.

construye y cuál es su fuerza exigitiva, ya que es éste un tipo de saber que ni se identifica con el derecho ni puede quedar en mera convicción individual.

Para llevar adelante tal propósito nos hemos ido adentrando en aquellos ámbitos de la vida social desde los que se va forjando la ética que nos ocupa, y un recorrido semejante ha mostrado que no es la ética aplicada una simple moda, creada por la opinión publicada, ni tampoco el maquillaje que recubre compasivo los rasgos de una sociedad enferma, sino la exigencia cada vez más imperiosa que surge en los distintos campos al ir reconociéndose los hombres a sí mismos como las personas, como los interlocutores insoslayables que son[9].

Una sociedad que, en su organización y funcionamiento, no les tenga por tales, está muy lejos de haber llegado a su raíz, sufre de profunda desmoralización, se encuentra moralmente bajo mínimos, y es una simple exigencia de justicia que se apreste a cubrirlos. Ayudar modestamente en esta tarea es el propósito de *Ética aplicada y democracia radical*.

---

[9] Ver también al respecto A. Cortina, *La ética de la sociedad civil*, Anaya/Alauda, Madrid, 1994; *Por una ética del consumo*, Taurus, Madrid, 2002; A. Cortina y D. García-Marzá, *Razón pública y éticas aplicadas*, Tecnos, Madrid, 2003.

PARTE I
EL HIBRIDISMO IDEOLÓGICO

1. DEMOCRACIA SIN DOGMAS

Cada niño lleva al nacer, bajo el brazo, un pan —dice el refrán sobradamente conocido—[1]. Cada época —podríamos añadir por nuestra cuenta y riesgo— lleva, al nacer y desarrollarse, algunos dogmas bajo el brazo que le permiten sacralizar determinadas consignas sin tener que dar críticamente razón de ellas.

Dar razón de todo es agotador e incluso inhumano. Detenerse en un punto de la argumentación e inmunizarlo frente a la crítica racional, porque lo ha revelado la autoridad competente o porque es evidente de suyo, es el recurso de todos los tiempos que en el mundo han sido —y presumiblemente de los que serán— para ahorrar energía reflexiva y crítica.

Porque, si reflexionar es agotador, no lo es menos criticar seriamente. Por eso los hombres solemos optar por el dogmatismo, apoyándonos en distintas épocas en dogmas diversos, de suerte que el presunto progreso crítico más parece consistir en sustituir unos dogmas por otros que en evitar el dogmatismo.

No hace mucho, ante las dificultades de entender determinadas relaciones económico-sociales, decía el hablante, con la suficiencia de quien recurre a lo incuestionable: es que son «*dialécticas*». Y el oyente, apabullado, asentía en silencio, replicando implícitamente: «ah, bueno, si es así...».

Nadie sabía a ciencia cierta qué *significaba* aquello de «dialéctica», pero *usar* el término daba buen resultado al hablante, porque podía persuadir a cualquier oyente, sin necesidad de argumentos, de que lo dicho iba a misa y debía orientar su conducta.

Nunca mejor dicho lo de ir a misa, porque este nuevo dogma venía a llenar de algún modo el vacío dejado por añejas expresiones que, ante la inadmisible injusticia humana, atribuían su misterio en último término a la voluntad de Dios. «Es que Dios lo quiere» —justificaba el hablante, también con la rotundidad de lo inapelable—.

---

[1] Este capítulo tiene su origen en la parte 1.ª de «Democracia. El dogma de nuestro tiempo», *Claves de Razón Práctica*, n.º 29 (1993), pp. 25-32.

¿Qué alegar ante la inescrutable voluntad de Dios? ¿Qué alegar ante la no menos inescrutable dialéctica? Y no es que tales expresiones carecieran de *significado*, al menos desde una teoría no empirista del significado. Es que importaba al hablante no aclararlo para seguir *usándolo* en un sentido *dogmático*, es decir, *emotivista*[2].

Como sabemos, un término se usa en sentido emotivista cuando el hablante no pretende ofrecer *razones* al oyente para que las pondere y tome decisiones de modo autónomo, sino que intenta *causar* en él una actitud, predisponerle a obrar en una dirección que resulta conveniente al usuario del término. Naturalmente, en esta empresa de inducir conductas sin ofrecer razones los dogmas son de una utilidad difícilmente superable y por eso conviene al hablante que su significado permanezca oscuro, conviene no aclararlo, para poder seguir usándolos de forma acrítica, emotivista[3]. Porque ¿y si, una vez aclarado el significado de la expresión, se llegaba a descubrir que la voluntad de Dios es alérgica a la injusticia que tan alegremente se le adjudicaba? ¿Y si la dialéctica, bien miradas las cosas, no debía llevar a una nueva explotación del hombre por el hombre?

Hoy podría parecer que cualquier intento de utilizar términos en sentido dogmático está llamado al fracaso en una sociedad como la nuestra, sometida —según se dice— a un drástico tratamiento de desmitificación. Tras siglos de oscurantismo —se dice— estamos asimilando por fin el lema ilustrado: «¡despréndete de andadores y atrévete a servirte de tu propia razón!». Hasta tal punto que la misma razón ilustrada viene siendo cuestionada desde hace tiempo desde «lo otro» de la razón, desde esa dimensión inconsciente, corporal, sentimental de los individuos, que obliga a dudar del sujeto racional y consciente. Sin embargo, no podemos dejar de preguntarnos: ¿es cierto? ¿ya no nos apoyamos en dogmas, sino que nos comportamos de un modo crítico?

Yo me permitiría insinuar que esa *razón crítica ilustrada*, a la que hoy algunos atribuyen todos los males causados por la irracionalidad, *todavía no se ha estrenado*. Como me permitiría insinuar, rebuscando en nuestros usos lingüísticos, que más de un término continúa ejerciendo la vieja función emotivista, pero también que en el podio de las expre-

---

[2] Un excelente análisis del emotivismo como «moral vivida» de nuestro momento es el realizado por A. MacIntyre en *Tras la virtud*, Crítica, Barcelona, 1987, sobre todo caps. 1, 2 y 3.

[3] De una crítica al emotivismo en su versión ética y política me he ocupado en *La moral del camaleón*.

siones dogmáticamente aderezadas ocupan puestos bien elevados la «*democracia*» y lo «*democrático*».

Cualquier institución, relación u organización a la que se aplica el predicado «funciona democráticamente» merece, al menos verbalmente, aprobación general; cualquiera que repela semejante predicado merece, al menos verbalmente, general repulsa, y es sentir común que debería convertirse al buen camino. Pero ¿por dónde discurre el camino democrático? ¿Qué es un proceder democrático?

Contestar a estas preguntas es urgente, porque, si bien es cierto que con la excepción del Estado islámico fundamentalista, la democracia es el único modelo de gobierno que goza en la actualidad de una amplia legitimidad ideológica; si distintas teorías éticas se precian de fundamentarla racionalmente, no es menos cierto que su *significado* sigue siendo lo suficientemente oscuro como para poder ser *usado* en un sentido emotivista, es decir, manipulador.

Y, como muestra, basta un botón: ¿qué significa la expresión «democrático» si se aplica a la organización de la familia y de distintas instituciones —como la escuela, la universidad, los hospitales—, del mismo modo que se aplica a una forma de organización del Estado? Cuando M. Walzer afirma que sólo un Estado democrático puede crear una sociedad civil democrática y que, a su vez, sólo una sociedad civil democrática puede mantener un Estado democrático[4], o cuando habla Habermas de una «formación democrática de la voluntad», refiriéndose, no sólo a la formación de la voluntad política, sino también al mundo de la vida, ¿tiene sentido en ambos casos hablar de «pueblo» y de «soberanía» como base del funcionamiento democrático, o habríamos de reconocer que la democracia es únicamente una forma política de gobierno, no extensible a otras formas de organización social?

Encontrar respuesta a estas preguntas es hoy sin duda urgente por varias razones. En principio, aunque sólo fuera por intentar *evitar el dogmatismo emotivista* al que he aludido y que no puede conducir sino a la manipulación de unas personas por parte de otras, concretamente por parte de aquellas que tengan el poder fáctico para hacerlo. Un mundo de hombres heterónomos, en que unos se sirven de los restantes como medios para sus fines, es el único resultado posible de este dogmatismo emotivista.

Ahora bien, si evitar una consecuencia semejante es ya razón suficiente como para iniciar un proceso autocrítico en el caso de la noción de democracia, no lo es menos la segunda de las razones a que antes hemos

---

[4] M. Walzer, «The Idea of a Civil Society», *Dissent* (1991).

aludido: el intento de evitar el *imperialismo político*, en el que incurren tanto los participacionistas políticos como los representacionistas partidarios de entender la profundización en la democracia como una extensión de los mecanismos de la democracia representativa a las demás esferas. Aunque estas dos corrientes difieren entre sí a la hora de entender en qué consiste el gobierno del pueblo —la participación directa en la toma de decisiones frente a la elección de representantes—, no se diferencian en su afán de identificar lo político y lo social, ni en el de extraer como consecuencia de la superioridad de la democracia frente a otras formas de gobierno la necesidad de extenderla a cualquier otra esfera.

Por último, una tercera razón queda, al menos, para empeñarse en aclarar qué sea una democracia sin dogmas, y consiste en el intento de comprender a qué se refiere cualquier ideología política —socialista o liberal—, que se pretende progresista, ya que desde hace algún tiempo unas y otras coinciden en erigirse como paladines de la democracia. Y en el caso de determinada izquierda, de una democracia radical.

En efecto, aunque el modelo de democracia triunfante es el liberal, un buen número de socialistas europeos afirman que hoy la identidad de la izquierda consiste en llevar adelante la tarea de *profundizar en la democracia*, o bien en hacer posible una *democracia radical*. En este último sentido dirá Habermas expresamente que «la izquierda no comunista no tiene razón alguna para deprimirse», porque le quedan un lugar y un papel político: contribuir a la construcción de una democracia radical[5].

Si esto es cierto, entonces, como veremos más adelante[6], el socialismo no es ya una cosmovisión, ni tampoco una «teoría moral» de lo bueno para los hombres, sino *un conjunto de procedimientos impregnados de valores,* concretamente de *aquellos procedimientos que permiten construir una democracia radical.* Autores como Apel o Habermas habrían diseñado, más o menos intencionadamente, los rasgos de lo que creo adecuado llamar un *socialismo procedimental,* apto para acceder a la deseada democracia radical, si bien es cierto que, por su parte, otros autores como J. Rawls o Ch. Larmore habrían bosquejado los trazos de un *liberalismo procedimental,* también desde una noción de democracia. ¿Qué significaría en todos estos casos el término «democracia»?

A pesar de los ríos de tinta que a cuento del tema se han vertido, sigue siendo difícil responder a esta cuestión, y no sólo porque, como he

---

[5] J. Habermas, «Nachholende Revolution und linker Revision bedarf. Was heisst Sozialismus heute?», en *Die nachholende Revolution,* Suhrkamp, Frankfurt, 1990, pp. 179-204 [trad. cast. en *Leviatán,* n.º 43, 44 (1991), pp. 39-58]. Éste es el programa que Habermas desarrollará como «política deliberativa» en *Facticidad y validez,* Trotta, Madrid, 1998, y en *La inclusión del otro,* Paidós, Barcelona, 1999.

[6] Ver capítulo 4 del presente libro.

comentado, interesa en ocasiones mantener la oscuridad de ciertos términos para reforzar conductas que benefician al hablante, sino también porque el ámbito semántico de la expresión «democracia» se ha ampliado hasta tal punto que de ella hacen uso cuantas corrientes de pensamiento queremos considerar en los capítulos de este libro y un buen número más al que nos es imposible atender.

En efecto, piensa Popper, como veremos, que la democracia no es el gobierno del pueblo, sino más bien «el gobierno de la ley que postula el incruento despido del gobierno mediante un voto mayoritario», mientras que los participacionistas continúan aferrados a la idea de que no hay democracia sin gobierno del pueblo, es decir, sin participación directa del pueblo en el ejercicio del poder, el elitismo pluralista abunda en la idea de que la democracia es un mecanismo de elección de gobernantes, y autores como N. Bobbio, con un buen número de seguidores en nuestro país, optan por una presunta «democracia radical», que desea extender una forma de democracia representativa a otros ámbitos distintos del político.

Ante la heterogeneidad de significados parece que en ocasiones entra el desánimo. Y, sin embargo, dejarse ganar por él no tiene mejor consecuencia que abandonar una empresa en la que nos jugamos nuestra entrada en la Ilustración, al menos en lo que se refiere a prescindir de andadores emotivistas en la construcción de *lo que puede ser el dogma de nuestro tiempo o bien su más radical elemento crítico*.

Porque podría ser que el *significado* de la expresión «democracia», una vez «des-dogmatizado», se convierta en el *criterio más radical de crítica* a nuestras «democracias reales». Un criterio que, por otra parte, no se extrae de un mundo trascendente, sino que está ya encarnado en nuestra propia realidad social y sólo falta desentrañarlo.

A ello quisiera dedicarse este libro, que tiene, por lo mismo, una meta bastante clara: en la búsqueda de legitimidad ha recurrido el poder político a diversos expedientes y parece haberse mostrado por último que sólo un modo democrático de gobierno puede pretender legitimidad e incluso justicia. Pero mientras permanezca en la oscuridad qué sea la democracia y por qué presta legitimidad a la dominación quedarán los ciudadanos sin capacidad crítica frente a las realizaciones de las «democracias reales» y sin fuerza moral para cooperar en su transformación.

2. LAS CONTRADICCIONES DEL LIBERALISMO POLÍTICO*

1. VARIEDADES DEL LIBERALISMO

El fracaso del llamado «socialismo real» parece haber dejado en los últimos tiempos al liberalismo como único protagonista de la escena política, económica y social. De hecho así lo anuncian los augures del fin de la historia y, sobre todo, así parecen reconocerlo un buen número de socialistas, que entienden por socialismo una profundización en el modelo de democracia liberal, del que es urgente salvar y fomentar —dicen— sus más valiosas ofertas.

Porque no ha sido una buena experiencia, no ha sido una experiencia de lucha por la justicia, la de esos países en los que ha quedado destruida la sociedad civil y ahogado el pluralismo ideológico, se han negado las tan denostadas «libertades formales» y ha resultado abolida —al menos presuntamente— la propiedad privada de los medios de producción.

Los defensores de la causa podrán intentar justificarla con el bien conocido recurso a las dificultades de conciliar libertad e igualdad y también a la imposibilidad de acceder a una sociedad socialista en un contexto internacional capitalista. Pero son los nuestros tiempos de cansancio e incluso aversión ante las palabras gastadas; son tiempos de cansancio ante las excusas y las coartadas falsas. Lo bien cierto, lo indudable, es que el socialismo realizado en los países del Este ha destruido a los individuos como sujetos de la ética y de la política, lo que es muestra suficiente de la radical perversidad de cualquier modo de organización social.

Todas las miradas se vuelven entonces hacia el liberalismo, que parece haber producido por el momento resultados menos catastróficos, esperando de él de algún modo la salvación, y se encuentran con que en diversos terrenos, entre los que se cuenta el filosófico, el liberalismo ha venido desarrollando en las últimas décadas una actividad intensa desde el punto de vista teórico y práctico.

---

* Este capítulo constituye una versión revisada de «L'ètica democràtica davant les contradiccions del liberalisme polític actual», en *Cristianisme i societats avançades*, Fundación Joan Maragall, Barcelona, 1992, pp. 17-32.

Pero precisamente este protagonismo en la escena del pensamiento y la práctica liberales empieza a sacar a la luz «novedades» que, bien pensadas, son obviedades: que no existe una sola forma de liberalismo, que el tipo de sujeto que subyace a cada una de las versiones es diferente y que, consecuentemente, las aportaciones éticas de las distintas formas de liberalismo son bien diversas en calidad.

Sin ir más lejos, fue la *Teoría de la justicia* de J. Rawls la obra que en la década de los setenta volvió por los fueros de un liberalismo bien elaborado frente al utilitarismo y desencadenó esa polémica que hoy se libra en Norteamérica entre liberales (J. Rawls, R. Dworkin) y comunitarios de diverso tipo (conservadores, democráticos)[1]. Pero con anterioridad a la rawlsiana «justicia como imparcialidad» K. Popper había diseñado ya el boceto de una «sociedad abierta», sin necesidad de caer en los extremismos de los neolibertarios o de R. Nozick[2]. Con lo cual iba quedando bien patente que no existe *el* liberalismo, como no existen *el* socialismo ni *el* comunitarismo.

En efecto, puede hablarse de liberalismo económico o de liberalismo político, de liberalismo moral idealista, o de liberalismo legal del *modus vivendi,* pero también de liberalismo del miedo, de liberalismo humanista, de liberalismo postmoralista y un largo etcétera[3]. *La muerte del artículo determinado singular*, la muerte del discurso acerca de «*el* liberalismo» es una realidad, como lo es la muerte del artículo determinado singular en el caso del socialismo o del comunitarismo.

Sin embargo, tal vez podamos convenir en principio en que el núcleo originario del liberalismo consiste en el descubrimiento de, al menos, tres grandes posibilidades, a las que en modo alguno podemos renunciar: que hombres con distintas concepciones de vida buena pueden, sin embargo, convivir en paz, siempre que compartan unos *valores mínimos* que exijan el respeto al pluralismo; que nadie —estado o individuo— tiene derecho a interferir en el desarrollo de los planes de vida de los individuos, mientras éstos, a su vez, no interfieran en los de los demás; y que la vida social se compone de diversas esferas —política, eco-

---

[1] Ver A. Castiñeira (dir.), *Comunitat i nació*, Proa, Barcelona, 1995; A. Cortina, *Hasta un pueblo de demonios. Ética pública y sociedad*, Taurus, Madrid, 1998. Para la polémica entre Rawls y los comunitarios, ver E. Martínez Navarro, *Solidaridad liberal*, Comares, Granada, 1999.
[2] Para la peculiar posición de R. Nozick, ver A. Castiñeira, *Els límits de l'Estat: El cas de R. Nozick*, Barcelona, 1993.
[3] N. Rosenblum (ed.), *Liberalism and the Moral Life*, Harvard University Press, Cambridge, London, 1989.

nómica, religiosa, entre otras—, entre las que es preciso introducir límites practicando el «arte de la separación».

Lamentablemente el ancestral encandilamiento de los hombres ante los descubrimientos de cosas, propios de la racionalidad instrumental, ha llevado desde antiguo a admirarse casi en exclusiva ante los descubrimientos geográficos y los avances técnicos. Como si «descubrir» fuera sólo cosa de científicos, navegantes, astronautas. Como si sólo pudieran descubrirse cosas —continentes, remedios, datos del origen del universo—. Como si junto al conquistador del nuevo continente, junto al descubridor del remedio eficaz, no fuera importante el hallazgo de que los habitantes del mundo nuevo han de ser, como hombres, respetados, y el remedio, distribuido de modo que beneficie a todos y no sólo a unos pocos. Y es que, en definitiva, es el descubrimiento de valores morales el que da un sentido humanizador a los demás hallazgos.

Por eso cabe recordar con especial gratitud la elaboración racional de quella experiencia positiva de convivencia plural que hizo el liberalismo de los orígenes y no es de extrañar que hoy en día un buen número de autores propongan regresar a su veta originaria con el fin de recuperar lo más auténtico de este modo de praxis y de teoría. Para ellos —como veremos— es el liberalismo esencialmente una experiencia política, a cuyo servicio deben ponerse las restantes[4].

2. LA ÉTICA, DE NUEVO *ANCILLA*

La ética, como es sabido, ha venido soportando a lo largo de su historia una triste carga: la de ser las más de las veces una disciplina «subordinada» a otras. Su incapacidad para proponer directamente un ideal de hombre, porque ésa parrece ser misión de los saberes teóricos y no de los prácticos, le ha obligado a consultar a la teología, a la antropología, a la psicología, a la sociología o a la sociobiología con objeto de obtener de ellas una respuesta —metafísica o empírica— a la pregunta «¿qué es el hombre?», con objeto de dilucidar —ahora ya por

---

[4] Ver J. Rawsl, *Teoría de la Justicia*, F.C.E., Madrid, 1978; *Justicia como equidad*, ed. a cargo de M. A. Rodilla, Tecnos, Madrid, 1986; *Liberalismo político*, Crítica, Barcelona, 1996; *Collected Papers* (ed. by Samuel Freeman), Harvard University Press, Cambridge, 1999; *La justicia como equidad. Una reformulación*, Paidós, Barcelona, 2002; R. Dworkin, «El liberalismo», en S. Hampshire (comp.), *Moral pública y privada*, F.C.E., México, 1983, pp. 133-167.

su cuenta y riesgo— cómo debe comportarse el hombre, cómo puede ser feliz[5].

Por otra parte, los intentos de desentrañar los rasgos de la racionalidad moral —objeto, si los hay, de la ética— han desembocado habitualmente en una identificación de la racionalidad moral con la racionalidad matemática, la económica, la praxeológica o la técnica[6], conduciendo de este modo a una conclusión descorazonadora: el ámbito de lo moral no parece gozar de una racionalidad específica. No es de extrañar, pues, que algunos éticos sólo hayan sentido justificado su sueldo ingresando en las filas del kantismo, que hace de la ética un saber autónomo, y de la racionalidad moral, un modo específico de racionalidad.

Lamentablemente hoy en día, en el seno de las sociedades avanzadas, nuestra tranquilidad de conciencia al recibir la notificación del ingreso mensual se ve de nuevo amenazada. El ancestral empeño en subordinar la ética a otro saber, el ancestral empeño en convertirla en humilde *ancilla*, emerge de nuevo y nos ordena entrar al servicio de la *racionalidad política*, y además de una muy concreta racionalidad política —la del liberalismo político—, que va imponiéndose paulatinamente como forma de racionalidad imperante. Según este modo de pensar, en la base de nuestras sociedades avanzadas *no existe una idea de hombre ni tampoco tiene que existir*, porque ello atentaría contra algunas de las más auténticas y valiosas intuiciones del liberalismo.

3. DEL LIBERALISMO FILOSÓFICO AL LIBERALISMO POLÍTICO

El liberalismo político, según expresión de Ch. Larmore, es el intento de entender cómo el liberalismo puede ser estrictamente una doctrina política, y no una «filosofía del hombre», no un «ideal moral completo»[7]. A tenor de esta afirmación, el liberalismo político, *en tanto que liberalismo*, se alejaría obviamente de los modelos socialistas de organización de la vida social; pero, *en tanto que político* —y aquí reside su novedad—, también se distanciaría del liberalismo *filosófico*, que —a juicio de Larmore— no satisface suficientemente las aspiraciones liberales.

En efecto, según Larmore, para captar el espíritu liberal es menester recordar cuáles fueron los problemas básicos de los que surgió el

---

[5] J.L.L. Aranguren, *Ética*, Ed. Revista de Occidente, Madrid, 1958, 1.ª, parte.
[6] J. Muguerza, *Desde la perplejidad*, F.C.E. 1990. Madrid.
[7] Ch. Larmore, «Political Liberalism», *Political Theory*, vol. 18, n.º 3 (1990), pp. 339-360, en este caso p. 345.

pensamiento liberal en el siglo XVI: el deseo de limitar el poder del gobernante y el de posibilitar la convivencia política entre hombres que orientan sus vidas por modelos de vida buena diferentes entre sí. Las guerras de religión habían supuesto para la humanidad una experiencia nefasta y por eso la posibilidad de acabar a la vez con el apotegma «*cuius regio eius religio*» y con la intolerancia de quienes deseaban imponer su ideal de vida buena se presentaba como un verdadero signo de liberación.

El liberalismo consistiría, pues, originariamente en el intento de encontrar unos *mínimos morales comunes* desde los que limitar el poder del Estado y desde los que posibilitar la convivencia política de distintas concepciones de vida buena.

Sin embargo, este liberalismo originario era filosófico y, en consecuencia, buscaba una fundamentación también filosófica para los mencionados mínimos morales. En su versión kantiana, que es la que siguen considerando paradigmática autores como J. Rawls o R. Rorty, tal fundamentación consiste —en último término— en el descubrimiento de una determinada idea de hombre: la idea de «*persona moral*», que viene a identificarse con la de *individuo autónomo*. La noción moral de autonomía[8], la idea de que cada persona es un ser capaz de darse leyes a sí misma, constituiría el fundamento de la libertad jurídico-política, tal como Kant la expresó en el *Gemeinspruch*: «Nadie me puede obligar a ser feliz a su modo (tal como él se imagina el bienestar de otros hombres), sino que es lícito a cada uno buscar su felicidad por el camino que mejor le parezca, siempre y cuando no perjudique la libertad de los demás para pretender un fin semejante»[9].

Desde esta perspectiva hay, pues, una razón filosófica para defender el respeto mutuo entre los ciudadanos a la hora de optar por el modelo de vida que consideran felicitante, como también para impedir legalmente al gobernante que imponga a los ciudadanos el modelo de vida que él considera felicitante: el *paternalismo político* queda filosóficamente deslegitimado, porque *la felicidad es cosa del hombre y no del ciudadano*[10]. Y ésta es la razón, a mi modo de ver, por la que en el ámbito político, y también en otros ámbitos de la vida social, vamos intro-

---

[8] En la filosofía kantiana la noción de autonomía es, sin duda, metafísica, pero propia de una metafísica de las costumbres, cuyos resultados no son extensibles a la dimensión no moral del hombre. O. Höffe pone en cuestión, sin embargo, el kantismo de Rawls en *Kategorische Rechtsprinzipien. Ein Kontrapunkt der Moderne*, Suhrkamp, Frankfurt, 1990, pp. 306 ss.
[9] I. Kant, *Gemeinspruch*, VIII, p. 290.
[10] P.J.A. Feuerbach, *Anti-Hobbes*, Darmstadt, reimp., 1967, p. 75.

duciendo paulatinamente la distinción entre una *ética de mínimos normativos*, universalmentte exigibles, y una *ética de máximos*, de ideales de felicidad, que nadie tiene derecho a imponer a otros, sino sólo a invitar a ellos[11]. Un ejemplo claro de la rentabilidad de tal distinción es el ámbito médico, en el que el ancestral imperio del principio de beneficiencia ha llevado a imponer a los pacientes la noción de bien, de felicidad, del médico, provocando un innegable paternalismo; mientras que el descubrimiento de la autonomía de los pacientes revela la necesidad de atender a su idea de bien, si es que queremos tratarlos de forma moralmente adecuada.

Y, regresando a los orígenes del liberalismo, parece que la tradición filosófica kantiana exige tener a la libertad por fundamento de la organización política en el doble sentido al que usualmente nos referimos con las expresiones «libertad negativa» y «libertad positiva»: como independencia frente a cualquier imposición extterna y como capacidad de no obedecer más leyes que aquellas a las que yo daría mi consentimiento. La realización de esta doble idea de libertad llevaría a la configuración de una constitución republicana, según el propio Kant, y no a una democracia, porque «la democracia, en el sentido propio de la palabra, es necesariamente un *despotismo*, ya que funda un poder ejecutivo donde todos deciden sobre y, en todo caso, también contra *uno* (quien, por tanto, no da su consentimiento), con lo que todos, sin ser todos, deciden; esto es una contradicción de la voluntad general consigo misma y con la libertad»[12].

Sin embargo, curiosamente, al hilo del tiempo algunas tradiciones democráticas han ido asimilando ese doble concepto de libertad como clave moral indispensable para la construcción de una organización política legítima, porque parece indudable que cada persona debe ser respetada en su modo de entender y alcanzar la felicidad, como también que el modo de ejercitar su capacidad legisladora debe traducirse en el mundo político en participación.

Ahora bien, con estas reflexiones no hemos abandonado todavía el campo del liberalismo filosófico. El liberalismo político, que hoy en día va extendiendo su influjo en las sociedades avanzadas, da cabida en su seno a la crítica de Hegel a Kant, acepta un hegelianismo naturalizado y, en esta línea, un *pragmatismo* tomado muy especialmente

---

[11] A. Cortina, *Ética mínima; Ética sin moral; Hasta un pueblo de demonios; Alianza y contrato*, Trotta, Madrid, 2001.
[12] Kant, *Zum ewigen Frieden*, VIII, p. 352.

de J. Dewey. Esta asunción del pragmatismo modificará notablemente el sentido del liberalismo y nos conducirá del filosófico al político.

4. EL SENTIDO DEL LIBERALISMO POLÍTICO

Desde el punto de vista del pragmatismo el hecho de que la actitud liberal pueda encontrar una fundamentación filosófica resulta, no sólo irrelevante, sino incluso contradictorio con el espíritu del liberalismo. Resulta irrelevante porque lo importante es que las sociedades que han ido adoptando el modelo liberal lo han experimentado y lo experimentan como gratificante. De ahí que la tarea del pragmatista —la «tarea social práctica»— consista en reforzar las actitudes, los valores y los modos de pensamiento que producen experiencias positivas, para lo cual le basta con tomar como punto de partida irrebasable las instituciones del país en que vive, tratar de articular los valores compartidos que se encuentran en su base, e intentar fomentarlos en nuestras sociedades avanzadas. Naturalmente, cuantos experimenten tales valores como gratificantes pueden adherirse a ellos, aunque procedan de otras sociedades y tradiciones.

Llegados a este punto resulta imprescindible hacer la siguiente matización: el pragmatista es habitualmente norteamericano y toma como punto de partida irrebasable de sus reflexiones la experiencia de una democracia liberal, que ya ha asumido como propios valores tales como la defensa de los derechos humanos, la libertad y la igualdad, y los ha incorporado a su *ethos* cívico, a su forma de vida. Por eso, en principio, le parece innecesario buscar un fundamento filosófico para una propuesta que ya es compartida y produce satisfacción a quienes la viven; pero además una fundamentación semejante le parece contradictoria y contraproducente. ¿Por qué? Cuatro razones, al menos, se perfilan contra los intentos de hallar un fundamento.

En principio, una fundamentación antropológica pretendería valer para *todo hombre*, captar algo así como lo común a todos los hombres, y, sin embargo, la idea de que exista algo así como «la humanidad», algo así como una comunidad humana situada más allá de las comunidades concretas, históricamente existentes, además de ser falso, favorece la deserción de los filósofos con respecto a la *solidaridad* que deben a los miembros de su comunidad concreta. Porque quien pretende hallar argumentos que valgan para toda la humanidad —quien pretende hallar «objetividad», entendida como intersubjetividad— termina aflojando los lazos de solidaridad que le unen con los miembros de su comunidad histórica concreta y no colabora para que se mantengan, lo cual supone una deserción en la tarea social práctica que le compete.

En segundo lugar, piensa el «liberal político» que es imposible encontrar una única concepción del hombre y de la vida que al hombre debería parecer buena. A lo cual se añade, en tercer lugar, que si alguien cree encontrarla, se apresura a intentar imponerla a otros, resucitando así las guerras, no ya de religión, sino «de antropología» o «de filosofía». Defensores de distintas antropologías volverían a enfrentarse en detrimento de la tolerancia, que es precisamente la virtud que permite la convivencia política de distintas concepciones de hombre.

Por último —añade el «liberal político»—, quienes intentan justificar los valores de una institución política por sus fundamentos filosóficos depositan una mayor confianza en los fundamentos (en las premisas) que en las instituciones mismas, como si las bases filosóficas fueran más fiables que las instituciones. Frente a tal error una filosofía pragmatista —dirá expresamente Rorty— toma como punto de partida de su reflexión las instituciones y las prácticas de las democracias liberales del rico Atlántico Norte y confecciona su filosofía tomando tales instituciones y prácticas como medida. De ahí que un compromiso pragmatista exija sacrificar la conciencia en el altar de la conveniencia política cuando la conciencia pida realizar una acción que no puede justificarse ante los ciudadanos.

Porque en definitiva, si tomamos en serio la contingencia que preside nuestras vidas —nacemos en un país determinado, con un determinado léxico y tradiciones—, nos percatamos de que «tener algo por verdadero o por correcto» se identifica con poder justificarlo ante una comunidad que comparte el mismo léxico, y no con encontrar un mundo «realmente real» con el que nuestras afirmaciones correspondan. Por eso el filósofo ha de ponerse al servicio de la política democrática e intentar alcanzar lo que Rawls llama un equilibrio reflexivo entre nuestras reacciones instintivas a los problemas contemporáneos y los principios generales en los que nos hemos asentado, y nunca pretender que ha alcanzado «el conocimiento de algo menos dudoso que el valor de las libertades democráticas y de la relativa igualdad social de las que, desde hace muy poco tiempo, algunas sociedades ricas y afortunadas han llegado a gozar»[13].

A este liberalismo político que, *como modo filosófico de pensar*, está sustituyendo —a mi juicio— tanto a los modelos antropológicos socia-

---

[13] R. Rorty, *Contingencia, ironía y solidaridad*, Paidós, Barcelona, 1991, p. 215.

listas como al liberalismo filosófico, denomina Rorty «*liberalismo burgués postmoderno*». «Liberalismo burgués» porque consiste en el intento —de corte hegeliano— de defender las instituciones y prácticas del rico Atlántico Norte, en el intento de satisfacer sus esperanzas, reconociendo que esto sólo puede lograrse en ciertas condiciones históricas y, especialmente, económicas. Y «postmoderno» porque desconfía de metarrelatos que aludan con Hegel al Espíritu Absoluto, con Marx al proletariado, o bien a historias que justifiquen la lealtad o la ruptura con ciertas comunidades, pero sin narrar lo que han hecho realmente en el pasado o podrán hacer en el futuro[14].

De lo que se trata en este liberalismo pragmatista o político, al que Rorty adscribe autores como J. Dewey, M. Oakeshott y J. Rawls, es de *preservar las institucionmes y prácticas liberales del Atlántico Norte, pero abandonando los fundamentos filosóficos que pretendían legitimarlas, precisamente porque ésta es la manera de fortalecerlas*. «El pragmatismo —dirá Rorty explícitamente— es la antítesis del racionalismo de la Ilustración, aunque sólo fue posible en virtud de ese racionalismo. Puede servir como el léxico de un maduro liberalismo ilustrado (despojado de ciencia y de filosofía)»[15].

Ciertamente ante afirmaciones semejantes algunos éticos nos sentimos como —dicho en jerga periodística— «intelectuales apesebrados», ya que, si hacemos caso al liberalismo pragmatista, lo nuestro es respaldar lo que hay, justificándolo conceptualmente. Tarea bastante ruin, por cierto, porque la idea de que es correcto únicamente aquello que puedo justificar ante la comunidad en que contingentemente he nacido, ya que con ella comparto el léxico legado por tradiciones seculares, conduce a legitimar como correctas desde la teoría las decisiones fácticas de las comunidades poderosas. Como puede ser la decisión tomada por el alto tribunal norteamericano de que es lícito a su policía secuestrar delincuentes en cualquier país de la tierra y conducirlos al suyo, cosa que su comunidad parece dispuesta a entender. ¿Es que quedan legitimadas moralmente las decisiones porque la mayoría de una población las respalde?

Naturalmente una pregunta semejante afecta directamente al problema del *método de la filosofía*: si tal método consiste en el intento de establecer un *equilibrio reflexivo* entre las instituciones y prácticas que ya vivimos y los principios que las legitiman, o si pretende desentrañar

---

[14] R. Rorty, «Postmodernist Bourgeois Liberalism», *The Journal of Philosophy* (1983), pp. 583-589.

[15] R. Rorty, *Contingencia, ironía y solidaridad*, p. 76.

las condiciones racionales necesarias para hablar de la corrección de tales prácticas e instituciones. El primer modo de proceder sería el propio del *liberalismo político*; el segundo, el de una *ética discursiva*, de la que más adelante hablaremos. Pero, aún sin salir del ámbito del liberalismo político, conviene preguntar *qué conjunto mínimo de valores morales* detecta con su proceder en las democracias liberales avanzadas y *qué tipo de hombre* surgirá previsiblemente del ejercicio militante de este modelo liberal.

5. UN NÚCLEO MÍNIMO DE VALORES MORALES

No resulta fácil encontrar respuesta a estas cuestiones, ya que los autores que Larmore presenta como alineados en las filas del liberalismo político no concuerdan entre sí sino en el método filosófico empleado, y difieren, sin embargo, tanto en el punto de partida que eligen para su investigación como en los resultados a los que llegan.

Rawls, como es sabido, buscará su punto de partida en algún «hecho» revelador del sentido de la justicia entrañado en las democracias liberales, y creerá encontrarlo en los célebres «juicios ponderados» (*considered judgements*) acerca de la justicia, o bien en la cultura política de las democracias occidentales. En qué consisten tales juicios nos lo aclara el propio autor: son aquellos en que «se presume que la persona que formula el juicio tiene la capacidad, la oportunidad y el deseo de llegar a una decisión correcta (o, al menos, que no tiene el deseo de no hacerlo)»[16], y con respecto a la cultura política cabe decir que sería el conjunto de valores que comparte una democracia y da sentido a sus instituciones.

Se trata, pues, de aquellos juicios que formulamos y aquellos valores que reconocemos cuando en las sociedades con democracia liberal nos preguntamos *en serio* acerca de lo justo; con lo cual Rawls se inscribe de algún modo en las filas de una «moral de la seriedad», próxima al punto de partida de la ética discursiva en la formulación que de él hace Apel: «cualquiera que argumenta *en serio* —dirá Apel— ha reconocido ya siempre [...]»[17]. Juzgar en serio acerca de lo justo, querer argumentar en serio, es el punto de partida de estas «éticas de la justicia», que parecen seguir entendiendo con Kierkegaard que la actitud ética es la de quien opta por la seriedad, la responsabilidad, el compromiso.

---

[16] J. Rawls, *Teoría de la Justicia*, p. 68.
[17] También por una «moral de la seriedad» opta E. Tugendhat, como muestra J. Conill en *El enigma del animal fantástico*, Tecnos, Madrid, 1991, cap. 6.

Haciendo, pues, pie en ese sentido de la justicia que se expresa en los juicios ponderados y en la cultura política trata Rawls de desentrañar qué valores se encuentran en su base y obtiene como resultado los valores tradicionales de la Revolución francesa —igualdad, libertad y fraternidad—, articulados de un modo peculiar: la libertad, expresada en el primer principio de la justicia, es prioritaria con respecto a la igualdad, expresada en el segundo, y con respecto a la fraternidad, que se plasma en el principio de la diferencia, porque en definitiva la noción kantiana de persona moral es la que subyace a nuestros juicios sobre lo justo y tal noción descansa fundamentalmente en la de *autonomía*.

Sin embargo, considera Ch. Larmore, por su parte, que ni siquiera en torno a la noción de autonomía se logra un acuerdo, porque tanto durante la época romántica como en nuestro momento la polémica entre individualistas y tradicionalistas lleva a los primeros a considerar central la autonomía de los individuos, mientras que los segundos abogan por la tradición y la comunidad. De ahí que el liberalismo político tenga que dejar de considerar la autonomía como el valor central y se vea obligado a seguir buscando aquellos mínimos morales que todos puedan compartir.

Esta tarea de rastreo llevará a nuestro autor, mediante procedimientos que no especifica, a dos normas que, según él, todos comparten: *el diálogo racional* y *el respeto igual a las personas*. La idea de persona que subyace a estas normas no precisa ser la de una persona autónoma, como quiere Rawls, sino que basta con tenerla por un ser capaz de pensar y actuar contando con razones. Sea cual fuere la fuente de tales razones, «el liberalismo político es la concepción de que debemos afirmar esas normas»[18], para lo cual no necesitamos más aval que el hecho de que estos principios hayan formado una gran parte de la cultura occidental y que los hayan compartido, no sólo los individualistas modernos, sino también la mayoría de los críticos románticos del individualismo.

Ante afirmaciones como éstas cabe dudar de que el liberalismo político pueda alguna vez llevar a cabo su tarea de encontrar unos mínimos compartidos en los que nadie discrepe porque, a la vista de los conflictos teóricos y prácticos que se producen en las democracias occidentales, no parece vislumbrarse valor alguno en torno al que reine el total acuerdo. Los tradicionalistas podrán poner en duda el carácter central de la autonomía de los individuos, pero me temo que para lograr coincidencia uni-

---

[18] Ch. Larmore, «Political Liberalism», p. 354.

versal en torno a la centralidad del igual trato y el diálogo racional será preciso entenderlos en un sentido tan vago que no signifique nada para la acción. ¿Se trata, pues, de ir reduciendo y debilitando los mínimos morales en cuanto se aprecie que pueden dar lugar a discrepancias? De hecho, el propio Rorty parece diferir de Larmore a la hora de caracterizar al liberalismo, ya que no tiene por liberal a quien defiende el diálogo racional y el trato igual, sino—siguiendo a J. Sklar— a quien piensa que los actos de crueldad son lo peor que se puede hacer[19]. Caracterización hermosa, por cierto, pero con la que no iremos muy lejos si, además de hacer una frase, queremos averiguar qué sea el liberalismo y qué valores avala como innegociables. ¿Cuál es el procedimiento, entonces, para detectar los mínimos morales compartidos, si no es la total ausencia de discrepancia en torno a ellos?

Dejando abierta por el momento esta cuestión, que intentaremos ir respondiendo a lo largo del libro, tratemos antes de imaginar qué tipo de hombre se seguiría de la puesta en práctica de las distintas propuestas de liberalismo político. Porque, a pesar del deseo liberal de mantener la neutralidad con respecto a ideales de hombre, sus propuestas producen inevitablemente estilos de vida que generan tipos de hombre concretos. La pretensión de neutralidad es una de las grandes ficciones del discurso liberal.

6. ÉTICA-FICCIÓN: EL IDEAL DE HOMBRE

El hombre necesario para mantener las instituciones propias de una democracia liberal en la línea apuntada es, en principio, un hombre *tolerante* y *respetuoso con los derechos humanos*. Sin embargo, en cuanto deseamos ampliar esta caracterización, nos encontramos con que los distintos autores mencionados presentan, explícita o implícitamente, con mayor o menor detalle, distintos «ideales de hombre». El hombre «larmoriano» sería un individuo presto al diálogo racional y empeñado en defender el igual trato de los hombres en los distintos ámbitos de la vida social, mientras que el boceto del hombre «rawlsiano» estaría más acabado.

En efecto, el hombre que viviera de acuerdo con los principios de la justicia decididos en la «posición original» sería, a más de tolerante, ce-

---

[19] R. Rorty, *Contingencia, ironía y solidaridad*, p. 17.

loso de la libertad negativa y positiva, tanto propia como ajena, empeñado en no mantener sino las desigualdades que beneficien a los peor situados, incapaz de imponer a otros su idea de bien, consciente de que los que cooperan en una sociedad deben distribuirse equitativamente las cargas y los beneficios. Ahora bien, si a este hombre se preguntara si éste es el modo de obrar que debería asumir cualquier hombre en cualquier lugar, siempre que le fuera posible, debería constestar en buena ley que no se atreve a hacer tales pronunciamientos, porque ésta es la tradición de justicia en que él vive y sólo desde ella y sólo para quienes la comparten puede hablar.

Rorty, por su parte, se ha expresado abiertamente al respecto al hilo de sus reflexiones sobre la primacía de la política democrática con respecto a la filosofía. Según Rorty, las instituciones democráticas liberales exigen para mantenerse un tipo de hombre que se sitúe en la *superficie* de los problemas, sin buscar para ellos soluciones fundamentadas que podrían generar fanatismos, ya que, por decirlo con Nietzsche, las convicciones son prisiones. Y situarse en la superficie exige practicar la *frivolidad* por sistema como medio de colaborar en el desencantamiento del mundo —iniciado en la modernidad con el desencantamiento religioso—, invitar en consecuencia a los ciudadanos a no tomar en serio lo que en serio toman, e incluso a burlarse de ello por afán de tolerancia y convivencia pacífica.

Si este hombre *pasivamente tolerante, respetuoso* y *dialogante sin convicción, frívolo* y *superficial* no es de nuestro agrado, la culpa es nuestra: no nos hemos percatado de que es necesario para mantener las instituciones democráticas liberales y de que no puede medirse a tales instituciones por el tipo de hombre que producen, sino por las intuiciones morales compartidas por la sociedad concreta a la que han de servir[20]. Hasta tal punto es preciso sacrificar el tipo de hombre a las intuiciones que subyacen a las instituciones de la democracia liberal, que llega a afirmar Rorty: «incluso si el ciudadano típico de una sociedad democrática realmente es banal, bajo, calculador e innoble, incluso si se asemeja al "último hombre" de Nietzsche, el aumento de gente semejante supondría un precio aceptable para la libertad y la justicia política»[21].

Cualquier intento de buscar criterios desde los que enjuiciar las instituciones que producen tal tipo de hombre supondría un acto de insoli-

---

[20] R. Rorty, «Der Vorrang der Demokratie vor Philosophie», pp. 10-14.
[21] Ibíd., p. 14.

daridad con las comunidades que gozan de tales instituciones y con los ciudadanos que las disfrutan, así como un desprecio a las intuiciones morales de unas y otros. Además sería un intento inútil porque, si lo que se pretende es reforzar valores como la libertad y la igualdad o defender los derechos humanos, es preciso reconocer que las comunidades con democracia liberal ya los han incorporado y no necesitan para legitimarlos criterios situados «más allá» de ellas, en una ficticia idea de humanidad.

Con afirmaciones como éstas entramos de lleno en una de las polémicas más vivas que hoy se viene librando en el ámbito de la filosofía ético-política, la polémica entre *Moralität* y *Sittlichkeit*, entre partidarios del kantiano «punto de vista moral», que pretende ser el punto de vista de la humanidad, y partidarios de la «Eticidad» hegeliana, afectos a un *ethos* concreto, a contextos concretos. Para los primeros, es posible alcanzar un punto de vista racional que trasciende los contextos concretos aun cuando se extraiga de ellos, mientras que los hegelianos abundan en la imposibilidad de trascender el contexto[22].

Rorty, por su parte, que se confiesa hegeliano naturalizado, propone una solución salomónica: los puntos de vista kantianos pueden defenderse usando tácticas hegelianas, porque la autoimagen de la sociedad americana está ligada al vocabulario de los derechos inalienables y de la dignidad del hombre; los defensores hegelianos de las instituciones liberales pueden defender una sociedad basada en unos y otra desde la solidaridad con su propia comunidad, sin necesidad de trascender a esa supuesta «humanidad» inexistente desde la que presuntamente es posible lograr un «conocimiento objetivo»[23]. Lo que la objetividad producía lo obtiene ahora mediante la solidaridad un filósofo norteamericano, que ponga su filosofía al servicio de las instituciones de su comunidad.

Sin embargo, ante afirmaciones como las precedentes no podemos dejar de preguntarnos: ¿podría un tipo de ciudadano semejante defender los valores de una forma de vida democrática que nos parezca deseable? ¿No cae el liberalismo político en contradicción con sus propios principios?

---

[22] Me he ocupado de esta polémica ampliamente en *Ética sin moral*, sobre todo en la parte 1.ª
[23] R. Rorty. «Postmodernist Bourgeois Liberalism», p. 584.

7. BALANCE DEL LIBERALISMO POLÍTICO

El liberalismo político tiene a su favor una serie de factores que favorecen hoy su expansión, pero que conviene calibrar con objeto de dirimir qué de él es irrenunciable, qué un éxito coyuntural y qué una limitación.

En principio, la experiencia negativa producida por cuantos fanatismos en el mundo han sido y son, los daños causados por la intransigencia y la intolerancia de uno u otro signo, nos llevan a considerar, no sólo como gratificante, sino como irrenunciable, la defensa de la convivencia entre distintas concepciones de vida buena, entre distintas concepciones de lo que es bueno para los hombres. Y en este sentido es en el que cabe calificar de «hallazgo» aquel doble descubrimiento del liberalismo de los orígenes: unos mínimos morales compartidos constituyen la condición de posibilidad de que cada quien pueda vivir según sus ideales, según sus máximos, y a la vez prohíben la arbitraria interferencia del Estado o de los demás ciudadanos en el desarrollo del plan de felicidad de cada quien. El *minimalismo ético* en aquellos valores o procedimientos que se pretendan universalizables es, pues, irrenunciable.

Sin embargo, tales mínimos no pueden defenderse sin *convicciones* que, para no degenerar en fanatismo, tienen que ser *racionales*. Y aquí entramos en uno de los aspectos contradictorios del liberalismo político, porque *convicciones racionales* no son sólo las que se refuerzan socialmente, sino las que se apoyan en *argumentos intersubjetivables*, desde los que es posible a la vez respetar la autonomía de cada sujeto y entablar un diálogo racional, llegando a acuerdos.

En este sentido creo que el liberalismo político de nuestros días debería ser superado a un doble nivel: al *nivel de la vida cotidiana*, en el que sólo la convicción racional de que la democracia es la mejor forma de organización política para la realización de los hombres concretos puede invitar a los ciudadanos a desearla y fomentarla, y al *nivel filosófico*, en el que es preciso intentar desentrañar las razones de tal superioridad, tal como hizo el liberalismo filosófico. Porque el liberalismo filosófico de los orígenes fundaba filosóficamente una convivencia política plural, pero sin reducir por ello la convicción filosóficamente fundada a funcionamiento político.

En algún lugar he afirmado al respecto, y sigo teniendo por buena la afirmación, «adelgazóse la religión en filosofía y parece que es tiempo de adelgazar a ésta en política [...]. ¿Puede la religión, por mucho peso que pierda, quedar en filosofía? ¿Puede ésta, a su vez, tras dietas y saunas, quedar en política?»[24]. Ciertamente que no, porque la política busca reforzar consensos fácticos, que convienen a quien detenta el poder, mientras que la filosofía se sigue viendo obligada a someter también los consensos fácticos a la crítica racional, para lo cual ha de desentrañar las condiciones de racionalidad de la acción.

Cierto que el término «fundamentación», que conviene a este intento de descubrir las condiciones de racionalidad, inspira desconfianza, no sólo a los filósofos que se declaran expresamente «liberales políticos», sino también a sectores de izquierda que dicen temer el retorno de verdades con contenido, fijas para todo tiempo y lugar, y prefieren entonces el postmoderno fin de los metarrelatos como expresión de tolerancia. Se alinean, pues, con entusiasmo en las filas del ya mencionado «liberalismo burgués postmoderno», sin percatarse —espero— de que esta opción no conduce sino a un *conservadurismo dogmático*, extraño al espíritu tanto de un liberalismo como de un socialismo ilustrados, porque, en definitiva, las instituciones y prácticas de que partimos quedan inmunizadas frente a la crítica racional.

Naturalmente, cabe replicar que de lo que se trata es de intentar captar las intuiciones morales que laten en el fondo de esas instituciones, articularlas conceptualmente y, desde la articulación lograda, criticar las instituciones que no se ajusten a ellas. Con lo cual no es que estemos rechazando cualquier criterio que sirva para la crítica, sino que lo estamos tomando de las intuiciones morales ya compartidas en las sociedades con democracia liberal.

Sin embargo, aceptar tales intuiciones como criterio para la crítica es, a mi modo de ver, más que problemático. En principio, porque nada nos garantiza que sean moralmente correctas, ya que sólo podrían hacerlo una filosofía de la historia o una teoría de la evolución social, que nos mostrara cómo la lógica del desarrollo moral conduce a intuiciones de este tipo. Teniendo en cuenta que una lógica del desarrollo supone que los estadios posteriores exhiben una mayor madurez que los anteriores, las intuiciones morales de las democracias liberales serían más maduras que las de estadios anteriores. Ahora bien, esta lógica del desarrollo, aplicada al nivel social, es admitida por K. O. Apel y J. Habermas, pero no por el liberalismo político, que no precisa más prueba

---

[24] A. Cortina, *La moral del camaleón*, p. 13.

de la corrección de las intuiciones morales que el consenso existente en torno a ellas[25].

A mayor abundamiento, precisar los mínimos morales en torno a los que puede existir tal consenso, sin contar con una lógica del desarrollo o con una teoría de la racionalidad, resulta harto difícil, si no imposible. Y prueba de ello es que ni siquiera los defensores del liberalismo político son capaces de llegar a un acuerdo sobre cuáles sean esos mínimos: hemos señalado cómo Larmore abandona incluso la idea kantiana de autonomía, que Rawls tenía por uno de los mínimos, y opta por el diálogo racional y el trato igual que, a su juicio, no precisan basarse en la idea de hombre como ser autónomo. Suponiendo que esto fuera cierto, ¿es verdad que tales valores constituyen un mínimo compartido?

Me temo que un intento de explicitarlos llevaría de nuevo a discrepancias, porque algunos identificarían el diálogo racional con el discurso, al modo de la ética discursiva, otros, con la «conversación edificante» de que habla Rorty, y así un largo etcétera difícil de cortar. Y, en lo que respecta al «trato igual», las dificultades serían idénticas.

Por otra parte, para convencer a un individuo de que le favorecen instituciones regidas por los dos principios mencionados, es preciso mostrarle que le beneficiarán en el curso de *su* vida. Porque, si no podemos aducir en su favor una superioridad filosófica, habremos de alegar una superioridad pragmático-individual. Y, sin embargo, las teorías de la decisión racional nos recuerdan que el óptimo de racionalidad en estos casos consiste en conseguir que todos cumplan la ley, excepto yo. Es decir, que en nuestro caso la situación máximamente deseable para un individuo es aquella en que todos recurren al diálogo racional, todos tratan a los demás de modo igual, excepto él, que impone su autoridad sin mediaciones dialógicas y es objeto de trato preferente. Por suerte o por desgracia, quien quiere llevar adelante un proyecto que le conviene, prefiere no tener que someterlo a diálogo; quien tiene la posibilidad de ser objeto de un trato preferente, prefiere no serlo de un trato igual. Y para convencerle de que diálogo racional y trato igual son moralmente superiores no basta con proponerle que pruebe a experimentar sus beneficios, porque el curso de una vida humana es demasiado corto. Parece, pues, que los mínimos morales compartidos han de ser también fundamentados en un tipo de racionalidad, que no depende en sus pretensio-

---

[25] La alusión de Rawls a la psicología del desarrollo en el cap. VIII de *Teoría de la Justicia* se mueve en el ámbito de la ontogénesis, no en el de la filogénesis.

nes totalmente de las instituciones y los contextos concretos, si bien sólo puede ser desentrañada desde ellos. Ahora bien, este tipo de racionalidad no alumbrará principios y verdades con contenido, válidos para todo tiempo y lugar, sino valores aparejados a procedimientos racionales, que resultarán comprensibles y aceptables por cualquier hombre, en la medida en que acompañan a su razón. Si bien se trata en este caso de una razón «impura», más que de una razón pura; de una razón «experiencial» que se ha ido configurando históricamente también al hilo de tradiciones[26].

De ella no extraeremos una antropología, si por tal se entiende la pregunta por la esencia del hombre, pero sí una mínima concepción del hombre, unos rasgos de lo humano, que no alumbrarán una antropoeudaimonía, un diseño de lo que cualquier hombre tiene que hacer para ser feliz, sino una *antroponomía*, un boceto de los rasgos humanos que permiten desde unas normas compartidas la convivencia de *distintas* «*antropoeudaimonías*».

Porque razón lleva el liberalismo político al reconocer la imposibilidad de trazar una imagen universalizable del hombre, pero le falta, y llega a contradicción, cuando olvida que un fanático imposibilita la vida democrática, pero no menos un hombre sin convicciones y pasivamente tolerante. Una democracia moralmente deseable —una democracia radical— necesita ciudadanos críticos y autónomos, dispuestos a enjuiciar las instituciones y prácticas en que han nacido, y a darlas por buenas sólo si favorecen el desarrollo de su autonomía, porque las instituciones y prácticas no son fines en sí mismas, sino medios al servicio de los hombres concretos.

Por tanto, una mínima concepción del hombre, convencido del valor interno de cualquier otro hombre y de sí mismo, convencido de que es el respeto a su autonomía lo que hace valioso el diálogo racional, el igual trato y la tolerancia activa, es indispensable para dar razón de una democracia auténtica. Si el liberalismo político no es capaz de diseñarla, habremos de intentar otros caminos, aunque sin renunciar a sus más preciadas conquistas[27].

---

[26] J. Conill, *El enigma del animal fantástico*, cap. 4; *Ética hermenéutica*, Tecnos, Madrid, 2006.
[27] A. Cortina, *Alianza y contrato*; *Ética de la razón cordial*, Nobel, Oviedo, 2007.

3. LEGITIMACIÓN DEL ESTADO Y TECNOLOGÍA SOCIAL*

Si desde los años cuarenta del siglo XX ha habido una corriente filosófica que se enfrentara con armas y bagaje al pensamiento dogmático, sobre todo de cuño holista e historicista, ha sido el racionalismo crítico, fundado por K. Popper y «sistematizado» en la medida de lo posible por H. Albert.

El racionalismo crítico es conocido en la república de los saberes muy especialmente por haber asentado como principio de comprobación de la verdad de los enunciados el principio del *falibilismo irrestricto*, según el cual no podemos tener por verdadero un enunciado porque nos lo hayan revelado la razón o los sentidos, ni esperar su verdad de una imposible verificación empírica: es verdadero un enunciado que todavía no ha sido refutado siguiendo los métodos oportunos de comprobación; la posibilidad de falsación es la que presta cientificidad a un enunciado.

El principio del falibilismo irrestricto y la lógica de la investigación a él aparejada hicieron fortuna ante todo en el campo de la filosofía de la ciencia, en que Popper resultaba venerado por tales aportaciones. Pero, al menos en nuestro país, la aplicación de este principio al terreno práctico, que el mismo Popper llevó a cabo en *La miseria del historicismo* y *La sociedad abierta y sus enemigos* y que tenía por cabeza de turco muy especialmente al marxismo, fue ampliamente repudiada y denostada por defensora de los intereses burgueses en lo práctico, por carente de consistencia en lo teórico[1].

Curiosamente, quienes atacaron con saña la versión sociopolítica del racionalismo crítico, se pasaron a él —expresamente o no— tras la transición democrática, o bien al liberalismo burgués postmoderno, del que antes hablamos, o bien a un extraño pseudomarxismo, que sigue que-

---

* Este capítulo tiene su origen en «Legitimación del Estado y tecnología social», *Estudios Filosóficos*, 102, (1987), pp. 355-368. El conjunto del número, fruto de un seminario, está dedicado a las diferentes vertientes del racionalismo crítico.

[1] Para las fechas de publicación de *La miseria del historicismo*, ver la «Nota histórica» a la versión castellana en Alianza, Madrid, 1973.

jándose del capitalismo, pero continúa viviendo de él sin empacho y sin proponer alternativas reales. Un difuso participacionismo, nunca concretado, un recuerdo de las generaciones pasadas *à la* W. Benjamin, con el consiguiente olvido de las futuras y sobre todo de las presentes: un mundo sin perfiles en que todos los gatos son pardos, un río revuelto para ganancia de pescadores avisados. Por ninguna de estas propuestas vamos a decantarnos porque ninguna es propia de una razón trasparente; tampoco por el racionalismo crítico, pero no por su falta de trasparencia, ni por su presunta carga ideológica, sino por su debilidad teórica en el ámbito práctico, muy especialmente en el político.

1. UNA VISIÓN FALIBILISTA DEL SISTEMA DE LA SABIDURÍA

Frente a cualquier dogmatismo que intente buscar para el conocimiento o la decisión un fundamento irrefutable, propone el racionalismo crítico el principio del falibilismo ilimitado, que ha de ser aplicado tanto en la teoría como en la praxis y, en lo que ahora nos ocupa, tanto en la praxis moral como en la política. «Un falibilismo consecuente —dirá expresamente Albert— tiene que tener repercusiones para una praxis racional en el ámbito político»[2]. Con lo cual el falibilismo consecuente nos sitúa a medio camino entre el modelo clásico que pretende una sistematización total del conocimiento y el anti-sistematismo actual, y propone una *unidad* del conocimiento teórico y práctico, aunque no una *mathesis universalis*: establecer un sistema exigiría reconocer que alguno de los saberes que lo componen descubre elementos *a priori* a partir de los cuales es posible determinar la organización del sistema; esta labor de «acomodador» y «juez» —por decirlo con Habermas[3]— correspondió tradicionalmente a la filosofía, pero el racionalismo crítico afirma la falibilidad y revisabilidad de todos los conocimientos, de lo cual se desprende que ningún saber quedará inmunizado frente a la crítica de los restantes, que a ninguno corresponderá el papel de acomodador y juez.

La idea de sistema se destruye con la superación del modelo clásico de racionalidad, pero la unidad del conocimiento se afianza desde un fa-

---

[2] H. Albert, *Traktat über rationale Praxis*, Mohr, Tübingen, 1978, p. 182.
[3] J. Habermas, «Die Philosophie als Platzhalter und Interpret», en *Moralbewusstsein und kommunikatives Handeln*, Suhrkamp, Frankfurt, 1983, pp. 9-28 (trad. cast. Península, Barcelona, 1985).

libilismo universal que exige la mutua revisión y crítica de los saberes. El sistema kantiano de la sabiduría se reconstruye desde una unidad «democrática» —no jerárquica— de conocimientos, que ha sustituido la fundamentación por el falibilismo universal. En esta unidad tendrá su lugar peculiar la reflexión sobre la actividad política, tomando como punto de partida un concepto de *praxis racional*, utilizable por la *tecnología social* y propio de una tradición individualista

En efecto, Albert inscribe expresamente al racionalismo crítico en una tradición de filosofía moral —la escocesa— a partir de la cual surge la *economía política*. Se trata de una tradición *individualista*, que intenta explicar los procesos sociales combinando los modos de comportamiento de los individuos, que se esfuerzan por satisfacer sus necesidades y aspiraciones; pero también de una tradición *naturalista*, que desea aplicar a la naturaleza humana el modelo explicativo de las ciencias naturales; *reformista*, ya que rechaza las revoluciones y propone reformas individuales e institucionales para el progreso social, y *economicista*, porque concibe la praxis racional desde el modelo de la racionalidad económica. No es extraño que de ella surjan corrientes como la economía del bienestar, las teorías de la elección colectiva o las teorías de los juegos.

A juicio de Albert, la gran ventaja de esta tradición estriba en resultar apropiada para aplicar tecnologías sociales. El método condiciona, pues, la elección del punto de partida, y este condicionamiento será decisivo para el modo de entender la praxis política racional.

2. RACIONALIDAD ECONÓMICA Y PRAXIS POLÍTICA RACIONAL

Disuelta la delimitación rigurosa entre ciencias y filosofía, esta última puede servirse de elementos provenientes de otros saberes, y éste va a ser el caso del concepto central, no sólo de la filosofía política del racionalismo crítico, sino de la propuesta en su conjunto: el concepto de *praxis racional*, que incluye también la praxis cognoscitiva. La ciencia social de A. Smith y también la de M. Weber proporcionan sugerencias para elaborar un concepto de praxis racional, que ha de aprovechar quien no desee sacrificar el racionalismo metódico. Ello no significará incurrir en cientificismo, porque no vamos a extraer los caracteres de la racionalidad a partir de una ciencia, sino a partir de la praxis cotidiana.

En la vida cotidiana la razón se ve obligada a resolver los conflictos planteados por la inevitable *escasez* de medios, y esto le exige optar por un modo de resolver la situación, sacrificando otros, bajo condiciones de *incertidumbre*. «Elegir en situaciones de escasez», «en condiciones de incertidumbre» y «teniendo en cuenta los costes», son rasgos metódicos de la praxis racional cotidiana, recogidos en la economía, como en ningún otro saber. Por eso los modelos económicos para la resolución de problemas serán preciosos para el racionalismo crítico, y tales modelos desaconsejan desde el comienzo por irracional un modo de «resolver» problemas: la revolución.

En efecto, a pesar de que el racionalismo crítico se distancia tanto del pensar analítico, como del hermenéutico y el dialéctico[4], su adversario constante es prioritariamente este último, y concretamente el pensamiento *utópico-revolucionario*, al que opone el pensar *tecnológico-reformista*. El pensamiento utópico, sea teológico, o haya pasado por el filtro de la secularización dando lugar al marxismo, es dogmático y, por tanto, irracional. Precisamente el racionalismo crítico, al rechazar el modelo clásico de racionalidad, supera el dogmatismo teórico y también el político, porque repudia toda suerte de programas políticos *inmunizados* frente a la crítica racional. La inmunización, tanto en el campo teórico como en el práctico, procede de la presunción de *certeza*: el utópico está cierto, mediante algún tipo de *revelación*, de que su programa es superior a los restantes, con lo cual apoya *una* sola solución, sin tener en cuenta el contexto. Y, sin embargo, frente a la certeza lo humano es la *incertidumbre*; frente a la «ficción del vacío» —frente a la creencia de que tomamos nuestras decisiones sin contar con el nivel de conocimientos alcanzado—, lo humano es la *dependencia del contexto*.

Efectivamente, un programa político se elabora en condiciones de escasez de medios, en las que deben ponderarse los costes, y en una situación de incertidumbre: es decir, se elabora en las condiciones de la falibilidad humana. Por eso es praxis política racional la que, atendiendo al contexto, sin caer en la «ficción del vacío», propone distintas alternativas cuya realizabilidad ha sido ya acreditada por las ciencias, y muestra las consecuencias que previsiblemente se seguirán de ellas, de modo que sea posible juzgar los costes.

---

[4] H. Albert, «Aufklärung und Steuerung», en *Kritische Vernunft und menschliche Praxis*, Stuttgart, 1977, pp. 181-184.

Atención al contexto, pluralismo de alternativas, realizabilidad de las propuestas y ponderación de las consecuencias son, pues, los caracteres que el racionalismo crítico considera como propios de la praxis racional y, por lo tanto, también de una praxis política racional[5].

Sin embargo, en este caso los mismos términos cobran una connotación especial, porque parecen haber «regresado a casa» al aplicarlos al terreno político. «Pluralismo», «reformismo», «revisionismo», «posibilismo» son expresiones de la vida política que parecen haber sido traspasadas al pensar teórico. En tal caso, podríamos decir que, de igual modo que Aristóteles entendió la *polis* desde la *ousía*, haciendo de su política «metapolítica»[6], el racionalismo crítico habría pensado el conocimiento teórico desde la *sociedad abierta*, bosquejando el funcionamiento de la praxis racional cognoscitiva como el de una democracia liberal, con libertad de mercado.

El temor a la «miseria del historicismo» habría inspirado un ideal de praxis racional totalmente contrario al de los historicistas, con lo cual el método del racionalismo crítico no tendría su origen en las ciencias de la naturaleza, como tantas veces se ha dicho, sino en el *modelo de una democracia pluralista*, que mantiene su constitución siempre abierta a la posibilidad de reformas.

También aquí encontraríamos, pues, una suerte de «liberalismo político», en la medida en que la racionalidad teórica y práctica se diseñaría desde un modelo de democracia pluralista. Sólo que en este caso el punto de partida no es el de un consenso solapante entre posiciones diversas, ni se pretende llegar a un equilibrio reflexivo desde el que lograr reforzar el consenso fáctico existente. El método es más bien, siguiendo la tradición que hemos mencionado, el de la economía política. ¿Cómo se aplica al ámbito de la construcción del Estado?

3. «LEGITIMACIÓN» DEL ESTADO Y TECNOLOGÍA SOCIAL

Plantear la cuestión de la legitimidad del Estado significaría, a juicio del racionalismo crítico, regresar a la temida idea clásica de la fundamentación, que resulta teóricamente inaceptable y prácticamente nefasta. Teóricamente inaceptable, porque todo intento de fundamentación nos conduce al famoso trilema de Fries o de Münchhau-

---

[5] Ibíd., pp. 184-195.
[6] M. Riedel, *Metafísica y metapolítica*, 2 vols., Alfa, Barcelona, 1972-1974.

sen[7], y prácticamente nefasta porque la pregunta por la legitimidad del gobierno no ha traído sino catástrofes desde el declive del Imperio Romano. Gobiernos necesitados de legitimidad han recurrido desde aquella época a religiones politeístas o monoteístas y finalmente a la ficción de que es el pueblo quien gobierna. Pero —afirma tajantemente Popper— en ningún lugar gobierna en realidad el pueblo: son los gobiernos quienes gobiernan y, desgraciadamente, también los burócratas. Por eso —prosigue nuestro autor— es menester arrumbar la vieja y peligrosa pregunta por la legitimidad del gobierno —«¿quién debe gobernar?»— y plantear la cuestión de la forma de gobierno como una cuestión *casi técnica*: ¿cómo tiene que estar constituido el Estado para que los malos gobernantes puedan ser derrocados sin derramamiento de sangre, sin violencia? ¿Cómo podemos evitar mejor situaciones en las que un mal gobernante causa demasiado daño?

La respuesta a estas preguntas compondrá, según Popper, una teoría de la democracia, aunque no entendida como gobierno del pueblo, como veremos, ya que semejante teoría clásica de la democracia está atrapada en las redes de la pregunta por la legitimidad. La cuestión del Estado, por el contrario, ha de plantearse como una cuestión más técnica que ideológica[8]. Y en el mismo sentido remachará Albert que el Estado no necesita legitimación, porque es simplemente un modo de resolver problemas[9].

En el contexto de escasez de medios en que vivimos precisamos —por decirlo con Weber— una unión de dominación, cuyo brazo administrativo reclame para sí con éxito el monopolio de la aplicación

---

[7] H. Albert, *Traktat über kritische Vernunft*, Mohr, Tübingen, 1968 (trad. cast. Sur, Buenos Aires, 1973), cap. 1. Para una crítica a esta posición, ver K.O. Apel, «El problema de la fundamentación filosófica última desde una pragmática transcendental del lenguaje», *Estudios Filosóficos*, 102 (1987), pp. 251-300; íd., «Falibilismo, teoría consensual de la verdad y fundamentación últimas», en *Karl-Otto Apel. Teoría de la verdad y ética del discurso*, Paidós, Barcelona, 1991, pp. 37-146; A. Cortina, *Ética mínima*, cap. 4; J. A. Nicolás, «¿Relativismo o trascendentalidad histórica?», *Estudios Filosóficos*, n.º 102, pp. 209-227; íd., «El fundamento imposible en el racionalismo crítico de H. Albert», *Sistema*, n.º 88 (1989), pp. 117-127.

[8] K. Popper, «*La sociedad abierta y sus enemigos* revisitada», *Estudios de Filosofía*, Universidad de Antioquia, Medellín, 1990, pp. 79-87; ver también A. Muñoz, *Razón práctica y democracia en K. Popper*, Valencia, 1993.

[9] H. Albert, *Traktat über rationale Praxis*, caps. IV, V y VI.

legítima de la fuerza[10]. Pero esta afirmación no implica la legitimación del Estado, sino que es simplemente una tesis de tecnología social. La cuestión consiste entonces sólo en analizar si el Estado es o no inevitable[11]. Y en este sentido parece que hoy, curiosamente, es el socialismo el que ha desesperado de que el Estado pueda desaparecer, mientras que son los liberales quienes abogan por su extinción. Así lo muestra esa unión de neoliberalismo radical y anarquismo que recibe el nombre de «libertarismo» y que cuenta con nombres como los de D. Friedman o M. Rothbard en la vertiente «economicista», mientras que el ya citado Nozick se presenta como un cuasilibertario, al criticar por inmoral cualquier intervencionismo del estado que atente contra derechos supuestamente naturales de los individuos y, por tanto, la noción de justicia distributiva[12]. En este último juicio le acompañará de algún modo Albert, al afirmar que la justicia estatal no puede entenderse desde la justicia retributiva o desde la distributiva, dada la imposibilidad —en este último caso— de encontrar un criterio común para la distribución. De la fuerza del Estado se puede esperar justicia en el sentido de protección del ordenamiento jurídico, pero no producción de justicia distributiva[13].

En este último sentido es necesario el Estado porque, a pesar de que en determinados ámbitos el orden social puede mantenerse sin la presencia de la fuerza estatal, no puede extenderse esta misma afirmación a la convivencia humana en su totalidad. Por eso, si no queremos aceptar una justificación teológica del Estado, ni adherirnos a un utópico anarquismo socialista o liberal, hemos de considerar la fecundidad del Estado desde los fines para los que existe. Éste es un auténtico planteamiento de tecnología social.

4. LOS FINES DEL ESTADO

Aun cuando los fines del Estado sean múltiples, según afirmación explícita del propio Albert, la tecnología social por él intentada des-

---

[10] M. Weber, *Wirtschaft und Gesellschaft*, 3.ª ed., Tübingen, 1947, p. 29.
[11] Sobre la inevitabilidad del Estado, en otro sentido, ver R. Nozick, *Anarchy. State and Utopia*, Basic Books, New York, 1974 (trad. cast., F.C.E. México, 1988); H. Kliemt, *Filosofía del Estado y criterios de Legitimidad*, Alfa, Barcelona, 1983; R. Dahl, *La democracia y sus críticos*, Paidós, Barcelona, 1992.
[12] D. Friedman, *The Machinery of Feedom*, New York, 1973; M. Rothbard, *For a New Liberty*, Oxford, 1973. Ver sobre ello, F. Vallespín, *Nuevas teorías del contrato*, Alianza, Madrid, 1985; J. Muguerza, «Entre el liberalismo y el libertarismo», en *Desde la perplejidad*, F.C.E. Madrid, 1990, pp. 153-209; A. Castiñeira, *op. cit.*
[13] H. Albert. *Traktat über rationale Praxis*, p. 148; ver apartado 22.

taca tres, que proceden claramente de tradiciones liberales de filosofía política: asegurar la paz, asegurar el bienestar y asegurar la libertad, entendida esta última desde una idea de justicia como garantía del ordenamiento jurídico[14]. El Estado como protector de la vida frente a la muerte violenta es el elemento básico del contractualismo hobbesiano, que sustituye al elemento teológico a la hora de explicar la sociedad política. Destruyendo el derecho natural, o constituyéndolo en sus caracteres modernos, Hobbes hace del deseo natural de paz la razón del pacto político, que saca a los hombres de un estado de naturaleza entendido —al modo epicúreo— como estado de guerra[15]. Y Kant retorna a esta idea, ampliándola a las relaciones entre los Estados, para los que exige una constitución cosmopolita o una federación con arreglo a un derecho internacional. También el libertarismo, al que he aludido, y el contractualismo marginalista de J. Buchanan entienden el Estado como protector frente a las agresiones físicas. Y Albert se acoge a esta corriente individualista, especialmente propicia a las aplicaciones de la tecnología social: no se trata de que el Estado quede legitimado en su existencia por asegurar la paz, sino que quien se interesa por la paz no puede renunciar a un Estado, cuyos brazos son el ejército, garante de la paz exterior, y la policía, que asegura la paz interior.

El segundo de los fines fundamentales que Albert propone para el Estado procede también de una tradición liberal: la de la economía del bienestar. Podría parecer que la alusión al bienestar, a elementos materiales, nos conecta con el deseo de configurar un Estado social de derecho; sin embargo, el racionalismo de Albert se opone a todo intento de plantear una igualdad material desde el Estado: la igualdad defendida será jurídico-formal y no material. Por ello las alusiones a elementos materiales se encuadran en esa corriente que nace con la economía del bienestar y se prolonga en la teoría de la elección colectiva, que pretende fijar funciones de bienestar social. Descubiertas las insuficiencias de los criterios de optimalidad de Walras y Pareto, la teoría de la elección social incorpora elementos no sólo económicos y políticos, sino también éticos: para acceder a un valor socialmente válido es fundamental la idea de justicia[16]. De hecho, las ideas de «imparcialidad» de Rawls o de «equi-

---

[14] H. Albert, *Traktat über rationale Praxis*, p. 142.
[15] O. von Gierke, *J. Althusius und die Entwicklung der naturrechtlichen Stuatstheorien*, Breslau, 1913.
[16] A. K. Sen, *Elección colectiva y bienestar social*, Madrid, 1976, p. 11. *Desarrollo y libertad*, Planeta, Barcelona, 2000; *Rationality and Freedom*, The Belknap Press, Cambridge, Ma., 2002; J. Conill, *Horizontes de economía ética*, Tecnos, Madrid, 2004.

probabilidad» de Harsanyi incluyen el elemento «justicia» a la hora de calibrar el bienestar social[17].

Sin embargo, Albert se encuentra más próximo a las corrientes neoliberales que tienen también en cuenta la dimensión institucional, porque considera que lo que ha de ponerse en duda no es una prueba concreta —como sería el caso del teorema de imposibilidad de Arrow—, sino la fecundidad de este modo de tratar los problemas, en que la idea de calculabilidad de las decisiones se proyecta a la conexión global de la vida social. Un institucionalismo al estilo de J. Buchanan será, pues, más adecuado, no para explicar el origen del gobierno, sino para ayudar a perfeccionar las instituciones gubernamentales existentes.

También Buchanan propone reformas marginales y no cambios totales, utilizando explícitamente el «individualismo metodológico», que no se confía al mercado ni al Estado, sino que concibe «a los individuos como únicos responsables finales de la determinación de la acción del grupo así como de la acción privada»[18]. La cuestión es entonces si la búsqueda del interés egoísta del individuo puede traducirse en un bien en política, de igual modo que ocurre en la economía, ya que no puede suponerse en todos intereses altruistas Y, en este sentido, el individualismo metodológico se reclama de una tradición ilustrada, igual que Albert: la tradición humana, según la cual «la razón del hombre es esclava de sus pasiones y, reconociendo esto acerca de sí mismo, el hombre puede organizar su propia asociación con sus compañeros de tal modo que se puedan maximizar efectivamente los beneficios mutuos de interdependencia social»[19].

En esta línea de un *individualismo metodológico institucionalista*, que, situándose entre la anarquía y el Leviatán, propone reformas marginales, se sitúa Albert recordando, sin embargo, que es menester tener en cuenta no sólo el «apriori institucional», sino también el cultural y el motivacional.

El último de los fines estatales combina dos elementos clásicos —la justicia y la libertad— en «una idea de justicia destinada a asegurar la libertad»[20]. La clave de la justicia consiste, pues, en asegurar un marco en el que los individuos puedan realizar libremente sus ideales

---

[17] J. C. Harsanyi, «Cardinal utility in Welfare Economics and in the Theory of Risk-Taking», en J. C. Harsanyi, *Essays on Ethics, social Behaviour and Scientific Explanation*, Dordrecht, 1976; D. Salcedo, *Elección social y desigualdad económica*, Anthropos, Barcelona, 1994.
[18] J. Buchanan y G. Tullock, *El cálculo del consenso*, Madrid, 1980, p. 22.
[19] Ibíd., p. 346.
[20] H. Albert, *Traktat über rationale Praxis*, p. 142.

de felicidad, con lo cual la jurisprudencia, intentando superar todo modelo iusnaturalista o positivista de «revelación», se comprende a la vez como tecnología social al servicio de la libertad[21]. Los ecos kantianos en esta noción de derecho son claros: el fin del derecho no es disponer la felicidad de los súbditos, lo cual llevaría a un gobierno paternalista, sino organizar el marco de relaciones de la libertad externa entre los hombres, de modo que cada uno persiga sus propios fines.

Para ello, desde la perspectiva de Albert, un «capitalismo domesticado» —no el originario ni tampoco el marxismo— parece presentar las mejores condiciones: un capitalismo que no entiende el concepto de propiedad de modo fijo e inmutable, sino como un conjunto de derechos, flexible y en continuo cambio. El concepto de propiedad se ampliaría entonces a todas las regulaciones jurídicas que delimitan el ámbito de las decisiones libres de los individuos, con lo cual, como Buchanan constata, resulta imposible distinguir entre derechos humanos y derechos de propiedad[22].

5. EL MÉTODO DE LA PRAXIS POLÍTICA RACIONAL

Una vez considerados los fines del Estado desde la opción por tradiciones liberales, cuyo mérito fundamental consiste en evitar el utopismo dogmático y revolucionario, cabe preguntar si tales fines proponen *recomendaciones* para la praxis política racional, manteniendo el ideal normativo de la filosofía política, o si —por el contrario— permanecen tan alejados de la praxis concreta como los ideales utópicos. A tal pregunta contesta Albert combinando la noción kantiana de *idea regulativa* con las ventajas, proporcionadas por las ciencias positivas, de *explicabilidad* y *realizabilidad*.

En efecto, el racionalismo crítico propone considerar las ideas de paz, bienestar, justicia y libertad, así como la de *voluntad racional universal* que las comprende a todas, como ideas utilizables como norma y como canon para la crítica de las instituciones políticas, con lo cual parece mantener su potencia el criticismo kantiano en este nuevo criticismo.

Sin embargo, *las ideas regulativas tienen que sufrir una doble rectificación: deben convertirse en hipótesis normativas y recurrir a las*

---

[21] Ibíd., apartado 11.
[22] H. Albert, *Traktat über rationale Praxis*, pp. 158-163.

ciencias positivas para encarnarse en la vida cotidiana. Sólo el estudio de las leyes naturales mostrará el grado de *realizabilidad* de los programas políticos encaminados a incorporar las ideas regulativas, con lo cual se nos ofrecerán dos ventajas: evitar el utopismo a-contextual y dotar de contenido las ideas-fines, que formalmente se identifican en todos los programas y sólo difieren en la indicación de los medios concretos para realizarlas.

Por tanto, una praxis política racional bosqueja la meta normativa y crítica, pero coloreada por los medios, por las propuestas concretas para resolver problemas, siempre abiertas a la revisión. La cuestión que se ha tenido tradicionalmente por central en lo que respecta al poder —su legitimación— queda superada en una sociedad abierta en que los individuos se comportan racionalmente.

Una sociedad semejante es una sociedad políticamente democrática, en la que «democracia» no se entiende tanto como gobierno del pueblo, dado que en ningún lugar gobierna el pueblo, sino como «gobierno de la ley que postula el incruento despido del gobierno por medio de un voto mayoritario»[23], porque la respuesta menos mala que hemos encontrado para resolver el problema es establecer una constitución que permita despedir al gobierno con un voto mayoritario. Con lo cual no nos aventuramos a afirmar ni que la mayoría expresa la voluntad del pueblo ni que sus decisiones son correctas. Únicamente, que es la menos mala de las soluciones hasta ahora halladas para gestionar técnicamente la cosa pública. Éste es, pues, el tipo de praxis política racional propuesto por una tecnología social que pretende mediar entre el positivismo craso y el utopismo dogmático. Frente al positivismo, admite el racionalismo crítico que las decisiones morales y políticas no son subjetivas, irracionales, sino que han de estar guiadas por el conocimiento; frente al utopismo, capaz de engendrar una revolución fanática en aras de sus ideales monistas. propone un *posibilismo falibilista*, que tiene por virtud política la prudencia ante la incertidumbre, por orientación, ideas regulativas.

Cuál sea el fundamento de tales ideas es una pregunta para la que —según el racionalismo crítico— no hay respuesta: qué sea la democracia sí puede responderse desde una tecnología social, al menos como hipótesis revisable: es una forma política de gobierno, definida por el imperio de la ley y en la cual el cambio de gobierno depende del

---

[23] K. Popper, «Retorno a *La sociedad abierta y sus enemigos*», p. 82. Para la filosofía moral y política de Popper, ver A. Muñoz, «Revisión popperiana del Estado», *Leviatán*, n.º 82 (2000), pp. 111-130.

voto mayoritario. Profundizar en la democracia significa entonces garantizar al máximo que los gobiernos puedan ser despedidos por un voto mayoritario y abordar estas cuestiones como problemas técnicos y no como problemas ideológicos, lo cual no deja de ser una buena cura frente a los ideologismos. Sin embargo, y sin negar que este concepto de democracia sea un mínimo indispensable para comprenderla y establecerla, ¿no es cierto que el afán de acceder a una *democracia auténtica* exige bastante más? ¿No es cierto que se hace bien poca justicia a la capacidad autónoma y participativa de los hombres en la cosa pública, cuando se la reduce a depositar un voto el día señalado para las elecciones?

4. IZQUIERDA SIN DOGMAS: UN SOCIALISMO PROCEDIMENTAL

1. BUENO, PERO ¿QUÉ ES EL SOCIALISMO?[1]

Cuando yo estudiaba tercero de carrera —tampoco hace tanto de esto— recuerdo que a un compañero le cayó el sambenito de «Cocoliso» por una intervención suya en clase, no muy afortunada. El profesor —excelente, por cierto— se había esforzado por explicarnos uno de los problemas de la filosofía de Heráclito y, cuando había dado por terminada la explicación, justo mi compañero le preguntó por el problema inicial. Fernando Cubells, el profesor, le contó, no sin mala idea, un chiste de Popeye en que Cocoliso pregunta al marino qué es un *jeep*, éste emplea todas las viñetas de una página para explicárselo, y en la última Cocoliso pregunta de nuevo: bueno, pero ¿qué es un *jeep*?

Pienso que algunos ciudadanos del Estado español —e imagino que de otros Estados— nos sentimos invitados a repetir muy humildemente la hazaña de Cocoliso, pero esta vez a cuento del socialismo. Con nuestra mejor voluntad y afición hemos seguido revistas como *Sistema, Leviatán, Zona Abierta*, publicaciones de editoriales como Debate, de nuevo Sistema, Siglo XXI, Espasa, y seminarios sobre el Programa 2.000 y similares, y al cabo, aun sin dudar de la excelencia de unos y otros, volvemos a preguntar con ingenuidad: bueno, pero ¿qué es el socialismo?

Realmente avergüenza un poco regresar a tema tan manido, y más aún me avergonzaría si alguien pensara que tengo la pregunta por ingeniosa. Palabra que no: ya sé que la crisis de la izquierda, el postmarxismo, el postdiluvio y las señas de identidad del socialismo están más que traídos y llevados. Pero dícese que la filosofía es saber reiterativo, si los hay, y no se duele de preguntar todos los siglos qué es el bien, qué el deber, qué la felicidad humana. Al parecer porque —según dicen— el mucho preguntar nos ayuda más a comprender los problemas que a encontrar las soluciones.

---

[1] Este capítulo tiene su origen en el trabajo «Bueno, pero ¿qué es el socialismo?», *Claves de Razón Práctica*, 16 (1991), pp. 34-39.

En nuestros días las gentes se quedan muy satisfechas con frases como la última, porque es ya opinión común que importa más buscar que encontrar respuestas, estar en camino que llegar al término; por aquello de que quien cree tener respuestas puede convertirse en fanático, quien se cree en la posada puede ser intolerante. Humana condición es —aseguran— más estar en la interrogación que en la verdad.

Y ciertamente no seré yo quien niegue que limitamos con el misterio por los cuatro puntos cardinales y continuamos en el mismo enclave desde hace siglos; veinticinco siglos —como poco— de ética occidental y miren qué respuestas estamos hallando para los conflictos del Oriente Medio, de la Europa Central, del hambre en Somalia, de la miseria y la muerte generalizadas.

Con todo, y con ser esto cierto, pienso yo si tan humano como saberse modestamente en camino no será también tener algunas cosas por verdaderas y desear encontrar humildemente alguna respuesta; aunque sólo fuera porque la acción es inevitable y, aun rodeada de todas las incertidumbres que nuestro magro saber le reporta, alguna orientación debemos tener, digo yo, si queremos seguir llamándonos «racionales». Que una cosa es la verdad absoluta, la receta exacta, y muy otra estar tan en la inopia de orientaciones que no sepamos por dónde caminar.

Yo, francamente, si no recetas, quisiera al menos orientaciones en cosas que me —y nos— importan, y por eso, animada por la tozudez que Kant, Hegel, Mill y un largo etcétera mostraron en cuestionarse por el bien, el deber o la felicidad, me permito preguntar de nuevo: pero ¿qué es el socialismo?

Por lo que yo he creído encontrar en los trabajos del ramo, aquellas propuestas socialistas que —al menos entre nosotros— hasta hace bien poco comportaban *cosmovisiones* han caído en descrédito. El marxismo contaba con una Dialéctica de la Naturaleza, con una Ciencia de la Historia, con una explicación científica del tránsito del capitalismo al socialismo y más tarde a la sociedad comunista, desde una concepción del hombre —se llamara o no antropología— y de su realización en la vida social. Por su parte el anarquismo, bebiendo en las fuentes de la evolución de las especies, afirmaba un hombre autónomo y solidario, sin amo y sin Dios, un hombre para el que el apoyo mutuo y la ciencia eran el modo de llegar a una sociedad asambleria.

Sin embargo, parece que tales cosmovisiones, tales concepciones del hombre y de su realización en la vida social han caído —como dijimos— en descrédito teórico y práctico. ¿Qué queda, pues, del socialismo «tras el diluvio»?

Volviendo a los trabajos del ramo, nos encontramos en principio con prolijas explicaciones acerca de que las ideologías sociopolíticas, y entre ellas el socialismo, no tienen una esencia ni, por tanto, una identidad fija, sino que cambian a lo largo de la historia. Con lo cual algunos teóricos de nuestro socialismo presente y futuro se creen autorizados a fulminar con la acusación de «platónicos» a quienes humildemente preguntamos qué es el socialismo, aunque sólo fuera por afán de saber.

Creemos los curiosos —al parecer— en esencias fijas, inmutables, cuasi subsistentes, de modo que nunca comprenderemos la cosa política, que es el maquiavélico ámbito de la *virtù* y la fortuna, más que el platónico de las esencias ordenadoras. Con lo cual, además de incomprensión, no podemos aportar sino radicalismo fanático, porque exigimos perfección inhumana desde ese mundo inmisericorde de «lo realmente real».

Esto que cuento, querido lector, es un «sucedido»: me ha sucedido a mí y más de una vez. Por eso quisiera decir en mi descargo, y en el de algunos otros, que no es verdad: que tengo muy claro que el ámbito político es más el del devenir que el de ese supuesto mundo platónico de lo realmente real; más el de la coyuntura, el reflejo, el olfato y la intuición que el del saber fundado. Y como respaldo de mis afirmaciones tengo el perfil de los líderes carismáticos, que bien poco suelen saber de ciencia política —y de la otra—, pero olfatean como nadie las reacciones en la cosa pública.

Y, sin embargo, vivimos tiempos de *búsqueda de identidad* —identidades nacionales, transnacionales, identidad de las ideologías políticas y de las religiones—, búsqueda urgida desde una doble experiencia: por una parte, no podemos creer en ninguno de estos casos que la identidad brote de unas esencias platónicas, inmutables, desde las que la realidad queda ordenadamente configurada, ni tampoco de esencias abstraídas del flujo de la realidad cambiante, porque al hilo del tiempo hemos aprendido que la historia y las tradiciones son ingredientes ineludibles en la conformación de identidades, lo cual las hace extremadamente lábiles, les priva de todo componente de fijeza e inmutabilidad; pero, por otra parte, cualquier ideología —en el sentido aséptico del término— que pretenda convocar a personas, ofreciéndoles un cierto diagnóstico de la realidad social y unas orientaciones para la acción, se ve obligada a ofrecer algunas señas de identidad, aunque hayan sido y sean históricamente modulables[2].

---

[2] E. Díaz, *Ética contra política. Los intelectuales y el poder*, Centro de Estudios Constitucionales, Madrid, 1990; E. Díaz, R. Vargas-Machuca, A. G. Santesmases y R. Obiols, «Las señas de identidad del socialismo», *Leviatán*, 37 (1989), pp. 53-93; A. G. Santesmases, *Para repensar la izquierda*, Anthropos, Barcelona, 1993.

La pregunta que hoy en día formulan quienes tratan de bosquejar los rasgos de tales identidades gusta de ser entonces «¿qué significa x?» más que «¿qué es x?». Con lo cual pretenden expresar que x —el socialismo en nuestro caso— no *es* una determinada cosa, sino que *significa* para nosotros unas connotaciones válidas para distintas interpretaciones. La *historia*, la *tradición*, las *interpretaciones* han de ser tenidas en cuenta sin duda al intentar formular preguntas y respuestas acerca de la identidad. Tales respuestas obviamente deben tratar de orientar las acciones desde el diagnóstico del presente y sugerir unas ofertas de acción superiores a otras, de modo que los potenciales seguidores puedan comprometerse convencidos del valor del proyecto. Porque aunque hoy en día parece hacer fortuna la afirmación nietzscheana de que las convicciones son prisiones —como si las convicciones generaran posiciones dogmáticas, incluso fanáticas, al no permitir la rectificación de los errores ni la acomodaticia adaptación a una realidad siempre cambiante— es ésta una visión errada, a mi juicio, porque una cosa es la *convicción racional*, otra bien distinta el *dogma*.

2. IZQUIERDA SIN DOGMAS

Es la convicción racional de que un proyecto debería ser llevado a cabo más que otros lo que da sentido al hecho de emprenderlo —aun cuando se tratara únicamente de un diseño axiológico— y todavía más al hecho de intentar sumar a otros a la empresa. Y una convicción de este tipo es precisamente lo contrario al dogma. Es *dogma* todo enunciado o mandato que se inmuniza frente a la crítica racional, apelando para mantenerse a criterios distintos de la argumentación misma, mientras que la *convicción* debe quedar siempre abierta a la crítica racional. Y menester es reconocer que los dogmas a la larga fracasan, pierden su credibilidad, tras haber causado males irreparables, mientras que las convicciones racionales tienen capacidad de subsistencia, en la medida en que son intersubjetivables y modulables. ¿Qué tipo de proyecto ofrece hoy, pues, una izquierda que renuncie a ser dogmática, pero no a tener convicciones?

Ante tan humilde curiosidad suele el sabedor de lo que aproximadamente es el socialismo repudiar toda suerte de utopías dogmáticas y enaltecer una racional —el socialismo—, que no bosqueja ya un modo concreto de organización económica y social. Tales bosquejos concretos pueden venir sin duda refutados por los hechos, y esto es precisamente lo que les ha ocurrido a las utopías dogmáticas; por eso el socialismo ya no se sitúa entre ellas, sino que, como utopía racional, únicamente se configura desde unos *valores* constitutivos de su razón de ser. De la *utopía dogmática* hemos pasado al *diseño axiológico*[3].

El curioso impertinente, aplicado, se apresta a analizar estos valores y encuentra al cabo que hoy son raramente discutidos por alguien en la teoría, más raramente tenidos de verdad en cuenta por alguien en la práctica. La libertad, la igualdad, la solidaridad —«inventos» liberales, por cierto—, la lucha contra las desigualdades y la opción por los débiles figuran en casi todas las banderas y en casi ninguna de las prácticas. Con lo cual, no sentimos que nuestra pregunta inicial esté respondida y por eso seguimos preguntando: ¿qué significa el socialismo?

Ser socialista —se dice— *es una tradición*. Pero con esto no hemos aclarado mucho, porque las tradiciones nacen, pero también se agotan, y lo importante es determinar si todavía tienen recursos suficientes para ofrecer un diagnóstico de la realidad y orientaciones para su transformación o si, por el contrario, sus conceptos han perdido ya toda fuerza explicativa y orientadora. Cada tradición nace en una determinada época, enfréntandose a unos problemas específicos, se ve obligada a reestructurar sus conceptos al hilo de la historia con vistas a interpretar y resolver nuevos problemas, cuenta con unas autoridades originarias y con las de épocas posteriores, pero puede agotarse en su potencia hermenéutica y transformadora cuando ni siquiera una reelaboración de los antiguos conceptos es suficiente para interpretar los nuevos problemas y ofrecer orientaciones para su posible solución. Una tradición que sobrevive es aquella cuyas categorías aún sirven para diagnosticar los males del presente y para ofrecer pautas de acción para el futuro[4].

¿Podemos espigar en las tradiciones socialistas conceptos de este tipo? —nos preguntamos—. ¿Qué modelos económicos y sociales pondrían por obra tales orientaciones[5]?

Tras la consabida descalificación del preguntante por sus cortas entendederas, por «buscar recetas», como si la cosa humana no fuera incierta, tentativa y balbuciente, se le comunica que hoy la explotación económica, la desigualdad económica, ha pasado a ser desigualdad política y que, por tanto, el socialismo ha de entenderse ahora —como di-

---

[3] M.A. Quintanilla y R. Vargas-Machuca, *La utopía racional*, Espasa-Calpe, Madrid, 1989.
[4] Vid. A. MacIntyre, *Whose Justice? Which Rationality?*, Duckworth, London, 1988.
[5] A. Nove, *La economía del socialismo factible*, Madrid, Siglo XXI/Fund. Pablo Iglesias, 1987.

jimos anteriormente— *como profundización en la democracia*, es decir, como extensión de la democracia representativa a todos los ámbitos de la vida social; de lo que sería muestra, por ejemplo, la célebre democracia industrial.

3. LA PROFUNDIZACIÓN EN LA DEMOCRACIA. UNA ÉTICA DE LAS INSTITUCIONES

Ciertamente esto de la profundización en la democracia, entendida como acabamos de apuntar, es proyecto harto peligroso, si tenemos en cuenta lo que suele entenderse por democracia. Por democracia *suele entenderse decisión por mayorías*, de modo que la extensión de la democracia vendría a consistir en la extensión del procedimiento de votación y regla de mayorías como regla de decisión a todos los ámbitos de la vida social. Es verdad que «democracia» y «regla de mayorías» no se identifican, pero no lo es menos que pueblo llano y políticos suelen identificarlas, de modo que uno y otros quedan muy satisfechos de su buen hacer democrático cuando una decisión ha sido tomada por mayoría, sea en la vida política, en la económica o en la social y cultural. Una profundización en la democracia consistiría entonces en extender tal regla de decisión a todos estos ámbitos.

A mi modo de ver, como hemos comentado y tendremos ocasión de analizar, tal identificación es no sólo incorrecta en la teoría, sino también peligrosa en la práctica, porque la raíz última de la democracia es la autonomía de los individuos que componen un pueblo, y el desarrollo de dicha autonomía lleva aparejada de algún modo la participación; participación previamente informada y de tal modo expresada en procedimientos que los intereses de los afectados puedan quedar satisfechos por la decisión tomada.

En verdad sería ideal que las decisiones pudieran tomarse por unanimidad, ya que entonces quedarían satisfechos los intereses de todos y cada uno de los individuos, pero como llegar a decisiones unánimes comportaría tal inversión de energía y tiempo en llegar a pactos y negociaciones que nunca podrían efectuarse cambios —lo que tendría consecuencias conservadoras— es inevitable, hoy por hoy, recurrir a esa imperfecta regla de mayorías, que ha de venir limitada por un buen número de correctivos para impedir que degenere en tiranía de las mayorías, contraria a la justicia.

Pero si incluso al nivel político es preciso hacer reflexiones como éstas, ¿qué decir de ese gran número de instituciones u organizaciones, cuyos peculiares fines hacen inadecuado el empleo de la regla de mayorías? Ni en hospitales ni en universidades —por poner ejemplos que me son próximos— tiene sentido el imperio de esta regla. Y de hecho buena parte de los efectos que ha tenido hasta ahora su aplicación, al menos en el segundo de los ámbitos mencionados, han sido sobre todo demagógicos: en nada ha elevado la célebre —al menos de nombre— calidad de la enseñanza[6]. ¿Significa, pues, la «profundización en la democracia» —como nos preguntábamos antes— extender la experiencia de la regla mayoritaria a todos los ámbitos de la vida?

Si tal fuera, preciso es aclarar desde ahora que ese proyecto es destructor de la idiosincrasia de buena parte de la vida humana, cuyos fines peculiares hacen inadecuada la decisión por mayorías. Más bien en el caso de las *instituciones* lo importante es recordar de modo diáfano cuáles son los fines desde los que cobra sentido su existencia y organizar sus mecanismos y crear hábitos tales que conduzcan a tales fines. Éste será uno de los hilos conductores de mi propuesta de democracia: cultivar una *ética de las instituciones* tal que estén capacitadas para alcanzar los fines por los que cobran sentido.

Una mejora en la calidad de las instituciones, una *ética de las instituciones* o de las organizaciones, que es hoy urgente para moralizar la vida social en el sentido arangureniano del término[7], no depende de la aplicación a ellas de la regla de mayorías, sino más bien de la *reflexión sobre cuáles son sus fines propios* y qué tipo de derechos específicos para los individuos, qué tipo de responsabilidades comunes, actitudes y procedimientos es menester asumir para alcanzarlos[8].

Si profundizar en la democracia significara extender el criterio de la mayoría a todos los ámbitos de la vida social, entonces estaríamos extrapolando una regla, que ya en lo político se aplica de modo restringido y como mal menor, a esferas en las que no cabe hablar de pueblo ni de soberanía, y en las que lo urgente es reflexionar sobre sus fines específicos y sus exigencias diferenciales. Lo contrario es homogeneizar de modo ilegítimo, optar por la demagogia y la mediocridad.

Por eso, y regresando a la pregunta por el socialismo, quien entienda por él «profundización en la democracia» ha dicho todavía bien poco y debe ampliar su información aclarando qué es la democracia y cómo se extiende y profundiza.

---

[6] A. Cortina, *La moral del camaleón*, cap. 7.
[7] J. L. L. Aranguren, *Ética*, Parte Primera, cap. VII.
[8] A. Cortina, *La moral del camaleón,* cap. 7; P. F. Drucker, *La sociedad poscapitalista*, Apóstrofe, Barcelona, 1993, pp. 56 ss.

4. TRES OPCIONES PARA EL SOCIALISMO

A la espera de que llegue tal información, como también reflexiones sobre ella, aceptaré como hipótesis de trabajo que el socialismo pueda consistir —como dice buena parte de sus teóricos— en profundizar la democracia, porque aún así se plantean —creo yo— problemas de envergadura. El primero de ellos sería el siguiente: ¿en cuál de estas opciones tendríamos que inscribir al socialismo?

1) Es una *cosmovisión*, que aporta una *teoría moral de lo bueno* y pretende, por tanto, como hoy quieren los filósofos neoaristotélicos y neohegelianos, construir una comunidad justa y feliz.

2) Es una ideología sociopolítica, que sólo pretende diseñar *reglas de justicia* para que convivan gentes con concepciones plurales de vida buena. En tal caso el socialismo se convierte en un *procedimentalismo* y abandona toda pretensión de ofrecer una concepción del hombre y de su realización en la vida social.

Ésta es, a mi modo de ver, la opción *teóricamente aceptada*, si es verdad que el socialismo, una vez abandonadas las utopías dogmáticas, no consiste sino en una profundización y extensión del procedimentalismo democrático[9]. En cuyo caso ha desechado la pretensión de ofrecer una concepción del hombre distinta de la de otras ideologías y queda en un conjunto de procedimientos que pueden compartir quienes fían en concepciones de hombre diferentes.

3) La última posibilidad, en el caso de que el socialismo ni siquiera pueda ofrecer unos procedimientos peculiares de realización de la justicia, es la de que sea simplemente un instrumento en manos del poder político. Como el poder busca necesariamente la autoconservación, las ideologías sociopolíticas serían sólo un recurso de los partidos políticos para motivar emotivamente a los electores. Cosa que, si es verdad, conviene saber, no sólo por sus repercusiones prácticas, sino también por ahorrarse especulaciones teóricas.

Intentaré en lo que sigue considerar estas tres posibilidades.

1) Atendiendo a las sugerencias del liberalismo político, es posible distinguir en el ámbito de la ética entre esas dos categorías que han preocupado desde antiguo a la ética occidental: entre *lo justo* y *lo bueno*. No es que lo justo no resulte también bueno para una colectividad, sino que no es lo mismo elaborar una *teoría moral sobre lo bueno* para los

---

[9] Una posición distinta es la defendida por E. Díaz en *Ética contra política*, pp. 65 ss., en la medida en que entiende democracia y socialismo como realidades profundamente vinculadas, pero diferenciadas.

hombres que una *concepción moral para la política*, que ha de limitarse a señalar las condiciones de una *convivencia justa*.

Como recordamos, las teorías morales acerca de lo que es bueno para los hombres suponen concepciones acerca de la naturaleza humana, acerca del lugar que ocupa el hombre en el cosmos y acerca de su felicidad. Sean religiosas o filosóficas, tienen tales teorías un afán de totalidad en lo que al saber acerca del hombre se refiere, y precisamente el descubrimiento del liberalismo político sería el de que hoy en día la convivencia de distintas teorías morales sobre lo bueno es posible precisamente porque hay un acuerdo básico en las concepciones morales sobre lo justo: la convivencia tolerante, el pluralismo de las distintas cosmovisiones es posible porque quienes fían en las distintas teorías morales comparten al menos las reglas del juego democrático, los procedimientos democráticos y los valores en que tales procedimientos se sustentan. Sin estos elementos comunes serían imposibles la democracia y el pluralismo.

Históricamente hemos ido aprendiendo a rechazar la esclavitud, a valorar la autonomía y la tolerancia, a respetar —al menos verbalmente— los derechos humanos, aunque las distintas teorías morales ofrezcan distintos fundamentos para ello, distintas premisas. Y es este acuerdo en las conclusiones el que nos va a permitir construir todo un mundo juntos, como se muestra claramente en el caso de las éticas aplicadas.

Tal vez sea este modo de pensar, fruto de distintas praxis éticas y también de un cierto «*american way of thinking*», el que inspira la idea de que más nos vale potenciar los consensos existentes que discutir sobre sus fundamentos, porque la acción tiene sus urgencias y con un cierto prudencialismo bastaría para organizar el mundo moral. Y la verdad es que vivimos tiempo de urgencia, aunque yo me permito apuntar si, ya que no para otra cosa, no debería servir Europa para pensar de vez en cuando no sólo lo urgente, sino también lo importante.

2) Es en este orden de cosas en el que resulta comprensible que la democracia sea una vacuna contra todo afán de imponer una sola cosmovisión y que trate de encarnar, por el contrario, aquella doble acepción de la libertad legal de la que Kant hablaba: *a)* yo no puedo obedecer más leyes que aquellas a las que hubiera podido dar mi consentimiento, y *b)* nadie tiene derecho a hacerme feliz a su manera[10]. No es cosa del

---

[10] I. Kant, *Gemeinspruch*, VIII, pp. 290-291 (trad. cast. de R. Rodríguez Aramayo, Tecnos, Madrid, 1986, pp. 27-28); íd., *Zum ewigen Frieden*, VIII, p. 350 (trad. cast. de J. Abellan, Tecnos, Madrid, 1985, pp. 15-16; íd., *Metaphysik der Sitten*, VI, 314 (trad. cast. J. Conill y A. Cortina, Tecnos, Madrid, 1989, p. 143); S. Goyard-Fabre, *Kant et le problème du droit*, Paris, 1975.

Estado hacer a los hombres felices, retornando a paternalismos y despotismos, sino legislar teniendo en cuenta lo que todos hubieran podido querer. *Cosa del Estado es defender la justicia mínima, no la felicidad.* De ahí que crea Rawls importante distinguir entre las teorías morales de lo bueno, que organizan ordenadamente el conjunto de bienes posibles con vistas a determinar qué sea una vida buena, y las concepciones morales de lo justo, que intentan señalar las reglas mínimas de la convivencia. De las primeras se ocuparían las éticas teleológicas, a las que importa señalar lo bueno y desde ahí qué sea justo, de las segundas, las éticas deontológicas, que se limitan modestamente a señalar esos mínimos normativos que sin ningún empacho podemos universalizar.

Ciertamente, relevantes éticas de nuestro momento —la «justicia como imparcialidad» de Rawls o la ética discursiva— son deontológicas y, a fuer de deontológicas, *procedimentales*, porque una concepción democrática de la justicia, que tiene por clave la mentada libertad legal («yo no puedo obedecer más leyes que aquellas a las que podría dar mi consentimiento»), no puede sino señalar los *procedimientos* que deben seguirse para llegar a resultados justos: deben señalarse las normas mínimas para la justicia.

Obviamente, los procedimientos mínimos no son axiológicamente neutrales, sino que cobran su sentido de poner en marcha —como hemos dicho— la igual autonomía de los ciudadanos, y precisan para llevarse a cabo una constelación de valores, tales como la solidaridad, la tolerancia, la preferencia por los débiles. Pero *estos valores no configuran una teoría moral de lo bueno, sino una concepción procedimental de lo justo.* Y menester es reconocer que liberales como Rawls se han aprestado a disolver el liberalismo en el procedimiento democrático, ya que el principio liberal de igual libertad sólo puede encarnarse en tales procedimientos.

Considerando esta opción de convertir al liberalismo en un procedimentalismo democrático, me pregunto si la situación del socialismo «tras el diluvio»[11] no es semejante, ya que dice consistir en la profundización en la democracia. En cuyo caso habría rebajado las aspiraciones de convertirse en *teoría moral*, nacidas con el marxismo y el anarquismo, quedando —como el liberalismo rawlsiano— en *concepción moral*, que alumbra los *procedimientos* que debe seguir una comunidad política para llegar a normas justas de convivencia. No habría, pues, un modelo socialista de hombre, una teoría socialista —o varias— de la naturaleza humana ni del modo en que los hombres alcanzan su felicidad. *Las ideologías sociopolíticas serían sólo diseños de procedimientos de justicia.*

---

[11] L. Paramio, *Tras el diluvio*, Siglo XXI, Madrid, 1988.

Claro que entonces sería necesario todavía mostrar *en qué difieren los procedimientos liberales de los socialistas*, a la hora de intentar hacerse cargo de la democracia unos y otros de forma privilegiada. Y se me ocurre si en el terreno filosófico no es Rawls quien más ha hecho por el procedimiento liberal con su «justicia como imparcialidad», y Apel y Habermas por el procedimiento socialista con su ética discursiva; aunque haya quienes tienen al primero por socialista y a los segundos por socialdemócratas.

¿Es, pues, el socialismo en nuestros días un procedimentalismo, arropado por valores en buena medida compartidos con otras opciones? ¿Es verdad que para motivar a potenciales militantes y votantes no cuenta ya, no digo con una filosofía de la historia, sino ni siquiera con una mínima concepción del hombre, con una mínima y atractiva antropología?

3) Difícil será el reclutamiento de militantes y votantes si no hay conclusión más razonable que la que acabamos de extraer, porque no queda entonces más motivación que el interés individual, que no mueve clientela de fidelidad probada y un tanto aguerrida, clientela que también es necesaria para llevar adelante un proyecto político.

Otro recurso queda, obviamente, que es el de seguir hablando como en los viejos tiempos: el de sacar al Cid después de muerto para mantener un cierto fervor en las huestes de militantes y votantes. Pero tales militantes y votantes son entonces *dogmáticos*, es decir, se mueven por las declaraciones de los partidos, no por sus comportamientos, y el socialismo se convierte en la última de las posibilidades antes mencionadas: la de ser un instrumento en manos del poder político[12].

¿Es, pues, el socialismo una *teoría moral sobre lo bueno*, sobre la felicidad comunitaria e individual? ¿Una *concepción procedimental sobre lo justo*, que no busca sino ofrecer procedimientos más adecuados al ideal democrático que los procedimientos liberales? ¿Una ideología llamada a recaudar votos de los electores dogmáticos?

5. UN SOCIALISMO PROCEDIMENTAL

En coherencia con los puntos anteriores, cabe decir que una propuesta socialista viva, de igual modo que una liberal, *no puede consistir ya en una cosmovisión*, en un intento de ofrecer una concepción de

---

[12] A. Downs, *Teoría económica de la democracia*, Aguilar, Madrid, 1973, p. 107; A. Cortina, *Ética sin moral*, pp. 294-297; íd., *La moral del camaleón*, caps. 2, 3 y 4.

la naturaleza, del hombre y de la historia, de modo que desde ella sea posible elaborar una *teoría moral* de lo que es bueno para los hombres, una ética de máximos. Esto significaría volver a las utopías dogmáticas, que han quedado arrumbadas y sustituídas por utopías racionales[13].

Sin embargo, tampoco puede quedar el socialismo en un mero *diseño axiológico*, en un marco de valores, como la libertad, la igualdad y la solidaridad, que después se operativicen de modos diversos. Por una parte, porque tales valores no son exclusivos del socialismo, pero, sobre todo, porque sólo cuando se encarnan en *procedimientos* cobran tales valores pleno sentido.

Por eso considero que hoy el socialismo debe reducir sus antiguas pretensiones de convertirse en una cosmovisión y en una antropología, para pasar a diseñar *aquellos procedimientos que pueden encarnar al modo socialista* valores de *autonomía, igualdad* y *solidaridad*. Tales procedimientos pueden ser perfectamente compartidos por distintos individuos y grupos que, sin embargo, tengan distintas cosmovisiones, distintas teorías morales sobre lo bueno. El socialismo entonces propondría unos *mínimos procedimentales* compartibles, desde los que los distintos grupos puedan vivir libremente según sus teorías morales sobre lo bueno, según sus éticas de máximos; mínimos procedimentales que tendrían que distinguirse de los ofrecidos por propuestas liberales tradicionales. Este es, a mi modo de ver, el modo de hacer compatible el pluralismo de nuestras sociedades (a todas luces valioso) con un proyecto socialista, dotado de una *identidad procedimental*.

A mi juicio, autores como K. O. Apel y J. Habermas han emprendido, más o menos explícitamente, la tarea de diseñar un *procedimentalismo socialista* y con ellos deberían coincidir en este punto cuantos afirman que el socialismo es un *proyecto de profundización en la democracia*[14], un proyecto de *democracia radical*. Para ellos democracia y socialismo no serían cosas distintas[15], sino que el socialismo consistiría en la profundización en la democracia, viniendo a convertirse en un *socialismo procedimental*. En qué consistiría tal socialismo es lo que quisiera comentar a continuación.

---

[13] Vid. M.A. Quintanilla y R. Vargas-Machuca, *La utopía racional*.
[14] M. A. Quintanilla y R.Vargas-Machuca, *op. cit.*
[15] Ver, sin embargo, como dijimos, E. Díaz, *Ética contra política. Los intelectuales y el poder*, pp. 65 ss.

5. SOCIALISMO DEMOCRÁTICO LIBERAL

1. LA CONSTITUCIÓN DEL YO

El fracaso del llamado «socialismo real» —decíamos en un capítulo anterior— parece haber dejado al liberalismo como único protagonista en la escena ética, política, económica y social; sin embargo —continuábamos— este actual monopolio del liberalismo ha provocado, como es lógico, un amplio proceso de reflexión y revisión en torno a él. Recuerdan sus defensores que existe una variedad de liberalismos, mientras que sus detractores —comunitarios, socialistas universalistas y ciertos grupos feministas— señalan sus defectos teóricos y prácticos.

El mal radical del liberalismo, para buena parte de los detractores, consistiría en hundir sus raíces en un *individualismo*, que se presenta a la vez como *doctrina psicológica*, como *propuesta moral* y como *clave de la economía y la política*, cuando las relaciones sociales y comunitarias son constitutivas para la configuración de un sujeto psicológico, moral y político y, por lo tanto, para su organización en la vida social. Con lo cual la manzana de discordia entre el liberalismo y sus críticos vendría a situarse en la constitución psicológica del yo, en la *génesis del yo*, de la que derivaría la configuración moral, política y económica del liberalismo.

En efecto, según los tópicos tradicionales acerca del tema, el liberalismo es una doctrina individualista porque cree en la existencia de un *yo presocial*, totalmente formado antes de su confrontación con la sociedad, mientras que socialismo y comunitarismo entenderían que el proceso de individualización coincide con el de socialización. Y en este sentido sería paradigmática la afirmación de G. H. Mead: «somos lo que somos gracias a nuestra relación con otros». El concepto de *sujeto*, pues, que en la filosofía liberal se configuraría más bien como individuo, sería sustituido en una filosofía que no incurra en falacias abstractivas por la categoría de *intersubjetividad* y de *reconocimiento recíproco*. Del *yo* originario pasaríamos al *nosotros*, Un «nosotros» que en el comunitarismo no debería traspasar en buena ley los límites de su comunidad y en el socialismo debería alcanzar a toda la humanidad.

La cuestión no es ociosa porque de este modo de concebir la génesis del yo se seguirían gran parte de los rasgos distintivos del liberalismo, todos los cuales apuntan a ese «individualismo posesivo» que atribuyó Macpherson a los orígenes de la doctrina liberal. Tales rasgos serían los siguientes:

1) El *individuo* es esencialmente el propietario de su propia persona y de sus capacidades, por las que nada debe a la sociedad.

2) De donde se deriva, como consecuencia lógica, que la *sociedad política* se entienda como «una invención humana para la protección de la propiedad que el individuo tiene sobre su propia persona y sobre sus bienes y [por tanto] para el mantenimiento de relaciones de cambio debidamente ordenadas entre individuos, considerados como propietarios de sí mismos»[1]. De modo que la organización política no tiene más misión que la de salvaguardar los derechos subjetivos de los ciudadanos, protegiendo ante todo su libertad civil.

3) Porque, en efecto, la tradición interpretativa de que se hace eco I. Berlin, y que ha dado en convertirse en un auténtico tópico en la materia, conviene en asignar al liberalismo como valor moral-político supremo la *libertad civil* y al democratismo la libertad política, de suerte que el liberalismo no parece apreciar sino la libertad de independencia frente a las voluntades ajenas, relegando a un segundo plano la libertad positiva, la libertad de participación, que puede degenerar al cabo en colectivismo.

4) De esta defensa casi exclusiva de la libertad civil se seguiría la necesidad de un *gobierno representativo*, porque —en palabras de B. Constant— «el sistema representativo es un poder otorgado a un determinado número de personas por la masa del pueblo, que quiere que sus intereses sean defendidos y que, sin embargo, no tiene tiempo para defenderlos siempre por sí misma»[2]. Lo cual significa que la organización política es un instrumento, puesto en manos de los ciudadanos, que eligen representantes para que defiendan su vida privada, que es la que en verdad les importa.

5) Esta *instrumentalización* de la política alcanza también a *todo tipo de relaciones*, porque ese individuo, que nada de sí mismo debe a la sociedad, no tiene por qué valorar positivamente las relaciones sociales establecidas en aquellos grupos en los que nace, sino las que con-

---

[1] C. B. Macpherson, *La teoría política del individualismo posesivo*, Fontanella, Barcelona, 1970, pp. 225-226.
[2] B. Constant, «De la libertad de los antiguos comparada con la de los modernos», en *Escritos políticos*, Centro de Estudios Constitucionales, Madrid, 1989, p. 282.

trae libremente desde su «egoísmo», siendo pues él mismo el centro y, por tanto, incapaz de solidaridad.

6) La concepción del hombre que a esta doctrina subyace es, al parecer, la de un *homo oeconomicus*, de un hombre estratégico, egoísta racional que calcula su mayor beneficio también en las relaciones sociales y sólo valora las que establece contractualmente.

7) Naturalmente en el momento en que este individuo piense que la *democracia* es la forma política adecuada para satisfacer sus intereses, optará por ella. Pero siempre entendiéndola como un instrumento para la defensa de los mismos, nunca como una forma de vida en sí valiosa: la participación del ciudadano en la política es un medio para la protección de derechos e intereses, no el ejercicio de una actividad por sí misma felicitante. Por ello las relaciones éticas que los ciudadanos establecen entre sí son reguladas por normas mínimas de justicia, no por una idea de bien común compartido.

Ante una doctrina como la expuesta suelen comunitarios, socialistas y determinados grupos feministas atacar virulentamente, achacándole los primeros las nefastas consecuencias del individualismo abstracto moderno [3], atribuyéndole los segundos la falta de sensibilidad ante las desigualdades, la explotación, la falta de solidaridad, el desastre ecológico, culpándole los grupos feministas a que aludo de creer que sólo hay un modelo de madurez moral: el del individuo desligado de la trama de relaciones, que representa una voz masculina liberal burguesa[4].

¿Aciertan los críticos? ¿Es verdad que los liberales defienden esta concepción en torno a la constitución del yo, que ésta es la clave de los restantes rasgos, y que la opción por una concepción semejante es la causa de los males de las sociedades con democracia liberal?

En principio, no parece que las doctrinas clásicas del contrato estuvieran tan preocupadas por responder a cuestiones de *génesis del yo* como por aclarar la naturaleza de la legitimidad del orden político. Y en algunos casos, como el de Kant, la categoría básica no es un sujeto, entendido como individuo, sino un sujeto autónomo, que supone una intersubjetividad trascendental.

---

[3] Emotivismo, anomia, instrumentalización de la política, ausencia de virtud cívica, atomismo, materialismo, tendencia al totalitarismo porque los ciudadanos carecen de convicciones, ancianos desamparados, niños abandonados. Ver M. Walzer, «The Communitarian Critique of Liberalism», *Political Theory*, vol. 18, n.º 1 (1990), pp. 6-23; C. Thiebaut, *Los límites de la comunidad*.

[4] C. Gilligan, *In a Different Voice*, Harvard University Press, Harvard, 1982; S. Benhabib, *Situating the Self*, Polity Press, Oxford, 1992.

Ahora bien, lo que quería destacar fundamentalmente en este momento es el hecho de que buena parte de los teóricos liberales contemporáneos reconozca sin ambages que el *proceso de personalización coincide con el de socialización*, de modo que un individuo sí tiene una deuda con la sociedad. Recordemos cómo en la rawlsiana *Teoría de la Justicia* las «partes» están dispuestas a someter sus capacidades naturales y sociales a los principios de justicia distributiva, que elegirían en una situación de ignorancia con respecto a ellas[5].

Por tanto, y como apunta M. Walzer, no es hoy distintiva del liberalismo la defensa de un *inexistente yo presocial*, sino que más bien reconoce el liberalismo 1) que el yo precisa de la sociedad para convertirse en individuo maduro; 2) que alcanza *su madurez cuando es capaz de reflexionar críticamente sobre los valores que han presidido su socialización*; es decir, cuando es capaz de distanciarse críticamente de los valores aprendidos en la forma de vida en que fue socializado y de revisarlos críticamente desde principios universalistas; lo cual supone adentrarse en la psicoética y reconocer que este yo maduro se encontraría en el llamado nivel postconvencional del desarrollo de la conciencia; 3) que un yo «liberal» no es el que instrumentaliza todas las relaciones humanas, sino el que valora más aquellas que puede contraer y romper libremente que las que le vienen dadas por nacimiento; valora más las que elige que las que descubre[6].

Que un «yo» semejante difiere del diseñado por un *comunitarismo* de corte premoderno es indudable, porque 1) para este último caso son constitutivos del yo los vínculos que se descubren —no los que se crean— y, sobre todo, 2) no puede rebasar el nivel convencional en el desarrollo moral, ni constituir, por tanto, una auténtica alternativa al liberalismo[7].

Ahora bien, si el «*yo liberal*» es fácilmente distinguible del «yo comunitario», no es tan fácilmente diferenciable de un «*yo socialista*», teniendo en cuenta que el socialismo es también moralmente universalista y sus principios rebasan, por tanto, los límites de las comunidades políticas concretas.

Ciertamente, como apunta MacIntyre, el liberalismo es una tradición —yo diría que un conjunto de tradiciones—, y cabe añadir que también el socialismo compone un conjunto de tradiciones, pero en ambos casos se trata de tradiciones «no tradicionalistas» que, aunque aprendi-

---

[5] A. Cortina, *Ética sin moral*, cap. 10.
[6] M. Walzer, «The Communitarian Critique of Liberalism».
[7] Diferente sería el caso del peculiar comunitarismo defendido por B. Barber en *Strong Democracy. Participatory Politics for a New Age*, University of California Press, Berkeley/Los Angeles/London, 1984 (trad. cast.: Almuzara, 2004).

das en comunidades concretas, rebasan en sus pretensiones de validez y en su capacidad de crítica los límites de cualquier comunidad. Cosa que no ocurre con las llamadas *Gemeinschaftstraditionen*.

Por otra parte, los rasgos que hemos mencionado como propios del liberalismo, y que se han convertido ya en auténticos tópicos, deben ser matizados en buena ley en el caso de algunas tradiciones liberales, como es el caso de la hoy representada por Rawls o Dworkin, porque en ellas:

1) El individuo no se entiende como propietario exclusivo de su persona y capacidades por los que nada debe a la sociedad, sino que deviene persona a través de un proceso de socialización y es deudor de la sociedad en que se personaliza.

2) El valor central del liberalismo es la libertad, pero no entendida exclusivamente como «libertad de», sino *también como «libertad para»*, siguiendo el consejo de B. Constant, que suele silenciarse habitualmente. Ciertamente, la libertad descubierta por los modernos es la libertad civil, pero el peligro de defenderla en exclusiva comporta un doble peligro: el de que, «absorbidos por el disfrute de nuestra independencia privada y por la búsqueda de nuestros intereses particulares, renunciemos con demasiada facilidad a nuestro derecho de participación en el poder político»[8], cuando no hay garantía más segura de la libertad civil que el ejecicio de la participación política; pero también el peligro de arriesgar nuestra felicidad, porque en definitiva «la libertad política es el medio más eficaz y más enérgico que nos haya dado el cielo para perfeccionarnos»[9].

3) La cuestión consistiría entonces en dilucidar en qué consistiría *el ejercicio de la participación*, que desde una concepción liberal de la democracia debería consistir en una limitación y control del poder político por parte del pueblo, frente a una concepción participacionista, para la que el pueblo debería participar activamente en el ejercicio del poder.

Sin embargo, las cosas no son tan claras, porque hoy en día no parece haber ninguna propuesta de un socialismo democrático que vaya más allá políticamente de sugerir una profundización en la democracia representativa, entiéndase tal profundización como extensión de la misma a otros ámbitos distintos del político, en la línea de Bobbio, o bien como una potenciación del asociacionismo en la sociedad civil, que de algún modo debería tener repercusiones políticas, en la línea de Hirst[10].

---

[8] B. Constant, *op. cit.*, p. 283.
[9] Ibíd., p. 284.
[10] P. Hirst, «Associational Socialism in a Pluralist State», *Journal of Law and Society*, vol. 15, n.º 1 (1988); Ch. Mouffe, «¿Hacia un Socialismo liberal?», *Leviatán*, 45 (1991), p. 74.

El único rasgo que nos quedaría entonces para distinguir un liberalismo como el diseñado de un socialismo universalista sería el del distinto orden lexicográfico en que uno y otro situarían los valores de libertad e igualdad. Pero esta distinción permanecería vacía mientras no aclaráramos qué significa «igualdad» para las tradiciones socialistas y para las liberales y, por otra parte, tal aclaración tampoco nos llevaría demasiado lejos cuando nos percatáramos de que determinadas tradiciones de ambos campos coinciden en señalar que la meta del igualitarismo no es tanto la eliminación de las diferencias, como el logro de una sociedad libre de dominación, o bien cuando supiéramos por convencidos liberales que el liberalismo valora más la igualdad que la libertad[11].

¿Sigue teniendo, pues, interés el antiguo afán de señalar las diferencias entre liberalismo y socialismo? ¿O más bien debemos reconocer que existe una gran variedad de liberalismos, como existe también una multiplicidad de socialismos, y que en ocasiones determinadas formas de liberalismo están más próximas a formas determinadas de socialismo que a otras calificadas de liberales? Porque pretender situar en la misma línea ideológica a autores como Rawls y Nozick es a todas luces injusto, como resulta injusto alinear a un marxista ortodoxo junto a un socialista democrático.

2. «SOCIALISMO PRAGMÁTICO-TRASCENDENTAL»

Regresando al problema de la constitución del sujeto, cabría intentar distinguir todavía entre un *modo filosófico de pensar liberal y uno socialista*, si es que tales acepciones pueden traspasar del mundo político al filosófico. Esta diferencia no se encontraría en el nivel empírico de la constitución psicosocial del yo, al que me he referido hasta ahora, sino en el nivel pragmático-trascendental de la *validez* de nuestras proposiciones y normas.

En efecto, según Apel, el liberalismo político hunde sus raíces en el *solipsismo metódico* o modo de *pensar monológico*, propio de la filosofía de la conciencia o de aquellas corrientes del análisis lingüístico que sólo contemplan las dimensiones sintáctica y semántica del lenguaje. Consiste el solipsismo metódico en «la suposición de que, aunque desde un punto de vista empírico el hombre sea también un ser social, la po-

---

[11] R. Dworkin, «El liberalismo», *op. cit.* Ocurre, sin embargo, que en este artículo Dworkin está comparando el liberalismo con el conservadurismo.

sibilidad y validez de formar el juicio y la voluntad pueden comprenderse básicamente, sin embargo, sin presuponer lógico-trascendentalmente una comunidad de comunicación; es decir, que pueden entenderse hasta cierto punto como producto de la conciencia individual»[12].

En este texto se habla, pues, de *dos niveles de individualismo*: el *empírico*, que abonaría la concepción de un hombre genéticamente presocial, y el *lógico-trascendental*, que creería posible prescindir de una comunidad de comunicación y atenerse a la conciencia individual a la hora de establecer la *validez* de proposiciones y normas. El solipsismo metódico acepta que genéticamente el hombre es un ser social, pero añade que no precisa de los demás hombres para descubrir la verdad de las proposiciones ni la corrección de las normas. Mientras que la pragmática trascendental, prolongando el «socialismo lógico» de Peirce, comportaría lo que he creído adecuado llamar un «socialismo pragmático» o «socialismo procedimental», que mostraría cómo los individuos, no sólo a nivel empírico, sino también a nivel trascendental, son necesariamente «sociales» por «dialógicos».

En efecto, desde los análisis de la pragmática formal cualquier hombre, dotado de competencia comunicativa, que desee en serio comprobar si una norma de acción es moralmente correcta —si es válida—, ha aceptado ya a la vez la necesidad de dialogar con todos los afectados por ella y la posibilidad de una comunidad ideal de argumentación, en la que pudieran dialogar los afectados en condiciones de simetría. Este doble presupuesto muestra la inserción del sujeto en una doble comunidad de comunicación —la real y la ideal—, lo cual es muestra sobrada del carácter trascendentalmente dialógico del mismo.

Las implicaciones de esta dialogicidad *desde un punto de vista ético* parecen estar claras y creo que podríamos resumirlas del siguiente modo: la *validez* de las normas morales no puede decidirse monológicamente por una intuición peculiar de cada individuo, sino que el sujeto decidirá acerca de la corrección de normas puestas en cuestión, no desde su peculiar idiosincrasia, sino tras haber comparado con su posible aceptación en una comunidad ideal de argumentación. Subjetividad e intersubjetividad confluyen, pues, en una propuesta que no puede olvidar la irrenunciable conquista que supone la autonomía descubierta por el liberalismo[13].

---

[12] K. O. Apel, *La transformación de la filosofía*, II, p. 357, nota 26; A. Cortina, *Razón comunicativa y responsabilidad solidaria*, pp. 52-66.
[13] Ver capítulo 8 del presente libro.

Desde esta perspectiva podríamos hablar, creo yo, de un «*socialismo ético*», siempre que se entienda como basado en el carácter a la vez *autónomo y dialógico* de los sujetos hablantes, es decir, como basado en el hecho de que un sujeto, para realizar su posibilidad de ser autónomo, necesite desarrollarla en solidaridad.

Ahora bien, qué implicaciones pueda tener este «socialismo ético» para la política es tema al que dedicaremos un capítulo aparte[14]. Por el momento sólo convendría aclarar que, en cualquier caso, debería tratarse de una propuesta que aceptara lo que he llamado el «*factum* del hibridismo», configurándose como un «socialismo democrático liberal».

3. EL *FACTUM* DEL HIBRIDISMO

Desde hace algunas décadas —al menos desde los años cuarenta— se viene produciendo un fenómeno en el ámbito de las ideologías políticas, que no es nuevo en la historia, y al que cabría calificar de «hibridismo». Según el diccionario de la lengua española, consistiría este fenómeno en el resultado del cruzamiento de individuos de distinta especie con objeto de mejorarlas; mientras que desde un punto de vista filosófico, y concretamente hegeliano, consistiría en apreciar que la historia ha comportado la superación de las unilateralidades de ideologías, antaño enfrentadas, en un tercero que ya no se identifica con ninguna de ellas y que, por ser su resultado, constituye la verdad de ambas.

En aceptar este hibridismo coincidirían cuantos, desde la década de los cuarenta al menos, vienen hablando, más que de «proyectos liberales» y de «proyectos socialistas», de *socialismo liberal*, en la línea de C. Rosselli[15], de *liberalismo igualitario*[16], e incluso de *socialismo democrático liberal*, por decirlo con M. Walzer, a quien otros califican de partidario de un «liberalismo social»[17]. Desde estas perspectivas, tanto liberalismo como socialismo han realizado aportaciones ya irrenunciables, de suerte que un híbrido resultante del cruzamiento de sus mejores cualidades constituiría la propuesta más racional.

En efecto, si tomamos una línea liberal como la de Rawls o Dworkin, que suele ser el centro de las disputas, y, por otra parte, propuestas

---

[14] Capítulos 7 y 9 del presente libro.
[15] C. Rosselli, *Socialismo liberal*, Fundación Pablo Iglesias, Madrid, 1991.
[16] E. Fernández, *La obediencia al derecho*, Cívitas, Madrid, 1987, PP. 187 ss.
[17] O. Kallscheuer, «El liberalismo comunitario de M. Walzer», *Debats*, 39 (1992), pp. 40-45.

de un socialismo democrático, nos encontraremos en principio con que los puntos tradicionales de conflicto se disuelven, porque el socialismo democrático no comparte los dogmas del marxismo[18], ni el liberalismo al que apuntamos hace profesión de un individualismo psicológico y moral, ni renuncia tampoco a proteger los «derechos de la segunda generación» —es decir, los derechos económicos, sociales y culturales—, potenciados fundamentalmente por la tradición socialista[19]. Por eso, el hecho de que este apartado lleve por título «socialismo democrático liberal» pretende expresar que un *liberalismo* consecuente traspasa a un tipo de *socialismo*, que debe conservar lo mejor del liberalismo y expresar los valores de la tradición *democrática*, a los que es irracional renunciar.

Cuáles serían los rasgos de una propuesta semejante es lo que quisiera comentar a continuación, aunque no sin avanzar previamente que acojo ante todo las sugerencias de M. Walzer y de la ética discursiva de K. O. Apel y J. Habermas, intentando ir más allá de ellas.

4. SOCIALISMO DEMOCRÁTICO LIBERAL

4.1. TRES TRADICIONES

Aun cuando las democracias que conocemos en la práctica sean democracias liberales, es bien sabido que las tradiciones democráticas y liberales no son idénticas, al menos en teoría. Al liberalismo, desde sus orígenes, importa ante todo la democracia como un procedimiento político adecuado para defender los derechos y libertades de los individuos, mientras que la tradición democrática originaria defiende sobre todo la igualdad.

Cierto que Aristóteles en su *Política* afirma expresamente que «el fundamento del régimen democrático es la libertad»; sin embargo, la explicación de este concepto de libertad es bien distinta a la aportada

---

[18] El colectivismo, empeñado en creer que el sujeto de la historia es una entidad supraindividual; el historicismo, para el que la historia se mueve por leyes independientes de la voluntad de los individuos; el materialismo histórico, para el que la base económica es determinante en última instancia; la teoría marxiana de la explotación; o la identificación entre democracia representativa y lógica del capital, desenmascarada por E. Díaz como «falacia de la identidad» en *Ética contra política*, p. 67.

[19] A. E. Pérez Luño, *Derechos humanos, Estado de derecho y Constitución*, Tecnos, Madrid, 1984, pp. 82 ss.; G. Peces-Barba, *Curso de derechos fundamentales*, I, pp. 154 ss.

por los liberalismos, ya que no se trata de afirmar la libertad como un constitutivo de todo hombre, anterior a la constitución del Estado, de modo que éste tenga por tarea defenderla. La libertad aquí consiste en «ser gobernado y gobernar por turno», porque «la justicia democrática consiste en tener todos lo mismo numéricamente, y no según los merecimientos». En último término, esta exigencia de no ser gobernado por nadie o serlo por turno «contribuye a la libertad fundada en la igualdad»[20].

Por otra parte, la célebre Oración Fúnebre de Pericles, considerada como la primera herencia teórica de la democracia ateniense, denomina al régimen de la ciudad de este modo precisamente «por no depender el gobierno de pocos, sino de un mayor número»[21]. De suerte que es nuclear la idea de igualdad de todos los ciudadanos en cuanto a su derecho a hablar en la asamblea del gobierno (*isogoria*) y ante la ley (*isonomia*)[22], lo cual va destilando una tradición participativa.

En lo que hace a las tradiciones *liberales*, tienden a valorar la democracia ante todo como un sistema político de contrapesos y equilibrios, que permite el respeto a las *libertades de los individuos*, haciéndose entonces necesario el *marco legal* propio de un Estado de derecho. Mientras que la constante de las tradiciones *socialistas* consistiría en la búsqueda de una sociedad emancipada, en la que la igualdad se entiende no como igualitarismo, sino como *ausencia de dominación*. Sólo una sociedad semejante posibilitaría el ejercicio universal de la libertad (ideal del liberalismo), pero el acceso a ella hace indispensable el ejercicio de la solidaridad, como muestran las tradiciones socialistas.

Ciertamente estas pinceladas son esquemáticas, pero lo que quisiera apuntar con ellas es que no cabe hoy renunciar a ninguna de estas tres tradiciones sin hacer una opción irracional, y que el hibridismo no sólo es un hecho, sino también una necesidad racional. ¿Cómo renunciar a un marco legal que proteja los derechos y libertades de los individuos concretos, de modo que no puedan verse conculcados por una decisión mayoritaria, como propone el liberalismo?, ¿cómo abandonar el ideal de igual participación de los ciudadanos en las decisiones sobre los fines últimos de su comunidad, olvidando tradiciones democráticas?, ¿y cómo dejar de esforzarse, sin perder humanidad, por una sociedad emancipada y solidaria, libre de dominación, tras las huellas de ideales socialistas?

---

[20] Aristóteles, *Política*, VIII, 2, 1317 a-b.
[21] Tucídides, *Historia de la guerra del Peloponeso*, pp. 255-256.
[22] R. Dahl, *La democracia y sus críticos*, p. 22.

A mayor abundamiento, deberíamos recordar con Hegel que la realización histórica de la libertad no permite diseccionar la realidad sin incurrir en abstracción, porque cada uno de los lados que hemos mencionado está reclamando traspasar al otro: si las libertades son patrimonio de cada uno de los hombres, su garantía universal exige la participación significativa de cada uno de ellos en las decisiones que les atañen, cosa imposible sin erradicar la dominación de unos sobre otros.

Ésta es la razón por la que considero que un liberalismo universalista consecuente —y el liberalismo no puede ser sino universalista— se ve obligado a optar por una democracia en que los hombres sean dueños de su destino y puedan protegerse de injerencias externas, así como también por una sociedad libre de dominación y explotación. Llamar a este híbrido «socialismo democrático liberal» me parece, entonces, acertado. Así como recurrir en principio para explicitar su contenido a la propuesta del autor de quien he tomado el nombre en préstamo —M. Walzer—, para pasar en las dos últimas partes del libro a darle forma más completa, recurriendo a esa ética de la sociedad civil, que se expresa a través de lo que llamamos la «ética aplicada».

4.2. Igualdad compleja: una sociedad sin dominación

En su libro *Spheres of Justice* se propone Walzer expresamente describir los rasgos de una sociedad igualitaria, ya que la igualdad le parece —con buen acuerdo— una meta irrenunciable. Sin embargo, aclara desde el comienzo que no entenderá el término «igualitarismo» en su sentido literal, porque para alcanzar un igualitarismo semejante sería preciso, entre otras cosas, sacrificar la libertad, valor que es igualmente preciado. Una sociedad en que la igualdad sea compatible con la libertad no puede ser igualitaria en el sentido de la igualdad simple, porque el igualitarismo simple exigiría una dictadura.

En efecto, en cualquier sociedad las capacidades de los individuos son diferentes y una igualación sólo podría conseguirse desde un régimen dictatorial a ultranza, que impidiera organizarse a cuantos exigieran una mayor parte en la distribución en virtud de sus capacidades. Con lo cual, tal sociedad sin diferencias políticas, sin distinciones de capacidad, honor y riquezas, sería igualitaria sólo aparentemente, porque las diferencias reales se ocultarían dictatorialmente, sacrificando con ello la libertad.

Ahora bien, si «aspiración a la igualdad» no significa «igualitarismo» en sentido literal, ¿qué significa realmente para quienes comparten esa aspiración?

Según Walzer, el significado radical de la igualdad es negativo, más que positivo: el igualitarismo es en sus orígenes una política abolicionista, que pretende eliminar un determinado tipo de diferencias en diferentes tiempos y lugares, y que no tiene por meta tanto la eliminación de las diferencias en general cuanto el *acceso a una sociedad libre de dominación*; entendiendo por sociedad libre de dominación aquella en que ningún grupo posee o controla los medios de dominación, sean del tipo que sean.

Pero para construir una sociedad semejante es preciso percatarse en primer lugar de algo que suele pasar desapercibido: que *los bienes sociales son heterogéneos,* que cada una de las esferas sociales proporciona un bien diferente (político, económico, fe, amor, amistad). De modo que una teoría de la justicia distributiva debería tener en cuenta que los criterios para lograr una distribución justa de los bienes no pueden reducirse a uno solo, porque hay que atender a su heterogeneidad, y que los bienes que sirven como medios de dominación son diferentes en las diversas sociedades[23]. En algunas de ellas el bien clave mediante el que se consigue poseer los de las demás esferas es el nacimiento y la sangre, pero en otras es la riqueza rústica, en otras, el capital, y tampoco conviene olvidar que la educación, la gracia divina o el poder estatal también se han utilizado y se utilizan como medios de dominación[24].

La primera de las consecuencias que Walzer extrae del reconocimiento de la heterogeneidad de los bienes sociales —el hecho de que el criterio de justicia distributiva de los bienes no pueda ser único— le enfrenta abiertamente a la rawlsiana *Teoría de la Justicia,* en la medida en que Rawls, a la hora de buscar criterios de justicia para la distribución de bienes, piensa sólo en un tipo de bienes —los «bienes primarios»— y en un único criterio de distribución —la imparcialidad—. ¿No ocurre, por el contrario —se pregunta Walzer—, que en las sociedades cabe distinguir diversas esferas, en cada una de las cuales es accesible *un bien distinto* y tiene que regir por eso un distinto criterio de distribución?

Una sociedad distribuye, al menos, bienes tales como ser miembro de ella misma, seguridad y bienestar, dinero y mercancías, cargos, trabajo pesado, tiempo libre, educación, amor y amistad, gracia divina, reconocimiento o poder político, y no puede decirse que para todos ellos

---

[23] Un *bien* es *dominante,* según Walzer, si los individuos que lo tienen pueden disponer de una amplia gama de otros bienes precisamente porque tienen ése. Se trata de una especie de alquimia: el bien dominante (sea poder político, económico, religioso, belleza, etc.) convierte a sus poseedores en dueños de todos los demás. Ver *Spheres of Justice,* pp. 10-11.
[24] Según análisis como los de P. F. Drucker, el «bien dominante» que podría perfilarse para el futuro es *el saber.* Ver *op. cit.* Para una concepción diferente de no-dominación ver Ph. Pettit, *Republicanismo,* Paidós, Barcelona, 1999.

el criterio de distribución justa sea el mismo, ya que la homogeneización mata la vida. Por eso el autor dedica cada uno de los capítulos del mencionado libro a considerar uno de los bienes enumerados y a intentar aclarar cuál debería ser en cada caso el criterio para una distribución justa[25].

La igualdad que pretendemos alcanzar no es entonces una igualdad simple, sino lo que Walzer llama una *«igualdad compleja»*, para lograr la cual es preciso *respetar las peculiaridades de cada esfera* y además —como he apuntado— *impedir que quienes poseen el bien social propio de una esfera traten de poseer desde ella todos los demás bienes sociales*, porque precisamente en esto consistiría la dominación que impide la igualdad compleja.

Y es que para Walzer, la izquierda marxista nunca ha apreciado suficientemente una de las aportaciones irrenunciables del liberalismo: *el arte de la separación*[26]. Según nuestro autor, con anterioridad al liberalismo la sociedad se concebía como un todo orgánico e integrado y los teóricos liberales crearon un mundo de muros, cada uno de los cuales creaba una nueva libertad. La izquierda marxista creyó que esta empresa era más ideológica que práctica, porque en realidad —según ella— todo depende de la economía: la sociedad tiene que estar gobernada como un todo, ahora lo está por una clase, en el futuro lo estará por todos los miembros de esa sociedad.

Aun sin negar el inevitable entrecruzamiento que se produce entre las distintas esferas sociales, afirma Walzer que cada una de ellas puede y debe gozar de una autonomía relativa y que no conviene rechazar la separación entre ellas, sino extenderla, para «poner el ingenio liberal al servicio del socialismo». Porque *el arte de la separación* entre las esferas no es —y concuerdo con ello— una empresa ilusoria, sino *una adaptación moral y políticamente necesaria a la complejidad de las sociedades modernas*, que han sufrido un largo proceso de diferenciación social. Lo que ocurre es, sin embargo, *que es preciso llevarlo a sus últimas consecuencias, porque los liberales no han sido capaces de ello*. ¿En qué sentido?

En el sentido de que el liberalismo ha creado el gobierno limitado, pero no ha sabido —o querido— evitar los gobiernos privados, de suerte que la separación practicada resultaba más aparente que real: el poder económico podía gobernar «en la sombra», dirigiendo en último término

---

[25] Tales criterios son el libre cambio, el mérito y la necesidad. Ninguno de ellos puede pretenderse único. Ibíd., pp. 21-26.
[26] M. Walzer, «Liberalism and the Art of Separation», *op. cit.*

las restantes esferas. Se trataría, pues, ahora de lograr que quienes poseen el poder en una de las esferas no puedan «convertirlo» en poder en las restantes esferas, que no lleguen a dominar la sociedad en su conjunto. Un socialismo democrático liberal aspiraría, por tanto, a crear una *sociedad libre de dominación* desde una idea de *igualdad compleja*, que inspira distintos criterios de justicia para los distintos campos. Esto implica respetar la lógica de las distintas esferas ante todo con dos fines:

1) Evitar todo intento de colonización de unas esferas por otras, porque colonizar es homogeneizar, sea desde la economía, sea desde el Estado. No se trataría, pues, de abolir el mercado, sino de confinarlo a su propio espacio; pero tampoco de poner en manos del Estado el control interno de las restantes esferas, matando con ello su especificidad.

2) Evitar que quien posee el bien dominante en una sociedad determinada se apodere por su mediación de los restantes bienes; de modo, por ejemplo, que el que posee los bienes políticos se apodere desde ellos de los económicos, del honor, el prestigio, etc.[27], o que sea desde los económicos o desde los intelectuales desde los que se practique esta operación dominadora.

Y en este sentido me resulta difícil no recordar el ejemplo de la concesión de algunos doctorados *honoris causa*, en que no cuenta el mérito científico —inexistente, por cierto—, sino la relevancia política del personaje, su labor política desempeñada en pro de la universidad en cuestión o la aportación económica. Para tales casos —desde la idea de sociedad sin dominación que proponemos— convendría inventar una figura como el «festero de honor» de todas las fiestas, del que se sabe que ni participa en las rifas, ni en los bailes, ni en las comidas —en la fiesta, en suma—, sino que pone el dinero o la influencia política. Y quede el doctorado *honoris causa* para quienes, no habiéndose doctorado en la universidad que lo concede, han contribuido de tal modo al progreso humano con su trabajo científico, que los miembros del claustro se honran en llamarle hermano, como dice el ritual.

Extendido el arte de la separación a todas las esferas de la vida social, nos llevaría a dar al César lo que es del César y a Dios lo que es de Dios, impidiendo la homogeneización de la vida y la dominación.

El Estado tendría sin duda un importante peso en esta sociedad, pero no más del que le corresponde: mantener los límites reales —y no ideo-

---

[27] «La política —opina Walzer— es siempre el camino más directo de la dominación, y el poder político (más que los medios de producción), es probablemente el más importante y peligroso de la historia humana.» Por eso propone distribuirlo ampliamente para limitarlo. Ver ibíd., p. 15.

lógicos— entre las esferas, de suerte que quede desarticulado cualquier intento de gobierno privado; ayudar a cada una de ellas a «autoayudarse», de modo que pueda cumplirse el principio de la igualdad de oportunidades y respetarse a la vez lo peculiar de cada esfera; fijar un orden *claro* de prioridades en esta prestación de ayuda, que no puede tener por referente sino la mejora de los peor situados; y arbitrar mecanismos concretos desde los que los ciudadanos puedan controlar si tal orden se respeta, mecanismos más cotidianos y eficaces que la votación en las elecciones.

Un socialismo democrático liberal como el diseñado podría ayudarnos a configurar una democracia radical, respetuosa con el «pluralismo real».

PARTE II
DEMOCRACIA RADICAL

6. DOS CONCEPIOS DE DEMOCRACIA: HOMBRE ECONÓMICO FRENTE A HOMBRE POLÍTICO

1. DOS CONCEPTOS DE DEMOCRACIA[1]

Según un buen número de autores, la clasificación más abarcadora de modelos de democracia sería la que distingue entre *democracia directa o participativa* y *democracia liberal o representativa*[2]. En la primera se entiende no sólo que el pueblo es el *titular* del poder, sino también que es quien lo *ejerce*, de modo que *la participación* del pueblo en el gobierno consiste en un *ejercicio directo* del poder, siendo posible en este caso hablar claramente de un *gobierno del pueblo*; mientras que la democracia liberal o representativa consiste en un sistema de gobierno que cuenta con representantes de los intereses y opiniones de los ciudadanos en el marco del imperio de la ley; se trata, pues, en este segundo caso de un sistema de *limitación y control* del poder, en el que cabe hablar, más que de un gobierno del pueblo, de un *gobierno querido por el pueblo*[3].

Dentro del primer ámbito de modelos cabría situar la democracia ateniense, la democracia entendida como desarrollo, sea en la versión radical de Rousseau y Wollstonecraft, sea en la liberal de J. S. Mill, la democracia directa de Marx y Engels, el modelo participativo de C. Pateman o P. Bachrach, bosquejado en los años setenta y, por último, algunos *modelos comunitarios actuales*. Mientras que en las filas de la democracia indirecta se alinearían la democracia entendida como protección

---

[1] Este capítulo tiene su origen en «Democracia: el dogma de nuestro tiempo», *Claves de Razón Práctica*, 29 (1993), pp. 25-32.
[2] Algunos autores prefieren hablar de democracia formal y democracia material o real. Ver R. Cotarelo, *En torno a la teoría de la democracia,* Centro de Estudios Constitucionales, Madrid, 1990.
[3] C. B. Macpherson, *La democracia liberal y su época*, Alianza, Madrid, 1981; G. Sartori, *Teoría de la democracria*, Alianza, Madrid, 1988; íd., *Elementos de Teoría política*, Alianza, Madrid, 1992, pp. 27 ss.; D. Held, *Modelos de democracia*, Alianza, Madrid, 1991; A. Cortina, *Ética sin moral*, cap. 9; F. Requejo, *Las democracias*, Ariel, Barcelona, 1991; D. García-Marzá, *Teoría de la democracia*, Nau, Valencia, 1993.

de J. Mill y J. Bentham, la «otra teoría de la democracia», propuesta por J. A. Schumpeter, el elitismo y el pluralismo democráticos y las propuestas de determinados *sectores neoconservadores actuales*. Como vemos por este recorrido a lo largo de la historia de los dos modelos, difícil tiene la izquierda no comunista seguir el consejo habermasiano de no deprimirse, porque la opción por cualquiera de ellos le deja en una situación bien embarazosa. En lo que respecta a la *tradición participativa*, suele tenerse por una *tradición de izquierdas*, como muestran claramente algunos de los nombres que la componen, pero tiene en su contra varias cosas, entre ellas el hecho de que hoy en día sólo parezcan aceptar la democracia directa los comunitarios, buena parte de los cuales propone instaurar de nuevo como centro de la ética y la política un valor *premoderno*: el de la *comunidad*. Por su parte, la *tradición liberal*, que tiene en el *elitismo democrático* una fiel expresión, se entiende usualmente como una *tradición de derechas*, perfectamente asumida hoy por los llamados *neoconservadores*. «Comunitarismo o neoconservadurismo» parece ser en nuestros días la disyuntiva al tratar de entender qué sea la democracia: *premodernidad o modernidad conservadora*[4]. ¿Cuál de los dos modelos pretenden prolongar quienes entienden que la profundización en la democracia es la tarea de quien opta por el progreso?

Una buena solución, aunque sumamente trabajosa, es la que, negándose a aceptar que sólo existen como posibilidad los dos miembros de la disyuntiva, los desenmascara como *unilaterales* y pretende bosquejar los trazos de un tercero que, por decirlo hegelianamente, conserve lo mejor de ambos, superándolos. La historia habría demostrado las insuficiencias de cada uno de estos modelos, tomado en estado puro, y aconsejaría optar por un *híbrido* que, por así decirlo, mejorara la especie.

Sin embargo, antes de practicar tales cruzamientos, inevitables si queremos proceder racionalmente, conviene considerar cuidadosamente las *justificaciones* que abonan cada uno de los modelos, no sea cosa que, en vez de extraer lo mejor de ellos, nos quedemos con lo desechable o bien crucemos cualidades entre sí incompatibles. Porque preciso es recordar que las diferencias que existen entre ambos modelos descansan en *dos concepciones antropológicas* diferentes y, por tanto, en *dos modos de entender la realización del hombre en la vida social*, de suerte que cada uno de ellos goza de justificaciones autónomas y no viene legitimado como sucedáneo del otro. Adentrarse en estos modelos y analizarlo es hoy esencial para saber qué desea y por qué cada una de estas tradiciones.

---

[4] A. Cortina, *Ética sin moral*, sobre todo parte I.

2. EL MODELO PARTICIPATIVO

Suele decirse, y es verdad, que los defensores del participacionismo proceden de forma bien poco sistemática, de modo que resulta difícil averiguar en qué consiste y qué propone en concreto. La verdad de este aserto tiene su explicación, y es —a mi juicio— que el participacionismo constituye más una reacción de insatisfacción ante las limitaciones de la democracia representativa, una crítica ante sus consecuencias negativas y la aspiración de realizar un ideal de *hombre político* que una alternativa bien detallada y viable. En este sentido, es útil acudir a una caracterización de democracia participativa como la que Lindner ofrece en su *Kritik der Theorie der partizipatorischen Demokratie*[5].

Los participacionistas comparten, según nuestro autor, los siguientes rasgos: 1) una posición crítica ante la democracia representativa, por sentirla falta de participación ciudadana y por alegrarse, más o menos expresamente, de la «despolitización de lo público», de que grandes grupos de la población permanezcan políticamente apáticos; 2) el deseo de que se realice el ideal democrático de igualdad política, es decir, de igualdad de poder en la toma de decisiones; 3) la aspiración a la autorrealización, a conseguir individuos plenos y una sociedad armónica, fundada en la solidaridad[6]. De ahí que la democracia participativa sea el tipo de teoría que propone una igual participación en un doble sentido: 1) que cada quien tenga igual oportunidad de llevar al orden del día de las decisiones colectivas los problemas que para él son importantes; 2) que cada quien tenga igual oportunidad de ver atendidos sus puntos de vista en los resultados de las decisiones colectivas. La participación tiene que ser, entonces, igual y efectiva[7], de modo que a través de ella se exprese el ser político del hombre.

En efecto, para los defensores del modelo *participativo* el hombre es un *animal político* en un triple sentido, atendiendo a diversas corrientes.

En principio, en el sentido griego, que hoy el *comunitarismo* vuelve a proponer, según el cual un hombre para realizarse plenamente necesita desarrollar, entre otras capacidades, la de *participar de modo significativo* en los asuntos públicos, es decir, en las deliberaciones y decisiones que afectan a la comunidad en la que vive y, por tanto, a él mismo, puesto que *los intereses del individuo coinciden con los de su comunidad*. Esta

---

[5] C. Lindner, *Kritik der Theorie der partizipatorischen Demokratie*, Westdeutscher Verlag, Opladen, 1990.
[6] Ibíd., p. 10.
[7] Ibíd., p. 18.

participación tiene, a su vez, un valor educativo y unas positivas consecuencias psicosociales, en cuanto que conlleva el desarrollo de otras facultades como el *sentido de la justicia*, es decir, la capacidad de deliberar y decidir según intereses comunes, y no sólo según intereses individuales y grupales, y el *sentido de pertenencia* a la propia comunidad, reforzado por las estrechas relaciones a que da lugar el contacto continuo.

Si el universalismo —en versión liberal o socialista— ha generado, según los comunitarios, un individuo abstracto, sujeto de derechos y deberes, pero desarraigado de la comunidad, pretende el participacionismo comunitarista de nuestros días devolverle la concreción que se le ha arrebatado: hacer de cada individuo un miembro activo de una comunidad, cuyo bien coincide con el individual.

Naturalmente, estos elementos se ven matizados en la Modernidad con la noción de *autonomía del individuo*, tal como se entiende en la tradición kantiana, que es, a todas luces, una tradición universalista, pero que también exige la *participación significativa* de los individuos en la vida política como único modo de realizar en serio su autonomía[8].

La comunidad no tiene ya una primacía ontológica ni sociológica sobre el individuo, de modo que la identificación de intereses entre el individuo y la comunidad no viene dada, sino que debe ser construida desde el individuo autónomo. El *individualismo* es entonces la clave de bóveda del edificio, pero un individualismo entendido como *personalismo*, porque la noción de *autonomía* en que enraíza significa que un individuo es capaz de darse leyes a sí mismo y de reconocerlas como válidas sólo si cree que pueden ser reconocidas universalmente como tales, de suerte que en la noción misma de sujeto autónomo se encuentran estrechamente imbricadas las nociones de *sujeto y de intersubjetividad*[9]. Por eso en la vida política una ley sólo será justa si todos los ciudadanos pueden quererla.

Sin embargo, la realización de la libertad política exigida por la noción kantiana de autonomía —y no por la noción premoderna de comunidad— cuenta con la dificultad de tener que encarnarse en una sociedad moderna, en la que se ha producido una diferenciación entre distintos subsistemas o esferas, cada uno de los cuales obedece a una lógica propia. De ahí que quienes defienden la realización de la autonomía se vean enfrentados a la tarea de aplicar en una sociedad moderna *lo positivo del*

---

[8] En este sentido propone Barber un comunitarismo democrático, que no tiene la autonomía como un supuesto, sino como una meta: sin participar en la vida común es imposible crear libertad, justicia e igualdad. Ver *Strong Democracy*, p. XV.

[9] Ver capítulo 8 del presente libro.

participacionismo, es decir, *la irrenunciable noción de autonomía y la posibilidad de optar por intereses generalizables*[10]. A todo ello añadirá J. S. Mill, desde la tradición utilitarista, una función *felicitante* de la participación porque, a su juicio, los hombres gozan con el ejercicio de sus capacidades y por eso una sociedad logra la mayor felicidad en su conjunto cuando consigue el mayor desarrollo posible de las capacidades de los individuos. Puesto que una de tales capacidades es la de participar en la vida pública, una democracia participativa comporta el crecimiento de la comunidad en intelecto, virtud, actividad práctica y eficacia; mientras que los individuos desarrollarán sentimientos altruistas, que son para ellos fuente de felicidad.

De todo ello se desprende que las distintas corrientes participativas convienen en considerar la democracia, no como un instrumento al servicio de fines privados, sino como una *forma de vida, valiosa por sí misma*[11], puesto que respeta y fomenta el carácter autolegislador de los individuos, potencia en ellos el sentido de la justicia, al considerarles capaces de orientarse por intereses generalizables, y no sólo por los individuales y grupales, y es por ello fuente de autorrealización[12].

Cómo poner por obra estos caracteres es, sin duda, el gran reto de los participacionistas, ante todo por dos razones. En principio, porque no es fácil saber qué tipo de sistema político expresa las exigencias del participacionismo, pero también porque, se piense en el sistema que se piense, cabe dudar de que su ejercicio tenga por resultado los caracteres de la personalidad mencionados. ¿Qué modelos pueden realizarla?

En principio, dos parecen bosquejarse: 1) *El modelo de democratización de los subsistemas sociales*, que distingue en el conjunto de la sociedad entre lo que tradicionalmente se considera sistema político y el resto de los subsistemas, y propone mantener en lo esencial el sistema político de democracia representativa, con algunas correcciones poco profundas (reformas en las elecciones, introducción de consultas popu-

---

[10] A. Cortina, *Ética sin moral*, especialmente partes II y III; V. D. García-Marzá, *Ética de la Justicia*, Tecnos, Madrid, 1992, sobre todo cap. 12; *Teoría de la democracia*, Nau, Valencia, 1993.

[11] Según B. Barber, la política, más que un modo de vida (*a way of life*), es una forma de vivir (*a way of living*): la forma en que los seres humanos con intereses maleables y con intereses tanto competitivos como comunes pueden contribuir a vivir en común. Ver *op. cit.*, p. 118.

[12] Según C. Lindner, la tradición participativa confía en que la participación generará en la personalidad de quienes la ejercen los siguientes rasgos: autorrespeto, autonomía, actividad, responsabilidad social, interés por la información política, identificación con la sociedad. Sin embargo, opina Lindner que sólo es posible lograrlo en los pequeños grupos de base. Ver *op. cit.* pp. 178-198.

lares, participación del pueblo en planificaciones a largo plazo, pasos para una des-oligarquización de los partidos), y «democratizar» las instituciones tradicionalmente no políticas, como empresas, escuelas, universidades, fuerzas armadas. 2) *El modelo de descentralización política*, según el cual la democracia representativa se elimina y hay dos instancias que toman decisiones que obligan: las unidades sociales de base, de las que arrancan las decisiones, y una instancia central, que ha de mantener el orden y coordinar las tareas[13].

Si tratamos de averiguar cuál de los dos modelos se ajusta al ideal participativo, tendremos que confesar con Lindner que es el segundo modelo el que se ajusta, porque en el primero no se realiza la participación igual y efectiva ni debe realizarse, ya que los diferentes subsistemas tienen tareas peculiares cuya realización excluye de entrada la igual participación. Con lo cual habremos de reconocer que modelos como los de Pateman o Bachrach, expresamente reconocidos como participativos, no lo son, y que la auténtica tradición participativa, la que pide una participación igual y efectiva, sería la rousseauniano-marxista. Si las propuestas de tal corriente son viables y si garantizan la igual participación es lo que aún queda por demostrar.

3. LOS HABERES DEL MODELO ELITISTA

El modelo *elitista y pluralista* de democracia, por su parte, goza también de justificaciones autónomas y sólo algunas veces es tomado como un sucedáneo del participativo. Se teje sobre la base de concebir al hombre como un *animal económico*, que se sirve de la política como un *instrumento*, puesto al servicio de sus fines privados, de la defensa de sus derechos subjetivos. En este sentido, frente a la célebre expresión aristotélica —«el hombre es un animal político»—, que serviría de base antropológica al modelo participativo en su versión comunitaria, las siguientes palabras de R. Dahl en *Modern Political Analysis* constituirían un fundamento antropológico de la democracia liberal: «a pesar de que el hombre sea un animal social, no es necesariamente ni por instinto ni por educación "un animal político", al menos no en el mismo sentido»; «el hombre no es por instinto un ser racional, que razone con sentido cívico. Muchos de sus deseos más

---

[13] Este modelo se liga a Rousseau, Jefferson y socialistas como Fourier y Owen, pero también a Marx, Lenin, Cole, Yugoslavia y la Nueva Izquierda. Ver Lindner, *op. cit.*, pp. 19 ss.

imperiosos y la fuente de muchos de sus gustos más poderosos pueden atribuirse a viejas persistentes tendencias, necesidades y deseos biológicos y fisiológicos. La vida política organizada llegó tarde en la evolución del hombre»[14].

Obviamente, desde esta concepción del hombre la participación del individuo en la política no es en sí valiosa, no se entiende como una forma de vida interesante por sí misma, sino como un *instrumento para satisfacer fines privados*, que son los que verdaderamente importan a un hombre. El individualismo es aquí también el cimiento del edificio, pero entendiendo por «individuo», no un sujeto autónomo capaz de orientarse por intereses generalizables en la vida pública, sino un sujeto al que importa su vida privada y que, por tanto, sólo participa en la pública si su participación le resulta rentable en moneda de satisfacciones privadas. De ahí que no tenga nada de extraño el *apoliticismo* de los ciudadanos, esa *apatía* en las cuestiones políticas, que tiene por resultado frecuentemente la abstención.

Son, pues, dos concepciones diferentes del hombre y, consecuentemente, del valor de la participación política, las que laten tras los tipos ideales de democracia que hemos diseñado y, en último término, *dos conceptos de libertad*, por decirlo con I. Berlin y, sobre todo, con B. Constant[15].

En efecto, en la excelente conferencia de Constant sobre «La libertad de los antiguos comparada con la de los modernos» se produce a nivel teórico —como sabemos— el paso de un modelo de democracia participativa antigua a un modelo moderno representativo, basado en un doble concepto de libertad: la libertad descubierta por los modernos —la *libertad civil*—, que consiste en el disfrute apacible de la independencia privada, y la *libertad política*, heredada de los antiguos, que ahora tiene el papel subordinado de intentar garantizar la libertad civil. Y precisamente porque ha nacido un nuevo concepto de libertad —dirá Constant— se necesita una forma de organización distinta a la que podría convenir a la libertad antigua: el sistema representativo. Tal sistema —prosigue nuestro autor— resulta plenamente justificado porque es el único capaz de garantizar la libertad entendida como independencia privada, ya que, de la misma manera que los ricos tienen *intendentes* para poder disfrutar de su vida privada, los ciudadanos de una sociedad mo-

---

[14] R. Dahl, *Modern Political Analysis*, Prentice-Hall, Englewood Cliffs, New Jersey, 1970, cap. VII (trad. cast., Fontanella, Barcelona, 1976).
[15] B. Constant, *op. cit.*; I. Berlin, «Dos conceptos de libertad», en *Libertad y necesidad en la historia*, Ed. Revista de Occidente, Madrid, 1974, pp. 133-182.

derna eligen *representantes-gestores* para poder disfrutar de lo que verdaderamente les importa. Con lo cual la política debería perder en realidad el halo cuasireligioso que le rodea, para convertirse en una tarea de gestión a la que es menester exigir eficacia. El sistema representativo tiene, pues, su justificación en una concepción del hombre como *homo oeconomicus*, defensor de sus derechos subjetivos, como también de sus intereses privados, lo cual da lugar a un irrenunciable marco legal; de suerte que una democracia política no puede consistir sino en un contrato, en un pacto de intereses privados. ¿Qué sucede entonces con los conceptos básicos de la democracia clásica, «voluntad general» y «bien común»?

Sucede, desde la perspectiva que venimos comentando, que son conceptos vacíos —como señaló J. A. Schumpeter—, cuyo prestigio se mantiene mientras no se desvanece completamente la tradición religiosa que los generó. Porque, bien miradas las cosas, ni el pueblo tiene una voluntad única, ni hay para él un bien común. Por eso —continuará Schumpeter— es preciso recurrir a *elites de expertos* en materia política, capaces de descubrir a los ciudadanos qué es lo que en realidad desean. La democracia no es entonces el resultado del ejercicio de la autonomía de los ciudadanos, sino un mecanismo estabilizador por el cual los ciudadanos —la masa— eligen entre las elites de expertos aquella que prefieren que les gobierne, porque satisface sus deseos en mayor grado que las restantes. Por eso las tres condiciones que Schumpeter sugiere como necesarias para el éxito del método democrático son las siguientes: 1) mantener la desigualdad política entre expertos y masa como un momento estabilizador de la democracia liberal; 2) limitar la esfera política, de modo que sólo la designación del gobierno se someta al principio democrático; 3) y, por último, mantener la apatía política de la masa[16]. Democracia es, pues, aquí, como antes dijimos, gobierno querido por el pueblo más que gobierno del pueblo.

Es verdad que pluralismo y neopluralismo introdujeron en el elitismo competitivo fuertes matizaciones en lo que respecta a entender la democracia como un asunto de elites y masa, como si las corporaciones intermedias (asociaciones comunitarias, grupos religiosos, sindicatos, organizaciones empresariales) apenas tuvieran influencia política. Muy al contrario, el pluralismo o teoría empírica de la democracia, siguiendo a Madison, cree que la dinámica de la política de grupos es esencial *de facto* en el funcionamiento democrático. Y, a diferencia de Madison, piensa no sólo que esto es así, sino que así debe ser: la existencia de gru-

---

[16] J. A. Schumpeter, *Capitalismo, socialismo y democracia*, Barcelona, 1984.

pos activos es crucial para que se mantenga el proceso político y los ciudadanos alcancen sus objetivos, porque posibilita el equilibrio y el desarrollo de la política pública. De ahí que autores como R. Dahl hablen de *poliarquía*, más que de democracia, ya que la clave es la multiplicación y contrapeso de grupos de poder. Hasta el punto de que no son las mayorías propiamente quienes gobiernan: las mayorías establecen el marco legal de las políticas, pero son distintas minorías las que *de facto* gobiernan y han de contrapesarse. A pesar de eso, también el pluralismo entiende que lo que distingue a las democracias es el hecho de que los líderes políticos sean elegidos y las considera instrumento para la satisfacción de intereses más que forma de vida en sí valiosa[17].

4. ¿QUÉ HACER?

«¿Por cuál de estos dos modelos optar?»[18] es, sin duda, la pregunta obligada tras la somera exposición de las justificaciones de cada uno de ellos y, empezando por el participacionismo, deberíamos considerar por separado los dos modelos mencionados: el modelo de democratización de los subsistemas sociales y el modelo de descentralización política.

El primero de ellos, acogido por autores como Pateman o Bachrach, no realiza —como dijimos— el ideal de participación igual y efectiva, ni en el sistema político ni en los restantes subsistemas sociales. En el sistema político, porque en realidad continúa proponiendo una democracia representativa, en la que se introducen reformas tendentes a una mayor participación popular, pero sin cambiar el sistema. Mientras que las instituciones sociales no políticas, como empresas, escuelas, etc., ni pueden ni deben regirse por una participación igual y efectiva. No pueden, porque los afectados por esas instituciones no son sólo quienes trabajan en ellas, sino también los afectados por sus actividades: los pacientes actuales y potenciales, en el caso de un hospital; los estudiantes actuales y potenciales y la sociedad en su conjunto, en lo que se refiere a escuelas y universidades; los consumidores, en el caso de las empre-

---

[17] R. A. Dahl, *A Preface to democratic Theory*, University Press, Chicago, 1956; íd., *Who governs? Democracy and Power in an American City*, Yale University Press, Cambridge, Mass., 1961; íd., *Poliarquía*, Tecnos, Madrid, 1989; D. Held *op. cit.*, cap. 6.

[18] R. Cotarelo parece no tener duda al respecto. Para él la democracia es «aquel conjunto de reglas que permite que las decisiones se adopten por mayoría, con el debido respeto a los derechos de la minoría y en condiciones de imperio de la ley, siendo el primer derecho de tales minorías el de convertirse en mayorías a su vez mediante unas elecciones libres» (*op. cit.*, pp. 86-87).

sas. ¿Cómo lograr que todos los afectados tengan una participación igual y efectiva en las decisiones? ¿Sería preciso introducir una gradación entre los afectados —de «primera», de «segunda»— y que la participación estuviera proporcionalmente relacionada con la gradación?[19]. En cualquier caso, lo que termina haciéndose es crear comisiones de representantes de los distintos sectores implicados (consejos sociales, consejos escolares, etc.), lo cual será muy recomendable, pero no es una participación igual y efectiva de todos los afectados por las actividades de la institución.

Pero, a mayor abundamiento, cabe dudar de que tal participación igual y efectiva fuera deseable, porque cada una de estas instituciones se legitima por unas finalidades específicas y su tarea consiste en alcanzarlas. Cosa que no hará en los tiempos que corren si no respeta la dignidad de quienes trabajan en ella, si no propone tareas de corresponsabilidad y cooperación. Sin embargo, todo esto no significa participación igual y efectiva.

Por lo que hace al *modelo participacionista de descentralización*, que sería el propiamente participativo, posibilita la participación igual y efectiva únicamente en los pequeños grupos de base y no en la unidad centralizadora. Por otra parte, sólo en esos grupos logra configurar los rasgos que la tradición participativa confía en infundir en quienes participan (autorrespeto, autonomía, actividad, responsabilidad social, interés por la información política e identificación con la sociedad), con lo cual se pierde una visión social más amplia que no puede perder una democracia hodierna. ¿No queda más salida para el participacionismo que un comunitarismo «premoderno», o es posible un participacionismo en la línea de la ética del discurso, un participacionismo que tenga como base antropológica la idea de persona como interlocutor válido?

Trataremos de responder a esta pregunta en el capítulo siguiente, pero no sin dejar apuntado en éste que la presencia recurrente de la crítica participacionista a la democracia representativa debe significar algo muy hondo cuando no le desaniman todas las denuncias de inviabilidad, e incluso de indeseabilidad. «De acuerdo —parece decir el participacionista—, la participación igual y efectiva no podrá ponerse por obra, pero la idea de una participación semejante, como criterio para la acción y como canon para la crítica, no puede abandonarse sin grave pérdida de una parte sustancial del ser de los hombres y sin riesgo de que la pro-

---

[19] Para este problema en la ética económica, ver J. Conill, «Ética del capitalismo», *Claves de Razón Práctica*, n.º 30 (1993), pp. 25-36.

pia democracia representativa, aparentemente triunfadora en la historia efectiva, degenere en oligarquía.»
Porque cabe dudar de que nuestras democracias de partidos representen realmente incluso los intereses sectoriales de la sociedad, cuando la clase política más bien parece preocuparse en exclusiva del reparto de poder y ver en el ciudadano un votante. Como diría N. López Calera, el Estado se ha «sustancializado», se ha convertido en Estado en sí, por sí y para sí[20], y nuestras democracias actuales necesitan una revisión profunda si no quieren degenerar en tiranías, más o menos encubiertas. Creo que ésta es una de las razones profundas del participacionismo: tratar de liberarnos de las patologías del representacionismo, que condena a un hombre a ser votante en todos los ámbitos de la vida social, y al Estado, a ser un Estado «electorero»[21].

---

[20] N. López Calera, *Yo, el Estado*, Trotta, Madrid, 1992.
[21] P. F. Drucker, *op. cit.*, pp. 136 ss.; A. Cortina, *Ciudadanos del mundo. Hacia una Teoría de la Ciudadanía*, Madrid, Alianza, 1997, cap. 3.

7. ÉTICA DEL DISCURSO Y DEMOCRACIA PARTICIPATIVA

1. UNA DEMOCRACIA A LA ALTURA DE LOS TIEMPOS

El capítulo anterior, referido a dos posibles conceptos de democracia, arroja cuando menos la conclusión de que cualquier concepción hodierna de la democracia debe cumplir, al menos, los siguientes requisitos:

1) No puede contar con una noción compartida de *bien común*, sino con una sociedad pluralista, con distintas concepciones de vida buena; sociedad que, por tanto, no puede estar unida sino por unos mínimos axiológicos o normativos, que posibilitan la convivencia tolerante de las distintas formas de vida.

2) No puede constituirse, por tanto, como una «*democracia sustancial*», sino como una «*democracia procedimental*», en la que las decisiones legítimas son las que se toman ateniéndose a los procedimientos racionales.

3) Sin embargo, que las decisiones se tomen mediante procedimientos legítimos no significa ya que sean justas. Esta identificación entre lo legítimo y lo justo sólo se produce cuando existe en la sociedad una noción compartida de bien común, es decir, en una democracia sustancial, mientras que en el procedimentalismo el criterio para medir la legitimidad de las decisiones no es idéntico al que mide su justicia[1].

4) Que una democracia sea procedimental y posibilite la convivencia de distintas formas de vida no significa que sus procedimientos sean axiológicamente neutrales y den cabida a cualquier forma de vida, como ha pretendido el liberalismo. Una democracia procedimental excluye, como es lógico, aquellas formas de vida que no se someten al tamiz de sus procedimientos y de los valores implicados en ellos. Y por eso una de sus mayores dificultades consiste en precisar qué forma parte de los mínimos procedimentales compartidos y qué configura ya determinadas formas de vida.

---

[1] Ver al respecto E. Díaz, *Ética contra política*, pp. 40 ss.

5) Evidentemente, atendiendo a la teoría de la evolución social, que Habermas diseña según el modelo ontogenético de Kohlberg, una democracia «a la altura de los tiempos» debe encuadrarse en el nivel postconvencional en el desarrollo de la conciencia moral; es decir, en el nivel en que las instituciones vienen legitimadas por principios universalistas y no tanto por normas comunitarias.

6) También una cierta noción de hombre estaría a la base de nuestra democracia. Por lo menos, la noción de un hombre autónomo, que quiere desarrollarse en solidaridad, de modo que el grupo social no es ontológica, sociológica ni éticamente más importante que el sujeto autónomo. Pero tampoco tal sujeto es un «individuo poseedor», en la línea descrita por Macpherson, sino el tipo de sujeto que se sabe inscrito en una comunidad, de suerte que para él la autonomía es imposible sin solidaridad.

Solidaridad que, por descontado, no es puramente grupal, no prescribe un patriotismo parroquial[2], sino que se abre a comunidades transnacionales, dado que sus principios son universalistas. El fortalecimiento del Estado-nación o de la nacionalidad puede ser una estrategia para proteger mejor los derechos de todos, pero no para defender el punto de vista de la parcialidad[3].

7) Y, por último, la *voluntad del pueblo*, sede de la soberanía, tendrá que ser una voluntad «des-sustancializada», que se expresa a través de los procedimientos expresivos de la autonomía de los sujetos, vivida en solidaridad.

¿Podemos encontrar hoy en día un modelo de democracia participativa capaz de reunir estos requisitos? Aunque la respuesta no es sencilla, los méritos de dos candidatos, al menos, deberían tenerse en cuenta antes de pronunciarse: los de una «*democracia fuerte*» comunitaria, en el sentido de B. Barber, y los de la dimensión política de la ética discursiva. La primera se caracteriza a sí misma sin ambages como una democracia participativa, mientras que en el segundo caso no son los creadores de la ética del discurso —Apel y Habermas— quienes afirman que la suya es una propuesta de democracia participativa, sino algunos de sus seguidores y lectores. Conviene, pues, considerar el posible carácter participativo de ambas ofertas, como también su viabilidad y deseabilidad.

---

[2] Como el que A. MacIntyre describe en *¿Es el patriotismo una virtud?*, The University of Kansas, Lawrence, 1984.

[3] I. Kant, *Metaphysik der Sitten*, VI, p. 350; R. Dahrendorf, «Die Sache mit der Nation», *Merkur*, 44 Jg., H.10-11 (1990), pp. 823-934.

2. UNA DEMOCRACIA PARTICIPATIVA COMUNITARIA: *DEMOCRACIA FUERTE*

Cuando nos aproximamos al hoy boyante ámbito comunitario descubrimos inmediatamente que, como en el caso de los demás «ismos», no existe *el* comunitarismo, sino distintas formas de comunitarismo: que para él tampoco vale el artículo determinado singular. Así lo muestra, entre otros[4], B. Barber en su excelente libro *Strong Democracy*, y vamos a acompañarle algunos pasos en la espléndida caracterización que presenta de dos posibles modelos de democracia comunitaria directa —la unitaria y la fuerte[5]— para considerar más detenidamente su oferta de democracia fuerte.

En principio, conviene recordar que Barber circunscribe el ámbito de *lo político* del siguiente modo: el ámbito de la política es el de la *acción* (no tanto el de unas instituciones en que la acción se acaba esfumando), y concretamente el de aquellas *acciones públicas* en que se hace necesaria una elección *razonable*, porque existe un *conflicto* y carecemos de *fundamentos* privados o independientes para el juicio. La cuestión política toma entonces la forma siguiente: ¿qué haremos cuando haya de hacerse algo que afecta a todos nosotros y queremos ser razonables, pero no estamos de acuerdo en los medios y los fines, ni tenemos fundamentos independientes para elegir?[6] O dicho de otro modo: la *necesidad* de la política surge cuando se hace *necesaria* alguna *acción* que tiene consecuencias *públicas*, y cuando ha de hacerse, por tanto, una *elección pública razonable* frente al *conflicto*, a pesar de que no haya un fundamento independiente para el juicio. Con lo cual las palabras clave de la política son, según Barber: acción (*vita activa*), publicidad (las decisiones han de ser tomadas por un público y tienen consecuencias públicas), razonabilidad, conflicto y ausencia de un criterio independiente (metafísico o epistemológico)[7].

De entre estos elementos es el último en que en principio parece distinguir la concepción de Barber de la política de la que ostentarían autores como Rawls o la ética discursiva, porque Rawls todavía diseña una posición original y unos principios de la justicia, y la ética del discurso

---

[4] Ver al respecto C. Thiebaut, *Los límites de la comunidad*; S. Benhabib, *Situating the Self*; S. Benhabib y F. Dallmayr (eds.), *The Communicative Ethics Controversy*, The MIT Press, Cambridge, 1990; S. Avineri y A. de-Shalit (eds.), *Communitarianism and Individualism*, Oxford University Press, Oxford, 1992; A. Castiñeira (dir.), *Comunitat i nació*, Proa, Barcelona, 1995.
[5] B. Barber, *Strong Democracy*, pp. 148 ss.
[6] Ibíd., p. 120.
[7] Ibíd., p. 122.

nos remite pragmáticamente a un principio ético que deja las decisiones en manos de los afectados, pero atendiendo a unas reglas pragmáticas, si tales decisiones desean ser correctas. Para Barber, por el contrario, lo político empieza donde ni siquiera existen criterios independientes tan abstractos como los dos mencionados y por eso la deliberación se hace necesaria para llegar a decisiones comunes.

Ahora bien -prosigue nuestro autor— la *deliberación* puede entenderse o bien como una negociación de intereses en conflicto, con la que se pretende llegar a un equilibrio para que la sociedad pueda seguir viviendo en paz, pero con la convicción de que el conflicto es insuperable, o bien como una posibilidad de transformar el conflicto en cooperación. En el primer caso nos encontraríamos con una democracia liberal, que ve el conflicto como inevitable y entiende, por tanto, que las deliberaciones públicas no pueden ser sino negociaciones entre individuos o grupos atomizados. Naturalmente estas democracias liberales o «*democracias débiles*» son preferibles a las dictaduras, sin embargo llevan entrañadas en su seno unas tendencias negativas, que inevitablemente les conducen a diferentes patologías, como pueda ser el totalitarismo fáctico que triunfa en una sociedad de individuos atomizados, hundidos en la anomia y el desarraigo[8]. La democracia participativa «fuerte», por el contrario, entiende que las deliberaciones pueden convertir los conflictos en cooperación, pero antes de hablar de ella es preciso distinguirla de una forma perversa de democracia participativa que es la *unitaria*.

La «*democracia participativa unitaria*» es aquella que reconoce la existencia de conflictos, pero trata de resolverlos, en ausencia de un criterio independiente, mediante una comunidad de consenso, definida por la identificación de los individuos y sus intereses con una colectividad simbólica y sus intereses. *Consenso* y *unidad* son, pues, sus términos clave.

En efecto, este tipo de democracias, de las que es un ejemplo el nacionalsocialismo alemán, llama a unirse a través de la voluntad orgánica de una comunidad homogénea, o incluso monolítica, muchas veces identificada con una raza, una nación o una voluntad comunal. De ahí que suela acabar llevando al monismo, al conformismo y a consensos obtenidos por coacción; con lo que las personas se diluyen en la colectividad, la autonomía personal se esfuma, la ciudadanía se corrompe y el pluralismo desaparece[9]. La repulsa de los liberales frente a una forma tal de democracia directa está sobradamente justificada, por eso es pre-

---

[8] De entre tales patologías Barber estudia tres formas detenidamente: las de la libertad, el poder y la pasividad. Ver *op. cit.*, cap. 5.
[9] Ibíd., pp.148-150.

ciso averiguar si existe alguna otra forma de democracia directa, y Barber cree encontrarla en la *democracia fuerte*. La *democracia fuerte* reconoce abiertamente la existencia del conflicto en la sociedad, a diferencia del modelo unitario y de cualquier forma colectivista y unitaria de comunitarismo, pero, por otra parte, afirma —frente a la «*democracia débil*»— que el conflicto puede transformarse en cooperación a través de la *participación ciudadana*, la *deliberación pública y la educación cívica*[10]. Esta democracia fuerte que, según Barber, constituye la condición de supervivencia de lo que nos es más querido en la tradición liberal occidental[11], se podría definir del siguiente modo: como aquella en que el conflicto se resuelve, en ausencia de un criterio independiente, mediante un continuo proceso participativo, autolegislación inmediata y la creación de una comunidad política, capaz de transformar individuos privados y dependientes en ciudadanos libres, y los intereses parciales y privados, en bienes públicos. *Comunidad, bienes públicos* y *ciudadanía* son, pues, tres factores interdependientes[12].

Ciertamente, no existe experiencia alguna de una democracia fuerte estable en el sentido descrito por Barber, pero nuestro autor muestra en su libro caminos para conseguirla, caminos que no son revolucionarios, porque se trata de empezar por una reforma de las instituciones de la democracia representativa. A partir de ellas es preciso ir generando una *conciencia común* entre los ciudadanos, una *voluntad común* —en la línea de Rousseau y Kant— que supere la concepción de juicio político que tiene el liberalismo, limitada al «prefiero esto» o «elijo lo otro», y llegue a «queremos un mundo en que tal cosa sea posible».

A través de la conversación política entre los ciudadanos, mediante la aplicación del juicio común y por medio del trabajo y la acción comunes, llegaremos a superar la convicción liberal de que el peso de la democracia descansa en la toma de decisiones a través de votaciones en las que se expresan preferencias, cuando el problema de la democracia no es tanto la toma de decisiones como el *querer común*. Se trata, pues, de querer un mundo común, generando una voluntad común.

Naturalmente, existen obstáculos[13], como el tamaño de las sociedades o las desigualdades creadas por el capitalismo, pero Barber les resta importancia con sugerencias como las siguientes: los problemas de comunicación en las sociedades no se producen tanto por el tamaño de

---

[10] Ibíd., pp. 151 ss.
[11] Porque sin participación en la vida común no es posible crear libertad, justicia e igualdad. Ibíd., XV y XVI.
[12] Ibíd., p. 131.
[13] Ibíd., pp. 232-244.

las mismas como por la falta de estructura de que adolecen y, en lo que al segundo obstáculo respecta, la política precede a la economía, es decir, es preciso conseguir una sociedad de demócratas para que el socialismo sea posible, de suerte que las desigualdades del capitalismo sólo serán superadas desde la política.

Por último, tiene Barber el mérito de proponer instituciones concretas que favorezcan la participación[14], moviéndose a tres niveles de acción: 1) institucionalización de la conversación, a través de asambleas de vecinos, que no pueden incluir menos de cinco mil vecinos ni más de veinticinco mil, y que deberían reunirse regularmente (por ejemplo, una vez por semana), pero también a través de programas interactivos en televisión, a través de un igual acceso a la información y a través de la educación cívica; 2) institucionalización de la toma de decisiones, por medio de referéndums, sistemas rotativos de cargos, incluso cargos a sorteo, votaciones electrónicas, todo ello con el fin de acabar con la tendencia oligárquica de la representación; y 3) institucionalización de la acción, a través de un servicio cívico universal, de opciones locales en el lugar de trabajo (cooperativas, codeterminación), etc. ¿Es viable y deseable —no podemos menos de preguntarnos— la puesta en marcha de estas instituciones?

A pesar de lo atractiva que resulta la propuesta de *democracia fuerte* de Barber, su viabilidad resulta bastante cuestionable y, en algunos puntos al menos, también su deseabilidad. Difícilmente viable resulta, no sólo por las dificultades que él mismo menciona y trata de superar —tamaño de las actuales sociedades, desigualdades generadas por el capitalismo e incertidumbre—, sino por las que surgen de su misma propuesta y que podríamos resumir del siguiente modo:

1) La democracia fuerte no cumple el ideal participativo de participación igual y efectiva, porque no pretende que todos participen en todo y todo el tiempo, sino que todos participen alguna vez en los órganos de la *res publica*. Lo cual no es en absoluto despreciable, pero tampoco satisface el ideal del modelo participativo.

2) Por otra parte, aun cuando se acoge al modelo de democracia participativa descentralizado, que —como dijimos— es el más fiel al programa participativo, resulta impotente para superar los obstáculos que en tal modelo señalamos: la participación se produce —en la medida en que se produce— en las comunidades básicas, mientras que en los organismos superiores de coordinación participan los representantes, aunque sea con mandato imperativo de sus bases.

---

[14] Ibíd., pp. 267-311.

3) Aun cuando es totalmente cierto que las democracias liberales han reducido la conversación humana a tomas de decisión por medio de votaciones, que nada tienen que ver con la comunicación entre personas que desean construir su mundo juntas y, por tanto, quieren empezar por conocerse a través del diálogo, las condiciones de conversación que Barber plantea son irrealizables. En principio, por las dificultades de reunir a cinco mil o veinticinco mil vecinos, pero también por la dificultad de crear comunidades con ese tamaño y, sobre todo, porque las tareas de esos vecinos imposibilitan hoy en día reunirse con la regularidad suficiente y con el grado de conversación que permite el conocimiento de proyectos e ilusiones; tanto más cuando es preciso contar con la movilidad de la población. La democracia fuerte, en las condiciones de vida actuales, condenaría a los ciudadanos a una actividad incesante, que les resultaría insoportable, y cada ciudadano acabaría eligiendo representantes que le gestionaran sus asuntos en todos los campos, excepto en aquellos en que se siente algo cualificado para decidir.

4) Por último, la democracia fuerte de B. Barber realiza una identificación entre moral y política que, a mi juicio, resulta inaceptable. Cierto que nuestro autor afirma expresamente que no identifica al hombre y al ciudadano, ni le parece que ser ciudadano es lo mejor que un hombre pueda ser, como si su identidad hubiera de venirle de su ciudadanía. No es así. Sin embargo, lo que sí afirma Barber es que la ciudadanía le da a un hombre su mayor cualificación moral, porque es como ciudadano como el individuo se confronta con el Otro y ajusta sus planes de vida a los dictados de un mundo compartido: la ciudadanía es la identidad moral por excelencia[15]. ¿Es verdad esto?

El nudo de la cuestión radica, a mi juicio, en determinar si las personas pueden contar con criterios independientes de la deliberación fáctica misma para determinar si consideran correcto el resultado al que se ha llegado, y si tales criterios todavía nos permiten distinguir entre lo *moralmente correcto* y lo *políticamente correcto*. Barber rechaza reiteradamente cualquier criterio independiente, sea metafísico, sea epistemológico, y confía la corrección de las decisiones a la deliberación compartida fáctica en una comunidad. Sin embargo, a mi modo de ver, ni es correcta esta identificación entre lo moral y lo político, ni carecemos de criterios para enjuiciar *personalmente* la corrección de las decisiones. En este sentido la ética del discurso nos será de gran ayuda, sólo que en

---

[15] En sus últimos escritos Barber insiste en el papel de la sociedad civil. Ver, por ejemplo, *Un lugar para todos*, Paidós, Barcelona, 2000.

su caso hemos de empezar por preguntarnos si fundamenta una democracia participativa.

3. ¿FUNDAMENTA LA ÉTICA DEL DISCURSO UNA DEMOCRACIA PARTICIPATIVA?

Si nos situamos en el ámbito de aplicación del principio de la ética discursiva a la política, la primera pregunta que surge es sin duda: ¿qué configuración política surgiría de la aplicación de tal principio a la política, es decir, de la aplicación de la idea de persona como interlocutor válido? Aun cuando podríamos responder que es ésta una cuestión que deberían resolver los *afectados* en cada caso concreto, teniendo en cuenta la *historia* y las *condiciones contextuales*, esta misma indicación muestra bien a las claras que sólo una configuración democrática de la política es adecuada al principio de la ética del discurso. Y así lo han reconocido expresamente sus defensores, como muestran por ejemplo las siguientes palabras de Apel:

> La democracia, como aproximación a esta exigencia ideal, es, por tanto, algo más que un conjunto de procedimientos neutrales, a cuyo seguimiento nos decidimos en virtud de motivos pragmáticos; ella misma tiene su *fundamentación ético-normativa* en la *ética de la comunidad ideal de comunicación*, que ya siempre hemos aceptado al argumentar[16].

La democracia es, pues, un conjunto de procedimientos valiosos, dado que cuenta con una fundamentación ético-normativa.

Ahora bien, con esto hemos dicho todavía bien poco, porque el problema —como sabemos— consiste hoy más bien en determinar *qué es o qué significa la democracia* y *qué tipos de democracia resultan moralmente deseables y técnicamente viables*. Por eso, si la ética del discurso debe tener una aplicación a la vida política, se ve enfrentada sin duda al reto de aclarar *qué modelo o modelos de democracia resultan fundamentados desde su principio ético*: si es el suyo un modelo de democracia liberal representativa o, por el contrario, la aplicación del principio de la ética discursiva al ámbito político alumbra los rasgos de una democracia participativa.

Ciertamente, un buen número de autores ha entendido —aunque con matizaciones diversas— que *la ética discursiva fundamenta una demo-*

---

[16] K. O. Apel, «Notwendigkeit, Schwierigkeit und Möglichkeit einer philosophischen Begründung der Ethik im Zeitalter der Wissenschaft», en P. Kanellopoulos (ed.), *Festschritf für K. Tsatsos*, Athen, 1980, p. 272 (trad. cast.: *Estudios éticos*, Alfa, Barcelona).

cracia participativa y que *la teoría de la acción comunicativa*, como teoría crítica de la sociedad, también exige una democracia participativa para poder realizar en la esfera política sus exigencias normativas[17]. ¿Son fundadas estas sospechas? ¿Por qué parece *prima facie* que éste es el modelo de democracia que fundamentaría una ética del discurso?

Por intentar llevar adelante con éxito nuestra indagación yo propondría, en principio, seguir una pista bien prometedora: la de esa necesidad humana de entender los fenómenos complejos por contraposición, siendo en este caso los miembros contrapuestos dos formas de explicar las crisis de las sociedades del capitalismo tardío, el llamado «neoconservadurismo» y la llamada «Teoría crítica».

La celebérrima Teoría crítica, iniciada por Marx, y que tiene su más conocida expresión en los representantes de la Escuela de Francfort, parece hoy vivir una segunda encarnación en la Teoría de la Acción comunicativa de Habermas, e incluso se habla en los medios francfortianos de alguna tercera generación que intenta mantener encendida la antorcha, se ignora ya si por afán filosófico o editorial[18]. Pero, en cualquier caso, autores como Habermas o H. Dubiel parecen alinearse en las filas de una teoría crítica de la sociedad, que seguiría enfrentándose empecinadamente al liberalismo, al comunitarismo y, de forma especialmente militante, al neoconservadurismo.

En efecto, tanto Habermas como Dubiel han dedicado trabajos específicos a investigar ese fenómeno hodierno que ha dado en llamarse «la ofensiva neoconservadora», comparando la interpretación que los neoconservadores hacen de las causas de las crisis en las sociedades del capitalismo tardío y las soluciones que ofrecen para superar las crisis con la interpretación y soluciones que para tales crisis propone la Teoría crítica, en cuyas filas se alinean.

Concretamente, en lo que hace al subsistema político, proponen los neoconservadores o bien la instauración de un «estado mínimo», en el sentido de Nozick, o bien una teoría elitista o pluralista de la democracia, porque su diagnóstico de las patologías de las sociedades del capitalismo tardío se expresó en aquella famosa Tesis de la Ingobernabilidad de la Comisión Trilateral de 1973, en aquel famoso descubrimiento de que en las sociedades avanzadas había un «exceso de democracia».

---

[17] A. Cortina, «Una ética política contemplada desde el ruedo ibérico», en K. O. Apel; A. Cortina, J. De Zan y D. Michelini, *Ética comunicativa y democracia*, pp. 219-240; R. Maliandi, «Hacia un concepto integral de democracia», ibíd., pp. 257-296; J. De Zan, «Significación moral de la democracia», ibíd., pp. 297-320; S. Benhabib, *Situating the Self*, cap. 2; V. D. García-Marzá, *Ética de la Justicia*.

[18] A. Cortina, *Crítica y utopía: la Escuela de Frankfurt*, Cincel, Madrid, 1985.

Por «exceso de democracia» se entendía aquí el exceso de *participación* de los individuos, que ejercitaban así su *autonomía*, de ahí que el neoconservadurismo aceptara con gusto como receta contra las patologías el cumplimiento de las tres condiciones formuladas por J. A. Schumpeter para lograr el éxito del método democrático[19].

Puesto que estas condiciones pueden cumplirse en el modelo elitista, parece que la propuesta política de los neoconservadores tenga que consistir, junto a la del estado mínimo, en una democracia liberal representativa de corte elitista. Hecho por el cual, y dada la ley de la contraposición a la que antes aludía, parece que no pueda ser éste el modelo de democracia que propongan ni la Teoría de la Acción comunicativa ni la ética discursiva. La primera se resiste, como sabemos, a ser una teoría conservadora de la sociedad y se jacta de ser una teoría crítica; la segunda dice estar estrechamente ligada a la Teoría de la Acción comunicativa y ser una ética moderna, pero no en el sentido de una Modernidad conservadora, sino de una Modernidad crítica. Y como nobleza obliga, ambas parecen tener que renunciar, si quieren ser consecuentes, a inspirar un modelo político que coincida con el propuesto por los neoconservadores y optar por su opuesto, es decir, por una *democracia participativa*.

Ciertamente «razones» como éstas suelen convencer a los individuos corrientes y molientes y también a los llamados «expertos», porque al caletre de unos y otros parecen irrebatibles las argumentaciones que descansan en un simple esquema de derechas-izquierdas, carcas-progres, esquema según el cual —en nuestro caso— si el neoconservadurismo es reaccionario y elitista, la Teoría Crítica habrá de ser *progre* y, por tanto, lo contrario de elitista: es decir, participativa. Y con tan sesudos argumentos quedamos todos muy satisfechos y además reconciliados con nuestra propia condición.

Sólo que si queremos hacer al respecto una reflexión filosófica, como la que aquí nos proponemos, no parece estar de recibo dar por buenas estas razones y nos vemos obligados a preguntar, yendo más allá de las etiquetas cotidianas, por qué a la Modernidad Crítica varios autores le adjudican como modelo político el de una democracia participativa, cuando pensadores como Apel y Habermas jamás dijeron cosa semejante ni parece que esté en su ánimo decirlo.

Es posible aludir, naturalmente, a la diferente valoración que neoconservadores y modernos críticos hacen de los dos conceptos de libertad a los que Berlin dio nombre, porque mientras los primeros parecen

---

[19] Ver cap. 6 del presente libro, apartado 3.

defender ante todo la libertad negativa, se dice que los modernos críticos se empeñan ante todo en la defensa de la positiva, defensa que en la vida política no puede traducirse sino en participación directa. Sin embargo, me temo que con estas alusiones no hemos salido del terreno de los «pre-juicios», es decir, de aquellos juicios que aún no han pasado por el tamiz de la reflexión, porque en el trasfondo de estas convicciones subyace el pre-juicio de que la Modernidad Crítica descansa en una cierta *antropología*, en una cierta concepción del hombre, que debe después expresarse a través de sus realizaciones en la vida social.

Puesto que, tanto la ética discursiva como la Teoría de la Acción comunicativa, a pesar de recurrir a un método pragmático-trascendental o bien reconstructivo, que no desea hacer afirmaciones acerca de la esencia del hombre, le caracterizan como aquel tipo de ser que muestra —o podría mostrar— *competencia comunicativa*, de modo que debemos considerar a todo hombre como un *interlocutor facultado para decidir* —en lo que aquí nos importa— *acerca de la corrección de las normas que le afectan*; y puesto que toda antropología —tradicional o hermenéutico-trascendental— comporta irremisiblemente una *antroponomía*, colige el estudioso de la ética discursiva que de la afirmación de que todo ser dotado de competencia comunicativa ha de tenerse por un interlocutor válido se deriva la exigencia de que participe de forma significativa, también en la vida política, en las deliberaciones y decisiones acerca de las normas que le afectan.

A reforzar estas creencias viene la propia formulación del principio de la ética discursiva, que dice así: «sólo pueden pretender validez aquellas normas que logran (o podrían lograr) la aprobación de todos los afectados como *participantes* en un discurso práctico»[20]. La expresión «participantes», que aparece en la formulación misma del principio ético, parece dar a entender sin ambages que la aplicación de este principio a todo tipo de organización social exige la participación directa de los individuos en las deliberaciones y decisiones acerca de normas cuya puesta en vigor les afecte. Y como la ética discursiva —a diferencia de la teoría de la justicia de J. Rawls— no limita la aplicación de su principio a un ámbito determinado, nos obliga a entender esta participación como una *forma de vida, valiosa por sí misma*, a través de la cual las personas desarrollan cuantas capacidades acompañan al ejercicio del diálogo, y no como un simple *mecanismo* para alcanzar metas privadas.

---

[20] J. Habermas, *Moralbewusstsein und kommunikatives Handeln*, Suhrkamp, Frankfurt, 1983, p. 103 (trad. cast.: Península, Barcelona, 1985).

Satisfacer metas privadas es sin duda cosa de la racionalidad estratégica y no de la comunicativa, que es la que nos permite reconocer a un hombre como persona; por eso *parece* que cualquier forma de organización (política, económica o cultural) que desee estar a la altura de lo «más propio» del hombre, debería ser participativa. Y sobre este supuesto descansa, a mi modo de ver, la extendida creencia de que la ética discursiva fundamenta en el ámbito político una democracia directa, participativa, no-liberal, entendida en suma como una forma de vida valiosa por sí misma, porque en ella los individuos se autorrealizarían al ejercer su capacidad de participar en la vida pública y al fomentar su sentido de la justicia, que aquí se especifica como el sentido de tomar decisiones atendiendo a intereses universalizables.

En consecuencia, la noción de una comunidad ideal de comunicación, ya siempre presupuesta al argumentar, debería funcionar como *idea regulativa*, no sólo a la hora de decidir acerca de la corrección de normas morales, sino también al decidir sobre normas políticas, precisamente porque constituye la expresión paradigmática de lo que sería una forma de vida plenamente participativa. Al menos en este sentido parece tener que entenderse aquella afirmación de Apel que ya he recogido en este capítulo: «La democracia, como aproximación a esta exigencia ideal, es, por tanto, algo más que un conjunto de procedimientos neutrales, a cuyo seguimiento nos decidimos en virtud de motivos pragmáticos; ella misma tiene su *fundamentación ético-normativa* en la *ética de la comunidad ideal de comunicación*, que ya siempre hemos aceptado al argumentar.»

Sin duda una democracia semejante satisfaría los requisitos para una democracia participativa hodierna, que he mencionado al comienzo de este capítulo, y no vendría justificada por ningún tipo de preeminencia —ontológica, sociológica o moral— de la comunidad sobre el individuo, sino más bien por el nexo que une subjetividad-intersubjetividad, a cualquier sujeto con la comunidad de cosujetos, de suerte que la *autonomía* de cada individuo no puede defenderse si no es a través de la *solidaridad*.

Ahora bien, el hecho de que cada sujeto deba tomarse como interlocutor válido, facultado para ejercer su autonomía en su comunidad, ¿significa que el *procedimiento* de participación de los ciudadanos en la toma política de decisiones ha de consistir en el *ejercicio directo del poder*, frente a una democracia *liberal representativa*? ¿Puede identificarse el principio ético con un principio de legitimación política de normas? Estas preguntas nos obligan a dar un nuevo paso, sin el que cuanto hemos dicho carece de sentido: intentar aclarar *qué relación debe existir entre el principio de una ética postconvencional y el ámbito político*, para lo cual deberemos contar sin duda con la ayuda de una teoría de la sociedad.

4. «APLICACIÓN» DEL PRINCIPIO DE LA ÉTICA DISCURSIVA AL ÁMBITO POLÍTICO

El principio que hemos formulado es sin duda un principio ético, que indica el procedimiento racional para determinar si una norma es *moralmente* correcta. El tipo de obligación que genera es, por tanto, moral, y tiene por destinatario a cualquier ser dotado de competencia comunicativa y afectado por la norma. Por eso es cada individuo, en tanto que ser dotado de competencia comunicativa, quien tiene que decidir en último término si considera la norma correcta; es decir, si él considera que lograría un consenso en una comunidad ideal de comunicación. Aunque, como precisa Apel, no debe tomar la decisión desde su peculiar *idiosincrasia*, sino desde su *autonomía*, desde una idea de libertad entendida como lo que todos podrían querer en una situación ideal de argumentación[21].

Sin embargo, los principios de legitimación política de normas no tienen por destinatarios a los individuos, sino al soberano, si bien en un Estado democrático el soberano es el pueblo. ¿Significa esto que el principio de la ética discursiva, en su aplicación a la política, configura una democracia participativa, en la que todos los afectados deben decidir sobre la corrección de normas tras un diálogo celebrado en condiciones de simetría?

No parece que la respuesta a esta pregunta deba ser afirmativa, si atendemos a los trabajos de Apel y Habermas, porque aunque el principio de la ética discursiva sea una transposición del principio de legitimación política que se expresa en la idea de contrato social[22], no puede ser aplicado directamente a la política en las sociedades complejas, que han sufrido un proceso de diferenciación. Moral y política se insertan en el ámbito de la racionalidad práctica y en esta medida se encuentran estrechamente conectadas, pero no se identifican. Por eso es preciso puntualizar brevemente con Apel y Habermas en un primer momento en

---

[21] K. O. Apel, «La ética del discurso como ética de la responsabilidad. Una transformación postmetafísica de la ética de Kant», en *Karl-Otto Apel. Teoría de la Verdad y Ética de la Responsabilidad*, Paidós, Barcelona, 1991, p. 162.
[22] Wellmer, *Ethik und Dialog*, Suhrkamp, Frankfurt, 1986, pp. 51 ss. Para la posición de Wellmer al respecto, ver V. D. García-Marzá, *Ética de la justicia*, Tecnos, Madrid, 1992, cap. 7.

relación se encuentran ambos ámbitos de la acción humana, para pasar después a determinar qué modelo de democracia vendría fundamentado por el principio de la ética discursiva atendiendo a los trabajos de sus creadores, si en él el ideal de una democracia participativa funcionaría al menos como idea regulativa y, por último, si guarda alguna relación con los caracteres que he creído imprescindibles para una democracia participativa fundamentada desde la ética discursiva.

4.1. LA PROPUESTA DE K. O. APEL

Según *Apel*, la relación que existe entre el principio de la ética del discurso y el ámbito político es sumamente *estrecha*, pero sólo *indirecta*. Es estrecha porque los principios de una ética discursiva ya están aceptados como obligatorios en un mundo como el nuestro, en el que se multiplican las conferencias, las cumbres y los diálogos internacionales para tratar de resolver problemas que se perciben como comunes: la existencia de una opinión pública razonante de carácter mundial resulta —según Apel— innegable y en ella se expresa el principio ético según el cual todos los afectados deben ser atendidos[23]. A mayor abundamiento,la ética discursiva tiene perfecta conciencia de ser una ética de la responsabilidad por las consecuencias de nuestras acciones, muy especialmente de la actividad tecnológica, y desde esta perspectiva prohíbe excluir la moralidad del ámbito político. La política es hoy imprescindible a la hora de tomar medidas para prevenir consecuencias indeseables del desarrollo tecnológico y por eso no puede olvidar su dimensión de moralidad[24].

Ahora bien, esto no significa que el principio de la ética discursiva tenga que aplicarse *directamente* a la política, de modo que ésta quede inmediatamente moralizada, sino que —siguiendo con Apel— una *ética de la responsabilidad*, a diferencia de una ética de la intención, nunca puede exigir una aplicación inmediata de su principio ético, ya que, mientras el defensor de la ética de la intención se desentiende de las consecuencias y de los contextos concretos que acompañan a la aplicación de los principios, de suerte que triunfe la máxima *fiat iustitia, pereat mun-*

---
[23] K. O. Apel, «Diskursethik vor der Problematik von Recht und Politik», en K. O. Apel y M. Kettner (eds.), *Zur Anwendung der Diskursethik in Politik, Recht und Wissenschaft*, Suhrkamp, Frankfurt, 1993. Para una visión un tanto diferente del significado de las cumbres y diálogos internacionales, ver A. Cortina, *La moral del camaleón*, cap. 13.
[24] K. O. Apel, «Diskursethik vor der Problematik von Recht und Politik», en K. O. Apel y M. Kettner (eds.), *op. cit.*

dus, el defensor de una ética de la responsabilidad ha de contar siempre con las consecuencias y los contextos.

Por eso, si el principio ético ideal ha de funcionar como un principio de acción, una ética de la responsabilidad nos obliga a ponderar en qué situación se aplica y qué consecuencias se seguirán previsiblemente de su aplicación, evitando interpretar el principio como un imperativo categórico en el sentido en que lo hace A. Pieper: «Obra [siempre] como si fueras miembro de una comunidad ideal de comunicación».

Obrar de este modo es a todas luces una irresponsabilidad, porque vivimos en una comunidad real que, en muy buena medida, vive de la racionalidad estratégica y no de la comunicativa; por eso una ética de la responsabilidad política exige aplicar el principio ético mediándolo con un principio estratégico de conservación de la comunidad real y contar, por decirlo con M. Kettner, con «estrategias contra estrategias»[25].

Sin embargo, yo considero que esta necesaria mediación de la racionalidad comunicativa por la estratégica no es, a pesar de Apel, una peculiaridad de la aplicación del principio ético al ámbito político, sino más bien una característica de cualquier tipo de aplicación del principio de una ética de la responsabilidad, incluso al terreno de la vida personal. Porque, si bien es cierto que la expresión «ética de la responsabilidad» fue acuñada por Weber para referirse a la ética de los políticos, no es menos cierto que hoy en día su empleo trasciende con mucho el campo político, para referirse a cualquier intento de aplicación de un principio ético que tenga en cuenta las consecuencias. Cosa que hacen prácticamente todas las éticas hodiernas.

La peculiaridad de la aplicación de la ética a la política, al menos tal como Apel y Habermas enfrentan el problema, consiste —a mi juicio— más bien en defender que un intento de moralización *directa* de los sistemas jurídico, político y económico, nos llevaría a *retroceder en el proceso de diferenciación que estos sistemas han ido sufriendo desde los inicios de la Modernidad*. Semejante retroceso nos conduciría, según Apel, a una politización total de la sociedad, y en esta apreciación muestra que no se ha tomado en serio su propia oferta moral.

En efecto, arguye Apel que en nuestros días ya contamos con la experiencia de un intento palmario y nefasto de moralizar directamente la sociedad, como es el de los países que optaron por la planificación de la producción y distribución de bienes. Tal intento ha resultado sin duda un fracaso en la esfera política, económica y moral y por eso conviene no repetirlo. Sin embargo, no deja de resultar extraño que Apel no perciba

---

[25] M. Kettner, «Tres dilemas estructurales de la ética aplicada», en A. Cortina y D. García-Marzá (eds.), *Razón pública y éticas aplicadas*, Tecnos, Madrid, 2003, pp. 145-158.

en este punto la abismal diferencia que existe entre su propia propuesta ética y la del marxismo, diferencia que arrojaría resultados totalmente distintos si la ética del discurso se aplicara directamente a la política. Porque considerar la planificación, como hace Apel, como un mecanismo *moral-político* es cosa que no se sostiene sino desde una noción sustancialista de la política, como la que preconizó el marxismo, pero jamás desde el principio procedimental de la ética del discurso, que vería en él un instrumento técnico, asumible o no según lo decidieran los afectados tras un diálogo celebrado en condiciones de simetría. Éste sería el momento moral, y no el de la planificación, con lo cual el peligro de «politización», si lo hubiera, consistiría más bien en que se borraría la distinción entre lo público y lo político y las decisiones sobre normas políticas y económicas deberían ser tomadas directamente por los ciudadanos.

Curiosamente, ésta es la impresión que despierta la ética del discurso y por eso parece a algunos sumamente «progre» en su aplicación a la vida social: porque entienden que en el modelo de democracia fundamentado por ella son los afectados quienes tienen que decidir directamente en los ámbitos político y económico; entienden que nuestra ética fundamenta como *idea regulativa* la idea de una democracia participativa, en sí valiosa como forma de vida. Y *esto es falso*, al menos en la opinión de los creadores de esta ética, para quienes la identificación entre las distintas esferas sociales es cosa que sólo pueden hacer los comunitaristas. En una ética postconvencional de principios, por el contrario, la influencia de los afectados en las decisiones que se toman en la esfera política y económica no puede ser más que *indirecta*.

Y en este sentido se ha pronunciado también Habermas de forma bastante más detallada que Apel, aunque no presente nunca el problema como ligado al de una posible aplicación del principio de la ética discursiva a la política, porque considera que la ética sólo puede ocuparse de la fundamentación de dicho principio, y no de su aplicación.

4.2. Un modelo de democracia inspirado en la Teoría del Discurso de J. Habermas

En trabajos recientes traza Habermas algunas pinceladas de lo que podría ser un modelo de democracia inspirado en la Teoría del Discurso[26]. Un modelo semejante, según nuestro autor, debería ir más allá de dos

---

[26] J. Habermas, «Was heisst Sozialismus heute?»; íd., *Faktizität und Geltung*, Suhrkamp, Frankfurt, 1992 (trad. cast.: Trotta, Madrid, 1998).

de los que hoy entran en litigio —el liberal y el comunitario— y representar para la izquierda el consuelo de que todavía le queda un papel que desempeñar. Naturalmente, para una izquierda moderna que cuenta con los rasgos de las sociedades postindustriales, lo cual dificulta enormemente el modo de entender la democracia.

En efecto, si el principio de la ética discursiva se aplicara directamente a la política, la participación de los afectados debería entenderse como *autogobierno*, en el sentido de *ejercicio directo del poder*[27], y, en la medida en que la administración influye en los procesos económicos, deberían ser los afectados quienes decidieran también la vida económica. Sin embargo, en las sociedades complejas el funcionamiento de los diferentes sistemas y de sus relaciones mutuas se ha complicado enormemente, como también los referentes de los dos términos clave para concebir la democracia como autogobierno a través del ejercicio directo del poder —los conceptos de *voluntad del pueblo* y de *soberanía popular*—, lo cual nos obliga a repensar qué sea la participación democrática, contando con los nuevos factores.

En principio, según Habermas, en el concepto mismo de lo político cabe distinguir una doble perspectiva normativo-instrumental entre el *poder creado comunicativamente* y el *aplicado administrativamente*. En la publicidad política —dirá nuestro autor— se entrecruzan dos procesos que van en sentido opuesto: la creación comunicativa del poder legítimo y aquella adquisición de legitimación mediante el sistema político, con la que el poder administrativo deviene reflexivo. ¿Cómo lograr una democratización radical, que exprese hoy «*lo socialista*»?

Según Habermas, adoptando un modelo de relación entre *publicidad democrática* y *administración* semejante al que existe entre administración y economía, y que consiste en una *conducción indirecta*, en una *influencia* en mecanismos de *autoconducción* (por ejemplo, en «ayuda a la autoayuda»). ¿Cómo aplicar este modelo a la relación entre publicidad y administración?

Puesto que el poder político ha de legitimarse comunicativamente —proseguirá Habermas— las razones que proceden del mundo de la vida serán las que racionalizarán las decisiones administrativas, las razones que el poder político podría aducir para justificar la elección de políticas y programas. Por eso la *esperanza de democratización se desplaza hacia la formación de la voluntad del pueblo* en una publicidad abierta y autónoma con respecto al sistema político. ¿Es posible tal autonomización?

---

[27] D. W. Keim, «Participation in Contemporary Democratic Theories. Part. I», *Nomos*, vol. XVI (1975), pp. 1-38.

Para indicar un camino que lleve a tal meta, Habermas cree necesario distinguir dos aspectos en la formación política de la voluntad: la formación política de la voluntad institucionalizada, que lleva a resoluciones, y el entorno de los procesos informales de formación de opinión no institucionalizada, que no está bajo la coacción de tener que llegar a resoluciones, y que consiste en discusiones sobre valores, temas y aportaciones diversas, que quedan flotando libremente. La esperanza de resultados racionales descansa en el juego entre la formación política de la voluntad institucionalizada y las corrientes de comunicación espontáneas. Ello requiere la potenciación de *asociaciones libres*, que canalicen la discusión sobre temas y valores de relevancia para toda la sociedad y que influyan en las decisiones políticas *de modo indirecto*, es decir, desplazando los parámetros de la formación de la voluntad institucionalizada a través del cambio de actitudes y valores.

Llegados a este punto, bueno sería hacer un alto en el camino y formular dos preguntas, cruciales para nuestro tema: este concepto de publicidad que hemos esbozado ¿configura un concepto no vacío de voluntad popular, aunque «des-sustancializado», que pueda aspirar a convertirse en sede de la soberanía y que se construya a través del acuerdo entre los sujetos autónomos que lo posibilitan? En caso de que la respuesta a esta pregunta fuera afirmativa, ¿sería lícito interpretar un modelo semejante como el de una democracia participativa, en la que, en último término, los sujetos autónomos asumirían la responsabilidad de las decisiones políticas?

A mi modo de ver, la respuesta a estas preguntas debe ser negativa, al menos si atendemos a la posición de Apel y muy especialmente a la expresada por Habermas en los trabajos en los que ofrece unas bases para un modelo de democracia, situado más allá del liberalismo y el comunitarismo. Precisamente descubrir la unilateralidad de estos dos últimos modelos nos lleva a concebir la necesidad de un «tercero» que los supere, conservando lo mejor de ambos.

En efecto, coincidiendo con el modelo comunitario, la Teoría del Discurso confiere un papel central a la formación política de la voluntad y de la opinión, pero, frente a él, considera fundamental construir y garantizar un Estado de derecho[28], y no dejar la realización de una política deliberativa en manos de los ciudadanos, sino fiarla a la institucionalización de los procesos correspondientes.

---

[28] Para la distinción entre democracia y Estado de derecho, ver R. Cotarelo, *En torno a la teoría de la democracia*, pp. 13 ss.

Sin embargo, a diferencia del modelo liberal, el nuevo modelo tampoco hace depender exclusivamente la política deliberativa de un sistema de normas constitucionales, que regulan el ejercicio del poder y los conflictos de intereses, porque desea dejar la deliberación política en otras manos que no sean ni las de un actor colectivo —como querría cierto comunitarismo— ni en las de individuos particulares, que funcionan como variables independientes entre sí, al modo liberal.

Allende el *actor único* de determinado comunitarismo, allende el *actor particular* del liberalismo, diseñado según el modelo del «individualismo posesivo» de Macpherson, la Teoría del Discurso cuenta con el concepto de *intersubjetividad*, de una intersubjetividad que se expresa en los procesos de entendimiento y acuerdo, y que se encarna tanto en las deliberaciones institucionalizadas de los cuerpos parlamentarios como en las redes de comunicación de la publicidad política. ¿Compone esta noción de *intersubjetividad*, expresada en los procesos de entendimiento un concepto no vacío de voluntad popular, que constituya la sede de la soberanía y se construya a través del acuerdo entre los *sujetos autónomos*, agrupados en esas redes de asociaciones libres a las que antes hemos aludido?

Para decepción de cuantos se ilusionaron con la esperanza de que la Teoría del Discurso ofreciera un modelo moderno de democracia participativa, situado en un nivel postconvencional, la respuesta es negativa. Incluso la idea de que *los miembros* de las redes de asociaciones ocupan la sede vacante de la soberanía parece a Habermas demasiado concreta, porque tal sede la ocupan aquellas *formas de comunicación sin sujeto* que regulan la formación discursiva de la voluntad y la opinión de tal modo que sus resultados «pueden reclamar para sí la sospecha de razón práctica»: la soberanía popular que se repliega en los procedimientos democráticos y en sus presupuestos comunicativos es en realidad «anónima, carente de sujeto»[29].

La muerte del sujeto se anuncia de nuevo y Habermas comunica el evento como una buena noticia, porque para él significa la muerte del individuo posesivo, configurado por el liberalismo, sin que su desaparición implique la caída en un «colectivismo» de cuño comunitario: la idea de intersubjetividad a la que recurrimos nos permite evitar ambos extremos porque apunta a un tipo de sujeto capaz de guiarse, no sólo por sus intereses privados, sino también por intereses universalizables.

La idea kantiana de que el sujeto puede adoptar el punto de vista de lo universal y de que es en la posibilidad de asumir esta perspectiva

---

[29] J. Habermas, *Faktizität und Geltung*, pp. 600-631; íd., *Die nachholende Revolution*, p. 196.

donde comienza el mundo de lo moralmente correcto y de lo políticamente legítimo, aparece, pues, de nuevo, aunque me temo que Habermas no «explota» suficientemente todas las virtualidades de una noción semejante de sujeto para la configuración de una «democracia auténtica», porque en definitiva el sujeto es únicamente un miembro anónimo de alguna de aquellas asociaciones que se esfuerzan por formar la opinión y la voluntad de los ciudadanos. De ahí que la *participación* de los afectados por las decisiones políticas quede reducida a un doble nivel: al nivel *claramente institucionalizado*, en el que la participación parece consistir en la elección de los representantes entre elites políticas que compiten por el poder y que se hacen responsables de las decisiones[30], y al nivel de unos *procesos informales de opinión*, a través de aquellas asociaciones «formadoras de opinión», en las que cristaliza la publicidad presuntamente autónoma.

Cómo influye esta publicidad en las decisiones del poder administrativo es una cuestión que el propio Habermas expresamente aclara: en forma de *asedio* a una fortaleza, que no se pretende conquistar, sino a la que únicamente se pretende persuadir de que tenga en cuenta las razones que se aportan[31].

5. ÉTICA DEL DISCURSO Y DEMOCRACIA PARTICIPATIVA

Qué queda en este modelo político-social de las aspiraciones de una democracia participativa, en qué consistiría la propuesta de una democracia radical, inspirada en la Teoría del Discurso, son las preguntas obligadas al final de un capítulo que se abrió con ellas y voy a intentar contestarlas resumidamente, según mi buen saber y entender:

1) Si el modelo de democracia participativa exige una participación directa de los ciudadanos en las tomas políticas de decisión, entiéndase esta participación como una exigencia actual o como una meta que debe alcanzarse en el futuro, hemos de reconocer que la Teoría del Discurso no fundamenta una democracia participativa ni como exigencia actual ni como exigencia de futuro. Por desgracia o por suerte, la

---

[30] J. Habermas, *Die nachholende Revolution*, p. 199.
[31] En *Faktizität und Geltung* Habermas matiza su posición, mencionando algunos mecanismos de «democratización» de la administración, que ciertamente no satisfacen las exigencias de una democracia participativa.

idea de una comunidad ideal de comunicación, en la que los afectados deben decidir directamente qué normas tienen por correctas, no es ni siquiera una idea regulativa para el ámbito político, porque la participación directa de los ciudadanos en las cuestiones políticas no es racionalmente aconsejable. Y no sólo porque nuestras sociedades sean millonarias en habitantes, sino porque el subsistema político, en la medida en que se ve obligado a regular intereses en conflicto, debe ser dirigido por los representantes electos del pueblo; de suerte que la distinción entre elites y masa no sólo no *puede* borrarse *de facto*, sino que tampoco debe exigirse su extinción *de iure*.

2) Evidentemente esto supone eliminar una de las metas irrenunciables de la democracia participativa, concretamente el objetivo de lograr en el futuro una igualdad política entre los ciudadanos, y reconocer con los partidarios del elitismo que la desigualdad política es inevitable.

3) Como también supone atentar contra el corazón mismo de cualquier modelo de democracia participativa al aceptar abiertamente que la participación en los distintos ámbitos de la vida social no puede entenderse como una *forma de vida valiosa por sí misma* que ha de ejercerse en cada uno de ellos, ya que al menos en el campo político sólo los representantes están legitimados para tomar directamente las decisiones, mientras que el resto debe limitarse a elegir sus representantes o bien a potenciar asociaciones preocupadas por intereses universalizables[32]. Lo cual significa aceptar, como hizo el elitismo, que la democracia es el gobierno querido por el pueblo y no el gobierno del pueblo.

4) Los únicos rasgos que en este nuevo modelo quedan de los propios de una democracia participativa son *dos*. Por una parte, la constatación de que la democracia no se entiende *sólo* desde el modelo de un contrato social de intereses privados, es decir, únicamente como un instrumento para alcanzar metas privadas, porque hoy el poder político sólo puede legitimarse desde la defensa de *intereses universalizables* y de ahí que se vea obligado a legitimarse también comunicativamente, atendiendo a aquellos intereses que una publicidad autónoma defiende como universalizables.

Por otra parte, el nuevo modelo, aunque no encuentra mecanismos institucionales para ello, insiste en la necesidad de reducir la incuria ciudadana y de incitar al pueblo a integrarse en asociaciones libres, preo-

---

[32] La situación en el ámbito económico es pareja, como muestra J. Conill en *Horizontes de economía ética*, Tecnos, Madrid, 2004.

cupadas por valores, temas y razones que defiendan *intereses universalizables* y que presionen al poder político insititucional desde una «publicidad razonante». Lo cual implica sin duda desoír el consejo schumpeteriano de asegurar la apatía del pueblo y optar por invitarle a participar en la cosa pública. Pero —conviene recordarlo— no directamente a través de mecanismos institucionales, sino desde esa «publicidad razonante», que no puede tener mayor influencia en las decisiones del poder administrativo que la de un ejército de voluntarios, empeñado en sitiar una fortaleza, pero sin ánimo de conquistarla.

De ahí que podamos ir concluyendo que el papel de la ética discursiva y de la Teoría del Discurso en el ámbito político no consiste en exigir la creación de mecanismos institucionales de participación directa de los ciudadanos en las decisiones políticas, porque el mecanismo político de participación sigue siendo el representativo, ni tampoco —al menos explícitamente— en exigir mecanismos claros de limitación y control del poder de los representantes por parte de los ciudadanos. El modelo que ofrecemos sigue siendo elitista o pluralista, aunque no esté dispuesto a compartir explícitamente una antropología según la cual el hombre es un animal interesado primariamente por sus cuestiones privadas, ni se atreva a afirmar abiertamente que en definitiva siempre habrá una diferencia entre las elites y la masa, entre los interesados por la cosa pública y los apáticos.

El único empeño distintivo del modelo de democracia fundamentado desde la ética discursiva, según Habermas, es un empeño moral: se trata de fomentar en el ámbito de la publicidad informal, espontánea y no institucionalizada, una voluntad y una opinión «democrático-radical», es decir, decidida por intereses universalizables; se trata de animar a los ciudadanos que tienen la posibilidad de entrar en los discursos públicos a que favorezcan en ellos intereses generalizables, de modo que los políticos acaben teniendo que tomarlos en cuenta a la hora de justificar sus políticas concretas.

Lo cual significa —a mi juicio— que, aunque el sujeto se desvanezca en mecanismos sin sujeto, es de los sujetos de quienes se espera en último término la radicalización de la democracia: sólo si los individuos tienen la *buena voluntad* de potenciar asociaciones que no se ocupen de intereses grupales, sino generalizables, sólo si se esfuerzan por que el poder político les escuche, sólo si los gobernantes elegidos *tienen la buena voluntad* de escuchar las razones que apoyen intereses generalizables, queda alguna esperanza de democracia radical. Esperanza bien legítima, por cierto, para la tradición de un socialismo neokantiano o para la de un socialismo utópico, que confiaban en una conversión moral, pero no para una ética de la responsabilidad, según la cual importa, no la buena voluntad de los individuos, sino «que lo bueno acontezca».

Una ética semejante, presuntamente superadora de la buena voluntad kantiana, debería urgir la creación de mecanismos a través de los que pueda ejercerse de modo decisivo la autonomía de los ciudadanos. Porque la conversión del corazón es ineludible para construir una comunidad ética, pero una ética de la responsabilidad no debería confiar únicamente en ella para construir una paz perpetua[33].

En cualquier caso viene a mostrarse con estas reflexiones que no hay democracia radical sin sujetos morales. Afirmación grave, sin duda, en tiempos como los nuestros en que se ha venido criticando duramente la idea de sujeto como un producto nefasto de la Modernidad.

---

[33] De ahí que se haga necesario diseñar una forma de «ciudadanía auténtica», de la que pueda surgir la «democracia auténtica». Ésta es la tarea que he intentado llevar a cabo en A. Cortina, *Ciudadanos del mundo*.

8. RADICALIZAR LA DEMOCRACIA DESDE UN NUEVO SUJETO MORAL

1. LA CRÍTICA DEL SUJETO*

Hasta fecha reciente la filosofía francesa invertía buena parte de sus esfuerzos en la «crítica del sujeto»: era menester acabar con lo que se llamaba la «filosofía del sujeto» moderna o la «metafísica de la subjetividad». Dos escuelas rivales compartían esta convicción: los autores de inspiración estructuralista y los de inspiración heideggeriana[1]. Según ellos, la Modernidad, que se configura desde Descartes como una «filosofía de la conciencia», hace depender la construcción de lo real de una idea de sujeto teóricamente errónea y prácticamente nefasta.

El sujeto moderno —podríamos decir, resumiendo las críticas de estos autores— se entiende como caracterizado por dos rasgos —la *autotransparencia* desde la plena autoconciencia y la plena *autodeterminación*—, que le llevan a creerse autosuficiente, dominador de la naturaleza externa e interna, plenamente autónomo. Sin embargo, las conquistas de autores como Marx, Nietzsche, Freud, Heidegger, Bataille, Wittgenstein han mostrado que tal idea de sujeto es infundada, y se abre un triple frente de ataque al menos hacia la figura del sujeto: 1) la crítica psicológica, desenmascaradora del sujeto consciente, practicada por Freud; 2) la crítica filosófico-psicológico-sociológica de la razón instrumental o de la razón que opera en términos de lógica de la identidad y de su sujeto, de la que se hicieron eco tanto Nietzsche como la

---

* Este capítulo tiene su origen en «La reconstrucción del sujeto desde la pragmática formal», en A. Castiñeira (ed.). *La reconstrucción del sujeto*, Acta, Barcelona, en prensa.

[1] Según Heidegger, la dinámica del pensamiento occidental, y en particular el moderno, consiste en ir reprimiendo el pensamiento del *ser* a favor del *sujeto*. Reprimiendo el ser se llega al pensamiento como *representación*: el ser es objetivado, representado por una autoconciencia soberana (como es el caso de Platón, Descartes y Fichte), lo cual conduce a un pensar técnico, representativo y utilitarista que, más que pensar, es calcular. La propuesta de destrucción del sujeto está al servicio del desvelamiento del ser, la superación de la metafísica consistirá en pensar contra la subjetividad. Ver G. Amengual, *Modernidad y crisis del sujeto*, Caparrós, Madrid, 1998; J. Conill, *Ética hermenéutica*, Tecnos, Madrid, 2006.

primera generación de la Escuela de Frankfurt, y muy especialmente Horkheimer y Adorno; 3) la crítica, efectuada en términos de la filosofía del lenguaje, de la razón autotransparente y de su sujeto, fundador de sentido, practicada por Wittgenstein[2].

A esta triple crítica teórica se añade una crítica práctica de envergadura, que consiste en atribuir a esta idea de sujeto fenómenos como el fascismo o el estalinismo[3]. Con lo cual la conclusión es clara: es menester arrumbar la noción de «humanismo» que se basa en una idea semejante de sujeto y sustituirla por un «antihumanismo teórico».

Sin embargo, en el momento actual ha cambiado la situación porque, junto a quienes permanecen en estas posiciones críticas, se elevan voces preguntando quién viene después del sujeto[4], mientras otras proponen buscar una figura inédita de sujeto que, teniendo en cuenta las aportaciones de las posiciones clásicas oportunas, asuma las críticas por ellas recibidas como síntoma de salud. Si es cierto que el sujeto se ha entendido fundamentalmente a la luz de los dos rasgos mencionados —la autotransparencia desde la plena autoconciencia y la plena autodeterminación—, las mencionadas críticas a tal idea de sujeto obligan a rebajar estas pretensiones y a redefinirlo desde instancias más modestas.

2. HACIA UNA FIGURA INÉDITA DE SUJETO

En este intento de diseñar una figura inédita de sujeto, inmune a las críticas heideggerianas y estructuralistas, que tome de las versiones modernas lo que de ellas pueda resultar adecuado, confluyen hoy trabajos como *L'ère de l'individu* de A. Renaut[5], o *El enigma del animal fantástico* de J. Conill[6].

El primero tiene buen cuidado en mostrar que a lo largo de la Modernidad podemos distinguir diversas concepciones de sujeto, alguna de las cuales conviene recuperar para construir una noción adecuada de su-

---

[2] A. Wellmer, «Zur Dialektik von Moderne und Postmoderne», en *Zur Dialektik von Moderne und Postmoderne*, Suhrkamp, Frankfurt, 1985. Para una rigurosa y peculiar intepretación de Nietzsche, ver J. Conill, *El poder de la mentira. Nietzsche y la política de la transvaloración*, Tecnos, Madrid, 1997.

[3] V. Descombes, «À propos de la "critique du sujet" et de la critique de cette critique», *Cahiers Confrontation*, 20 (1989), Aubier, Paris, p. 115.

[4] Como reza el título de los *Cahiers Confrontation* citados en nota 3: «Après le sujet, qui vient?».

[5] A. Renaut, *L'ère de l'individu*, Gallimard, Paris, 1989 (trad. cast.: Destino, Barcelona, 1993).

[6] J. Conill, *El enigma del animal fantástico*, Tecnos, Madrid, 1991.

jeto y de humanismo, mientras que otras deberían abandonarse por defender más un individualismo que un humanismo. El individualismo —iniciado por Leibniz, según Renaut— degenera en subjetivismo y entiende por libertad independencia, de modo que resulta difícilmente conjugable con nociones como «alteridad» o «solidaridad»; mientras que un humanismo como el kantiano muestra en la noción misma de *autonomía* exigencias de alteridad e intersubjetividad, porque la autonomía es «trascendencia en la inmanencia»[7]. De ahí que sea necesario recuperar la noción kantiana de sujeto autónomo, asumiéndola en alguna nueva figura de sujeto, que no sea la del individuo presuntamente autosuficiente, pero que también nos permita superar las dificultades que el kantismo pueda representar.

Precisamente porque las dimensiones de *alteridad* y *autonomía como trascendencia en la inmanencia* se recogen en esa transformación de la filosofía trascendental kantiana que es la filosofía iniciada por Apel y Habermas, propone Renaut acudir a ella en busca de una posible figura de sujeto, adecuada a nuestro tiempo, y superadora a la vez de las lacras del individualismo moderno[8].

Se trata, sin duda, de una propuesta *no individualista* —no solipsista—, que reconoce la *finitud* de los sujetos, que como tales sujetos se reconocen en la interacción lingüística, de modo que la percepción de la *alteridad* es constitutiva para su conocimiento y acción.

En este mismo sentido se pronuncia J. Conill en *El enigma del animal fantástico*, pero atreviéndose a recorrer un buen trecho del camino que Renaut se limita a apuntar al final de su trabajo. En principio propone también Conill recuperar el humanismo ético kantiano, pero en su totalidad y no en la versión alicorta que nos ha llegado habitualmente; se trata de recuperar con Kant las raíces pragmáticas de la razón pura y de adentrarse en un humanismo hermenéutico, que tenga por referencia, no una razón pura, sino una razón experiencial[9]. En este proyecto, partiendo de Kant, nos ayudarán propuestas como las de Gadamer, Levinas, Dussel y, sobre todo, la de Apel, siempre que recuerde que la razón hunde hasta tal punto sus raíces en la experiencia, que incluso las pretensiones de validez del habla, en que la pragmática trascendental cree ver el síntoma de la racionalidad, nacen de la experiencia de la libertad.

---

[7] A. Renaut, *L'ère de l'individu*, pp. 234 y 256. Ver también A. Domingo, *Un humanismo del siglo XX: el personalismo,* Cincel, Madrid, 1985.

[8] Precisamente el título de la obra de Apel *Transformation der Philosophie* (Suhrkamp, Frankfurt, 1973, 2 vols.; trad. cast., Taurus, Madrid, 1985, 2 vols.) se refiere a una transformación pragmática de la filosofía trascendental clásica, fundamentalmente de la kantiana.

[9] J. Conill, *El enigma del animal fantástico*, cap. 4.

De cuanto venimos diciendo creo que podemos concluir que una figura de sujeto abierto a la alteridad, lugar de una cierta trascendencia, consciente de su finitud, podría encontrarse en esa *transformación pragmático-lingüística* de la filosofía kantiana *de la conciencia* que, según Habermas, nos lleva desde un concepto de razón desarrollado en términos de *reflexión* por la filosofía del sujeto moderno a un concepto de racionalidad, desarrollado en término de *comunicación* por la filosofía de la *intersubjetividad*, desde una razón centrada en el *sujeto* a la *racionalidad comunicativa*, del «paradigma» del *conocimiento* del objeto al del *entendimiento entre sujetos*, capaces de habla y acción[10].

Y yo añadiría, por mi cuenta y riesgo, de un concepto de persona caracterizado por la *autonomía entendida como autolegislación monológica* a un concepto de persona cuya autonomía se caracteriza por ser un *interlocutor válido*.

Precisamente porque el nuevo paradigma nos permite transitar desde un concepto de razón desarrollado en términos de reflexión a un concepto de racionalidad elaborado en términos de comunicación, el sujeto no accederá a sí mismo mediante autorreflexión, en el sentido de tener que objetivarse para conocerse. Si con todo ello podemos eludir las críticas sufridas por la filosofía moderna del sujeto, no será tiempo perdido el que empleemos en dilucidar cuál es la estructura de ese nuevo sujeto y en qué medida puede responder a los retos prácticos del presente.

3. El *FACTUM* DE LA AUTONOMIA

La victoria del individuo frente al sujeto que, según Renaut, se gesta a lo largo de la Modernidad, parece preocupar más a nuestro autor desde sus consecuencias prácticas que incluso desde una perspectiva teórica, y tengo que decir que comparto esta preocupación por los efectos prácticos del individualismo, tal como lo hemos descrito. Porque si una figura de sujeto, como la que últimamente hemos apuntado, avala un humanismo que valora la autonomía de los sujetos más que su independencia, de él surgirá también un aprecio por la vida personal y por el espacio público, mientras que un individuo cerrado en sí mismo alumbra un individualismo ético-político construido a partir de la idea de independencia: si la libertad consiste en el disfrute de la independencia privada[11],

---

[10] J. Habermas, *Der philosophische Diskurs der Moderne*, Suhrkamp, Frankfurt, 1985 (trad. cast., Taurus, Madrid, 1989, por la que citaré). Para una puesta en cuestión de que tal superación se produzca en la pragmática no empírica, ver O. Höffe, *op. cit.*, pp. 391 ss.

[11] Ver capítulo 5 del presente libro.

entonces es inevitable la atomización de lo social y la consecuente destrucción del espacio público.

El *humanismo* se situaría, pues, entre el holismo y el individualismo, entre el colectivismo y la atomización. ¿Cuál de estas concepciones da cuenta mejor de la vida social?

Porque, a mi modo de ver, la filosofía práctica ha de tomar como punto de partida la vida social, tal como está constituida, e intentar dar razón de ella en la medida de lo posible. Y en este sentido nos encontramos hoy con un hecho incontestable, al menos —en lo que se refiere a la cuestión del sujeto—, que exige respuestas a la reflexión filosófica: que su actual organización, desde las perspectivas política, jurídica, médica, pedagógica y moral, gira en torno al concepto de *autonomía*.

Y no resulta muy fructífero responder filosófica, científica o literariamente ante tales provocaciones de la realidad diciendo que el sujeto ha muerto y es un mero lugar de estructuras, que es preciso sustituir el «yo pienso» por el «*ça pense*» (Lacan), disolver al hombre en la naturaleza a la que pertenece (Lévi-Strauss), o proclamar, con la muerte del hombre, que no hay autor porque una obra es el producto de un contexto histórico (Foucault).

Claro que es difícil negar el carácter paradójico de una noción de sujeto, pero más paradójico resulta aún responsabilizar a las teorías del sujeto de los crímenes del nazismo y del totalitarismo, si no es porque pensamos que son posibles y deseables sujetos no manipulados, artífices de su propia vida, y que nadie tiene derecho a impedirles diseñarla según su buen saber y entender. Proclamar la necesidad de la muerte del sujeto porque la idea del mismo lleva a manipular a los sujetos, es un sinsentido.

Por eso partiré, al modo trascendental, de un *factum* constitutivo de la vida social: el hecho de que aunque admitamos como ineludibles la contingencia, la contradicción interna y la finitud, contar con sujetos *hasta cierto punto* autónomos, es condición de sentido y validez *de buena parte de nuestra vida*: *de la política democrática*, *del derecho moderno*, *de una praxis médica que no sólo atienda al principio de beneficencia*, *de una idea de investigación no sólo dirigida por técnicos y políticos*, *de una praxis pedagógica orientada a favorecer la formación del propio juicio y no a inculcar doctrinas*.

Ahora bien, por lo que vemos en estos ejemplos el concepto de autonomía es *polisémico*: necesita la idea de democracia el supuesto de que los ciudadanos pueden decidir sobre las leyes de su propio país, siendo en ello iguales; necesita el médico graduar la autonomía del paciente para saber si puede permitirle elegir un determinado tratamiento, si puede dejarle morir por no transfundirle sangre, si el terrorista cuenta con autonomía suficiente como para llevar a término una huelga de hambre sin que el médico intervenga; precisa el investigador en tecnologías de incidencia tal como las genéticas saber hasta qué punto los potenciales afectados por ellas están facultados para tomar decisiones en este ámbito; y necesitan los pedagogos orientación para elegir entre el esclarecimiento de valores, el contagio de actitudes o el desarrollo del juicio moral.

Ante estos problemas de la vida cotidiana más le vale —a mi juicio— a la filosofía, en lugar de escandalizarse por su «banalidad», proceder al modo del trascendentalismo que, partiendo de un *factum* irrebatible, intenta «dar razón de él». Y en este caso se trata de un hecho que nos importa especialmente porque es la exigencia de su ejercicio la que reclama una democracia radical; pero, precisamente porque el término es polisémico conviene saber qué significa *el ejercicio de la autonomía del sujeto en los ámbitos político, médico, ecológico, pedagógico, económico, etc.*, porque su precisión constituye a la vez la *clave de la ética aplicada y de la democracia radical*.

En este capítulo, pues, se diseña el núcleo del presente libro y la articulación que une las dos primeras partes con la tercera, porque *una determinada idea de sujeto autónomo, que ejerce su autonomía en los distintos ámbitos de la vida social teniendo en cuenta sus peculiaridades, es la clave de una democracia radical.*

De ahí que intente en este capítulo: 1) diseñar la figura de sujeto que, a mi juicio, ofrece la pragmática formal y, por tanto, la ética discursiva; 2) esbozar qué se entenderá por autonomía en algunos de los ámbitos mencionados desde la nueva figura de sujeto. Es la última parte del libro la que desarrollará lo que aquí es sólo un esbozo.

4. NUEVO HUMANISMO *VERSUS* NEOINDIVIDUALISMO

Ciertamente puede pensarse que en nuestro momento la oferta de un *neohumanismo* basado en la idea de *autonomía* expresada a través de la figura del interlocutor válido supone resucitar viejos fantasmas de raigambre kantiana, y que más valdría proponer como antídoto frente a la desaparición del sujeto un *neoindividualismo*, más acorde con los signos de los tiempos. Los humanismos se habrían empeñado inveteradamente en destacar una característica de los individuos que les lleva más allá de ellos —como sería el caso de la autonomía entendida como «trascendencia en la inmanencia»—, y acabarían imponiendo deberes a los individuos, que presuntamente surgen de ellos mismos y a ellos se dirigen, pero no por eso dejan de coaccionarles. La autocoacción es a fin de cuentas coacción, y ¿no es más bien cierto que estamos en una época de «postcoacción» y de neoindividualismo, en la que el individuo resulta irrebasable, si bien hay distintas formas de protegerlo, distintos individualismos, no todos ellos igualmente acertados?

Desde esta perspectiva el individualismo sería insuperable y la tarea consistiría en descubrir y potenciar el que resultara más adecuado para proteger a los individuos.

En este sentido se pronuncia G. Lipovetsky en su libro *Le crepuscule du devoir*, al presentar el diagnóstico y también la receta que juzga más adecuada para las democracias liberales[12]. Por lo que hace al diagnóstico, asistimos —según Lipovetsky— a la puesta del sol del deber kantiano, a la muerte de los imperativos categóricos y los mandatos rigoristas, al ocaso de la coacción de que no pueden librarse los humanismos. La nuestra —prosigue nuestro autor— es una sociedad cansada de prédicas maximalistas, que opta, por decirlo con el título del libro de Guyau, por una ética «sin obligación ni sanción»[13], por las «normas indoloras» de la vida ética, que no exigen renuncia y sacrificio, sino diseñar las condiciones éticas (sociales, políticas, empresariales) que conviertan al individualismo responsable en el *éthos* de nuestras sociedades.

Porque el individualismo es insuperable, dado que crece la conciencia de cada hombre de ser sujeto de unos derechos irrenunciables que han de ser protegidos y satisfechos, y cada quien se sabe centro de la vida social. Por eso —según Lipovetsky— en la medicina y en la empresa, en la política y en el medio ambiente crece el individualismo de quienes reclaman sus derechos, de suerte que la exigencia ética es mucho más que una moda: es la resultante lógica de la toma de conciencia por parte de los individuos de sus derechos subjetivos. De ahí que la ética de nuestro tiempo no sea la moral del deber, sino la ética de las instituciones políticas, económicas o jurídicas que, tengan o no los individuos buena voluntad, va imposibilitando que se violen sus derechos. ¿Qué significarían aquí los términos «moral» y «ética»?

Siguiendo la tradicional distinción hegeliana entre «Moralidad» y «Eticidad», la «moral», para la que —según Lipovetsky— carecemos ya de sensibilidad, vendría a identificarse aquí con los mandatos categóricos, con los imperativos rigoristas que exigen para su cumplimiento

---

[12] Sobre la posición de Lipovetsky, ver la tesina de licenciatura de J. M. Ros, «El individualismo de G. Lipovetsky».
[13] J. M. Guyau, *Esquisse d'une morale sans obligation, ni sanction*, Fayard, Paris, 1985.

autorrenuncia, sacrificio, altruismo, mientras que la «ética» se referiría a las instituciones, a los usos y las costumbres que han incorporado determinados valores[14], de modo que los sujetos que viven en tales instituciones no precisan realizar esfuerzos heroicos para vivir éticamente: el heroísmo ha pasado de moda y le sucede una ética *light*.

A la moral pertenecerían, pues, los ideales de la buena intención y la buena voluntad, que a veces tienen el inconveniente de generar consecuencias catastróficas en la práctica, porque quienes los siguen son buenas personas, pero no inteligentes; mientras que a la eticidad corresponderían las normas de conducta inteligentes de las organizaciones y las instituciones, que hacen que los resultados sean buenos, aunque no sea tan buena la intención de quienes participan en ellas.

Frente a la buena voluntad, pues, los buenos resultados; frente al individuo bueno, la institución ética que le obliga a comportarse bien; frente a los bienintencionados, los inteligentes. Pero todo ello al servicio del individuo y de sus derechos subjetivos, que constituyen el sentido de la vida social y la fuente de legitimidad de sus organizaciones.

Ahora bien —prosigue nuestro autor—, si en nuestro tiempo el individualismo es insuperable, también es cierto que hay más de una versión del individualismo y que no todas se pueden medir por el mismo rasero ético. Por lo menos, dos formas se perfilan que entran entre sí en contradicción: un *individualismo responsable*, ligado a reglas morales, a la equidad y al futuro, precisamente porque desea que se respeten los derechos subjetivos de todos los individuos, y el *individualismo irresponsable* de quien afirma «después de mí, el diluvio». El futuro de las democracias se jugaría en lograr que triunfe el individualismo responsable sobre el irresponsable y que vaya configurando un mundo ético de instituciones que proteja a los individuos.

Ciertamente, el diagnóstico y la receta de Lipovetsky son inapelables si de ellos extraemos como consecuencia que la protección de los individuos es la tarea nuclear de cualquier organización social. De hecho el fracaso de los países del Este, que puede atribuirse en muy buena medida a un estatismo colectivista que dejó a los individuos inermes ante un Estado omnipotente, ha sido una lección inolvidable a nivel mundial: *El Cero y el Infinito* de A. Koestler o *La rebelión en la granja* de G. Orwell eran algo más que una fábula, eran la pura descripción del terror estatal

---

[14] G. W. F. Hegel, *Grundlinien der Philosophie des Rechts oder Naturrecht and Staatswissenschaft im Grudrisse*, § 33; W. Kuhlmann (ed.), *Moralität und Sittlichkeit*, Suhrkamp, Frankfurt, 1986, pp. 7-12; A. Cortina, *Ética sin moral*, cap. 4; J. L. L. Aranguren, «Ética comunicativa y democracia», en K. O. Apel/A. Cortina/J. de Zan/ D. Michelini (eds.), *Ética comunicativa y democracia*.

frente al individuo impotente; frente a ese individuo que, después de tan nefastas experiencias, no admite como legítima ninguna forma de organización social que no le tenga por centro y por fuente de legitimación.

Sin embargo, ¿puede un individualismo, por mucho que genere instituciones, dar cuenta del concepto de *autonomía*, tal como está presente en la conciencia moral de nuestras sociedades? ¿Significa «autonomía» únicamente «defensa de los derechos subjetivos individuales», o el hombre autónomo reconoce ya la *alteridad* en la conciencia misma de su autonomía, de suerte que la conciencia de sus derechos es inseparable de la de los derechos de cualquier otro hombre?

A mi modo de ver, el individualismo en sus infinitas versiones[15] es impotente para dar cuenta del concepto de autonomía que constituye un núcleo insoslayable de nuestra vida moral, política, económica, médica o pedagógica[16]. De ahí que urja reconstruir una figura inédita de sujeto autónomo situada a la altura de nuestra conciencia moral, como es la de las personas autocomprendidas como interlocutores válidos, a la vez *irrepetibles* y capaces de *universalidad*. Proteger los derechos de todas las personas exige sin duda la creación de instituciones que cobren su sentido de llevar a cabo esa tarea y tienen que ser, por tanto, «inteligentes», apropiadas para esa tarea de defensa, como pide una ética de la responsabilidad del tipo de la discursiva, a la que importa —como afirma el propio Apel— «que lo bueno acontezca» y no sólo que los hombres tengan buena voluntad.

Pero me importa recordar que, a pesar de Lipovetsky, la buena voluntad de las personas sigue siendo un factor determinante en la moral, ya que, por muchas instituciones que creemos —y es una obligación moral crearlas—, por muchos códigos de conducta que diseñemos —y conviene hacerlo—, si falla la intención de las personas de tomarlos en serio estaremos en el mundo del legalismo que, en buena ley, no garantiza que lo moral se haya incorporado a las instituciones, componiendo el

---

[15] Incluso —creo yo— el individualismo ético defendido por J. Muguerza en *Desde la perplejidad*.

[16] En este sentido, me parece un intento sumamente peliagudo el de F. Savater de mostrar cómo los que viven para sí mismos son los que mejor entienden las razones que hacen indispensable la armonía con los demás (*Política para Amador*, Ariel, Barcelona, 1992, p. 46). En todo caso, entienden las razones para vivir *sin conflictos* con los demás, cosa que suele ir en detrimento de los débiles y de la justicia, porque, en una sociedad en conflicto, apostar por los poderosos y por los usos y costumbres de la mayoría social es el único modo de no tener conflictos.

ethos de un pueblo. Moralidad y eticidad son dos lados irrenunciables de una moral de las personas como interlocutores válidos.

5. LA TEORÍA DEL SUJETO EN LA PRAGMÁTICA FORMAL

Como es sabido, afirman reiteradamente Apel y Habermas haber superado el paradigma de la filosofía de la conciencia, de la filosofía del sujeto, en el *paradigma del lenguaje*[17], ofreciendo así un nuevo fundamento crítico del que careció la *Dialéctica de la Ilustración*. Los lastres que arrastró la «metafísica de la subjetividad» pueden ser abandonados desde una propuesta que ha aceptado, no sólo el «giro lingüístico», sino también el «giro pragmático». Y de entre tales lastres cabría destacar los siguientes: una actitud objetivadora, que se traduciría en razón instrumental, y mostraría suficientemente su incapacidad para la reconciliación; el solipsismo metódico o modo de pensar monológico; la reducción del pensamiento y el lenguaje a exposición, olvidando las funciones expresiva y comunicativa; la sumisión del sujeto, del «sí mismo», a una autoconservación sin *télos,* el impulso de asegurar la propia existencia contingente, como ya denunciara Horkheimer[18]. De esta cuádruple superación surgirá una figura de sujeto, deudora en muy buena medida de la sociología de Durkheim y, sobre todo, de la psicología social de G. H. Mead.

5.1. LA GÉNESIS PSICOSOCIAL DEL SUJETO

En sus *Erläuterungen zur Diskursethik* nos informa Habermas expresamente de que el concepto de sujeto propio de la teoría de la comunicación se halla expuesto en un apartado de *Pensamiento postmetafísico*, concretamente en el que lleva por título «Individuación mediante socialización. Sobre la teoría de la subjetividad de G. H. Mead». Es, pues, considerando el proceso de socialización por el que devenimos individuos como vamos a entrar en el concepto de sujeto propio de la teoría de la comunicación, como ocurre también en *Teoría de la acción comunicativa*.

---

[17] La desaparición del sujeto y su sustitución como paradigma filosófico por el del lenguaje se anuncia, sobre todo, desde el estructuralismo, basándose en la lingüística de Saussure, y desde la heideggeriana filosofía del ser. Ver para ello G. Amengual, «Modernidad: progreso o final del época».

[18] M. Horkheimer, «Vernunft und Selbsterhaltung», en H. Ebeling (ed.), *Subjektivität und Sebsterhaltung*, Suhrkamp, Frankfurt, 1976, pp. 41-75.

Mead, como es bien sabido, propicia en *Espíritu, persona y sociedad* una *fundamentación genética* de la ética del discurso, «psicosocializando» la intuición kantiana del universalismo ético deontológico, y desde tal fundamentación, ya que «somos lo que somos gracias a nuestra relación con los otros», la socialidad se constituye como fuente de la universalidad de los juicios éticos. A medida que el lenguaje se imponga como principio de socialización, las condiciones de socialidad convergen con las de intersubjetividad creada comunicativamente[19].

En efecto, para Mead el contenido de las normas morales es siempre social porque motivos y fines de acción dependen siempre de interpretaciones dependientes de la tradición, en cuyo caso el actor individual no puede ser instancia última en el desarrollo y revisión de las interpretaciones que hace de sus necesidades, sino que ha de contar con la *idea del discurso universal*[20]. Habermas, por su parte, insiste —en la misma línea— en que si los individuos se socializaran como miembros de una comunidad ideal de comunicación, adquirirían una identidad de doble aspecto: una *autonomía*, porque se desenvolverían en un marco de referencia universalista, y la *autorrealización*, porque siendo autónomos tienen iguales oportunidades de desarrollarse en su subjetividad y particularidad. De ahí que los dos aspectos de la identidad del yo —autodeterminación y autorrealización— revelen una referencia implícita a las estructuras de una comunidad ideal de comunicación[21].

Sin embargo, y aún aceptando la explicación que Mead ofrece del proceso por el que devenimos personas, conviene recordar que la idea de sujeto de la que trata la pragmática formal no es propiamente la de un sujeto psicológicamente observado, porque el problema que nos preocupa no es el de la *génesis* de la dimensión moral, sino el de la *validez* de las normas. Para lo cual debemos transitar del nivel genético al de los presupuestos pragmáticos contrafácticos del habla.

5.2. LA DOBLE DIMENSION DEL SUJETO: AUTONOMIA
    Y AUTORREALIZACION

Mientras la subjetividad —nos dirá Habermas— se piense desde la *filosofía de la conciencia* como ese espacio interior en que tienen lugar

---

[19] G. H. Mead, *Espíritu, persona y sociedad*, 3.ª ed., Paidós, Buenos Aires, 1972.
[20] Ibíd., sobre todo pp. 381 ss.; J. Habermas, *Theorie des kommunikativen Handelns*, Suhrkamp, Frankfurt, 2 vols., 1981 (trad. cast., Taurus, Madrid, 1987, por la que citaré; en este caso II, p. 137).
[21] J. Habermas, *Teoría de la acción comunicativa*, II, p. 139.

las representaciones y que sólo se abre cuando el sujeto que se representa objetos se vuelve sobre su propia actividad representativa, lo subjetivo sólo le resulta accesible como objeto de la autoobservación o introspección, lo cual conduce a las dificultades clásicas de interpretar la autoconciencia en términos bien de autorreferencialidad, bien de familiaridad. Por el contrario, en el *paradigma de la pragmática lingüística* el sujeto no aparece como un observador, sino como un *hablante que interactúa con un oyente*. La apertura a la alteridad y el rechazo del individualismo solipsista son aquí radicales, porque me aparezco como un *alter ego* de otro *alter ego*, de modo que la categoría básica para interpretar al sujeto no es la de *la conciencia de autodeterminación*, sino la de *reconocimiento recíproco de la autonomía, simbólicamente mediado*[22]. Ello nos permite acuñar un nuevo modo de entender las relaciones entre «yo», «individuo», «sujeto» y «autonomía», de suerte que el sujeto no es la conciencia en general, ni la persona se identifica sólo espacio-temporalmente, ni el individuo es sólo lo indeducible a partir de lo universal.

En efecto, el significado de «yo» en su empleo realizativo es una función de cualesquiera actos ilocucionarios: el hablante se refiere a sí mismo *in actu* como hablante al adoptar la perspectiva del otro y considerarse a sí mismo como *alter ego* de un prójimo, como segunda persona de una segunda persona. El significado realizativo del «yo» ha de poder acompañar a todos mis actos de habla[23], de modo que el hablante pueda autodenominarse «yo», ya que tal expresión deíctica no tiene sólo el sentido de referirse a un objeto, sino que en una acción comunicativa expresa la actitud pragmática desde la que el hablante se manifiesta.

El significado realizativo de «yo» expresa pragmáticamente *toda una estructura del sujeto* que puede hacer uso de tal expresión, porque al decir «yo» quiero manifestar que no sólo puedo ser identificado espacio-temporalmente por observación, sino que para mi existen un *mundo subjetivo*, al que tengo un acceso privilegiado, y un *mundo social*, al que pertenezco[24]. Lo cual me abre a la vez una intransferible *dimensión individual* y una *dimensión personal, común a cualquier interlocutor virtual*. Porque quien dice «yo» cree gozar de una identidad como persona, cree ser una clase de persona (no sólo cuantitativa, sino cualitativa) irreductible a otras: yo puedo ser caracterizado *genéricamente* como per-

---

[22] J. Habermas, *Nachmetaphysisches Denken*, Suhrkamp, Frankfurt, 1988 (trad. cast. Madrid, Taurus, 1990, por la que citaré; la referencia del texto es de la p. 210).
[23] J. Habermas, ibíd., p. 228.
[24] J. Habermas, *Teoría de la acción comunicativa*, II, pp. 147-150.

sona capaz de actuar autónomamente y como *individuo*, que se realiza a través de una biografía única[25].

Las *dos dimensiones* que constituyen al sujeto que realizativamente se autodenomina «yo» son la *autonomía personal* y la *autorrealización individual*, lo cual va a tener una decisiva trascendencia para aquellos ámbitos de la vida social que mencionaba en el apartado anterior y que precisaban presuponer la noción de autonomía para dar sentido y validez a buena parte de sus principios. Y va a tener una importancia decisiva para nuestro libro porque, entendiendo al sujeto como articulación de estas dos dimensiones, va a defender: 1) que la clave de una democracia radical viene constituida por los sujetos así entendidos; 2) que la articulación entre autonomía y autorrealización da a luz la articulación entre éticas de mínimos y éticas de máximos; 3) que las éticas de mínimos se ocupan sólo de la autonomía, es decir, de la dimensión universalizable y exigible del fenómeno moral; 4) que las éticas de máximos amplían sus pretensiones a invitar a los sujetos a emprender determinados caminos de autorrealización; 5) que el par «*universalmente exigible*» - «individualmente invitable» se corresponde con la distinción entre «*lo justo*» y «*lo bueno*» a que hemos aludido anteriormente; 6) que, en consecuencia, no podemos disolver la distinción entre las *cuestiones morales de justicia y las de beneficencia*; 7) *que esta distinción preside el hacer todo de la ética aplicada y es indispensable para construir una democracia radical*.

Pero antes de pasar a mostrar la relevancia de esta articulación en la siguiente parte del libro, intentaré analizar qué significa autonomía en la propuesta que nos ocupa.

5.3. Un concepto transformado de autonomía

5.3.1. *Irrebasabilidad de la intersubjetividad*

El concepto kantiano de autonomía ha sido criticado, entre otras razones, por limitarse al ámbito moral. Y es ésta una crítica que la pragmática no empírica supera porque entiende la autonomía a distintos niveles, el primero de los cuales es *pragmático-lingüístico*.

En efecto, en la acción comunicativa el oyente presupone al hablante (para que la acción tenga sentido) la capacidad de elevar pretensiones

---

[25] Ibíd., II. p. 146.

de verdad proposicionales, de veracidad subjetiva y de corrección normativa, como también la capacidad de resolver —en su caso— argumentativamente las pretensiones de verdad y corrección; mientras que el hablante presupone al oyente la capacidad de responder de sus actos, en cuanto le exige tomar postura con un «sí» o con un «no» a la oferta que comporta el acto de habla.

La autonomía, por la que nos reconocemos como personas, es, pues, descubierta en las situaciones concretas de habla, inmanente a la praxis vital, pero trasciende tales contextos concretos en la medida en que las pretensiones de validez los desbordan en su aspiración universalizadora.

Los hablantes competentes, *los interlocutores válidos* son reconocidos como *personas*, porque —por decirlo con Apel— «en todas sus acciones y expresiones son interlocutores virtuales, y la justificación ilimitada del pensamiento no puede renunciar a ningún interlocutor y a ninguna de sus aportaciones virtuales a la discusión»[26]. De ahí que la categoría básica en el paradigma comunicativo no sea propiamente la de sujeto, sino la de «subjetividad/intersubjetividad», que aflora en el reconocimiento recíproco de la autonomía de hablante y oyente. Con ello entramos en un *segundo nivel de la autonomía*, referido ahora sólo a una de las pretensiones de validez: *la de corrección*.

En efecto, en uno de sus más recientes trabajos reconoce Habermas que, desde el punto de vista moral, es autónoma la voluntad que se orienta por aquello que todos podrían querer y es práctica la razón que piensa como producto de una voluntad legisladora todo lo que está justificado de acuerdo con un juicio imparcial[27]. Voluntad y razón práctica adoptan, pues, como es costumbre en la tradición kantiana el punto de vista de la universalidad, pero ahora el punto de partida no es la noción de sujeto, sino la de subjetividad/intersubjetividad, de modo que para comprobar que una norma es universalmente válida o, lo que es idéntico, moralmente correcta, es preciso que todos los *afectados* por ella, *como interlocutores válidos* que son, estén dispuestos a darle su *consentimiento*, tras un diálogo celebrado en condiciones de simetría, porque autónomamente reconocen que la norma satisface, no intereses particulares o grupales, sino *intereses universalizables*.

El cambio de paradigma —de la conciencia al lenguaje considerado en su triple dimensión— parece, pues, permitirnos transitar del «*yo pienso*» al «*nosotros argumentamos*», con lo que se supera toda tentación solipsista, de modo que la intersubjetividad resulta irrebasable. Y en este sen-

---

[26] K. O. Apel, *La transformación de la filosofía*, II. pp. 380-381; A. Cortina, *Razón comunicativa y responsabilidad solidaria*, cap. 6.
[27] J. Habermas, *Erläuterungen zur Diskursethik*, Suhrkamp, Frankfurt, 1991.

tido es en el que Apel ha tenido buen cuidado en destacar en qué medida su «transformación postmetafísica»[28] de la ética kantiana elude las aporías de una ética que parte de un «principio subjetivo», en el sentido del solipsismo metódico, y nos lleva a reconocer la irrebasabilidad de la categoría de intersubjetividad. Sin embargo, no es menos cierto —creo yo— que la subjetividad es igualmente irrebasable en el paradigma del lenguaje.

5.3.2. *Irrebasabilidad de la subjetividad*

1) En efecto, el solipsismo —como Apel afirma— conduce al *Yo pienso* como punto supremo de la reflexión en el ámbito teórico, es decir, a la unidad de la conciencia del objeto y de la autoconciencia, pero es incapaz de acceder a un punto supremo en el ámbito práctico, porque en él no puede aplicarse la deducción trascendental en el mismo sentido que en el ámbito teórico, sino que es preciso contentarse con un «hecho de la razón»[29]. Ya que en el «Yo pienso» kantiano, como es común a la filosofía de la conciencia hasta Husserl, no está incluida una dimensión trascendental de intersubjetividad, los otros «yoes» no aparecen en función trascendental: teóricamente quedan considerados como objetos, prácticamente, como entidades racionales metafísicamente co-inteligibles. La autonomía de los sujetos de la acción moral no es entonces trascendentalmente presupuesta como perteneciendo a las condiciones de sentido del pensamiento, en tanto que argumentación. Y aquí es donde Apel ve la superación del paradigma de la conciencia por el del lenguaje, porque, sustituyendo el apriori irrebasable del «Yo pienso» por el del «Yo argumento», tenemos que suponer que la intersubjetividad del discurso es irrebasable porque es la única posibilidad que queda a los hombres para resolver sin violencia los conflictos acerca de las pretensiones de validez.

Ahora bien, Apel insiste en presuponer que los participantes en el discurso están interesados en la solución de las cuestiones sobre la validez, es decir, que quieren dialogar *en serio*. Hasta el punto de que, según él, «todo depende de una "reflexión estricta"». Y como ya decía Wittgenstein: "un ángel bueno tiene que estar presente siempre" —también en el discurso filosófico»[30] ¿No significa esto en definitiva —pienso

---

[28] Para un concepto de «metafísica» más adecuado que el que mantienen Apel y Habermas, ver J. Conill, *El crepúsculo de la metafísica*, Anthropos, Barcelona, 1988.
[29] A. Cortina, «Estudio preliminar» a I. Kant, *La Metafísica de las Costumbres*.
[30] K. O. Apel, *Teoría de la verdad y ética del discurso*. Ver también W. Kuhlmann, *Reflexive Letztbegründung*, Freiburg/München, 1985; «Fundamentación de la ética del discurso», en K. O. Apel/A. Cortina/J. De Zan/D. Michelini (eds.), *op. cit.*, pp. 118-131; *Sprachphilosophie, Hermeneutik, Ethik*, Königshausen, Würzburg, 1992.

yo— que todo depende de que los sujetos de la argumentación hagan la opción de argumentar *en serio*?, ¿no significa dejar de nuevo las decisiones últimas en manos de los sujetos, de suerte que la subjetividad es —como querría J. Muguerza— irrebasable?[31].

2) Suponiendo que los interlocutores argumenten en serio, el cambio de paradigma nos permite acceder a la unidad de la interpretación (no de la conciencia) entre sujetos (no entre sujeto y objeto) en un «nosotros argumentamos». No es preciso, pues, a un sujeto universalizar monológicamente para comprobar si la inmanencia refleja bien la trascendencia, porque lo común es argumentativamente comprobable mediante un diálogo celebrado en condiciones de racionalidad.

La capacidad de las máximas para convertirse en leyes morales se sustituye por la capacidad de las normas para ser consensuadas por parte de todos los afectados por ellas. Sin embargo, cabe poner en duda —creo yo— que esta capacidad de alcanzar consensos a la luz de lo que todos podrían querer resuelva ciertas aporías kantianas y, entre ellas, la que nos lleva a preguntarnos si los interlocutores han de ser reconocidos como personas por el mero hecho de estar afectados por las normas o por creerles capaces de asumir la perspectiva de la universalidad.

Porque, según Apel y Habermas, este nuevo concepto de sujeto nos permite superar la separación kantiana entre los dos mundos, ya que ahora la autonomía no consiste en la represión de los intereses empíricos de cada sujeto, sino que el contenido del discurso práctico son los intereses de los individuos, insertos en la historia y en contextos concretos.

Sin embargo, a mi modo de ver, la situación no ha cambiado tanto como se pretende, en primer lugar, porque ahora las personas —los interlocutores— han de adoptar también una *doble perspectiva*: la de aquellos de sus intereses que no son generalizables y la de los que sí que lo son, consistiendo la opción moral en pronunciarse por los universalizables; y, en segundo lugar, porque si intentáramos adscribir de nuevo dignidad a las personas, la pregunta que Kant y tantos otros dejan abierta tampoco aquí puede cerrarse: ¿tienen que ser reconocidos como personas los interlocutores por ser *afectados con capacidad de decisión* o porque son *capaces de asumir la perspectiva de la universalidad*?

3) En cualquier caso, lo no desvelable en el discurso —las intenciones— sigue siendo esencial cuando se trata de fundamentar racionalmente exigibilidad moral, porque un sujeto sólo se siente obligado moralmente si él cree que una norma sería aceptada por todos los afectados en condiciones de racionalidad. Con lo cual, tras haber recurrido

---

[31] J. Muguerza, *Desde la perplejidad*.

a la intersubjetividad social, se verá obligado a hacer un *experimento mental* y recurrirá a lo que él entiende que decidiría una comunidad ideal en condiciones de *racionalidad*.

Y así ha tenido que reconocerlo el propio Apel, quien aclara que su propuesta se encuentra situada entre el comunitarismo-colectivismo y el autonomismo monológico de la conciencia, ya que la autonomía de la conciencia del individuo se conserva en el «nuevo paradigma», en la medida en que el individuo tiene que comparar cada resultado fáctico de un consenso real con lo que piensa que se decidiría en un consenso ideal, pero lo que no puede hacer es ni renunciar al discurso para la formación real del consenso, ni interrumpirlo apelando al punto de vista de su autonomía, ya que si lo hiciera no estaría apelando a su *autonomía* sino a su peculiar *idiosincrasia*. Por tanto, la autonomía de la conciencia se mantiene, sólo que para su formación es indispensable el diálogo y la búsqueda de correspondencia con una intersubjetividad racional[32].

4) Por otra parte, me he referido hasta ahora a la autonomía, es decir, a la dimensión moral universalizable, argumentativamente decidible. Sin embargo, creo que las dimensiones de autodeterminación y autorrealización no pueden entenderse ambas como referidas a una idea de intersubjetividad racional en el mismo sentido, ni psicosocial ni trascendentalmente, porque es importante distinguir entre aquellos *intereses que son defendibles con argumentos* y, por tanto, deben ser aceptados por los demás interlocutores, y aquellos que, *por pertenecer a la propia idiosincrasia, no tienen por qué defenderse con el tipo de argumentos que busca internamente un consenso racional* y, por tanto, no tienen por qué someterse a la prueba del consenso.

Frente a Habermas, para quien «el que juzga y actúa moralmente ha de poder esperar el asentimiento de una comunidad ilimitada de comunicación, el que se realiza en una biografía asumida en responsabilidad ha de poder esperar el reconocimiento de esa misma comunidad»[33], creo que la biografía o, por decirlo con MacIntyre, esa unidad narrativa inserta en tradiciones, a cuya luz cobran sentido acciones y decisiones, no precisa ser justificada con argumentos ante la misma comunidad racional que juzgaría acerca de la corrección de normas. Porque las decisiones biográficas necesitan *sentido*, no argumentabilidad o corrección intersubjetivable, precisamente porque el acceso privilegiado del sujeto a

---

[32] K. O. Apel, obra citada en nota anterior, pp. 161-162. Para el concepto de «conciencia moral» ver C. Gómez. «Conciencia moral» en A. Cortina (comp.), *Diez palabras clave en ética*, VD, Estella, 1994, pp. 17-70.

[33] J. Habermas, *pensamiento postmetafísico*, p. 231.

su propio mundo subjetivo excluye la posibilidad de que las elecciones biográficas se sustenten en «mejores razones» en el sentido de la universalizabilidad.

Una biografía necesita sentido para el que la vive, como también la aceptación de aquellos cuya estima le merece crédito por «razones» no universalizables[34]. Y ésta es una parte sustancial del mundo moral del sujeto, del que forman parte el sentido, la valoración y las preferencias, que aprende por supuesto en un mundo vital compartido, pero por los que *él* opta. Por eso conviene seguir manteniendo aquella distinción entre *éticas de mínimos normativos universalizables*, que pueden ser defendidos con argumentos alcanzando intersubjetividad o, lo que es idéntico, objetividad, y *éticas consiliatorias de máximos*, referidas a la peculiar idiosincrasia de los individuos y los grupos, que han de ser respetadas en la medida en que no violen los mínimos universalizables. Porque la ética de mínimos, fundada en la noción de *autonomía*, exigirá respetar los ideales de *autorrealización* de los individuos y los grupos, siempre que no atenten contra los ideales de los demás hombres. Y de esto son «merecedores», de esto son dignos como interlocutores válidos.

El concepto de dignidad, nunca trabajado por Apel y Habermas, puede cobrar aquí —creo yo— su sentido literal, al descubrir que cualquier interlocutor válido es digno de ser atendido, merece serlo, en la toma de decisiones sobre normas que le afectan. Porque el término «dignidad» es sumamente ambiguo y debe ser traducido en cada campo respondiendo a la pregunta «¿digno de qué?».

6. DIVERSOS USOS DEL TÉRMINO «AUTONOMÍA»

6.1. EL ÁMBITO POLÍTICO

Desde una figura de sujeto como la descrita cabe decir que la autonomía capacita al sujeto para ser reconocido como persona, sujeto de «derechos humanos»[35] y capaz de asumir en el ámbito político la perspectiva de la universalidad, de modo que en este nivel la autonomía no puede tomarse como graduable.

Esto implica reconocer que: 1) en el ámbito político los expertos han de comportarse como asesores y los políticos como gestores, mientras

---

[34] Ver también para este punto M. Kettner, *op. cit.*
[35] A. Cortina, *Ética sin moral*, cap. 8.

que son los afectados por las decisiones quienes han de tomar las decisiones últimas, de modo mediato o inmediato; 2) el supuesto de la autonomía no es graduable, de modo que ningún grupo humano adulto puede ser exceptuado de su ejercicio.

6.2. EL ÁMBITO MORAL

Desde el punto de vista moral entiende nuestra propuesta por «autonomía» una capacidad, igual en todos los seres dotados de competencia comunicativa, de asumir la perspectiva de la universalidad a la hora de justificar normas de acción, a través de la participación en diálogos; siempre —pienso yo— que el punto último irrebasable sea el juicio de conciencia de un sujeto, que tiene la norma por racionalmente consensuable y se siente, por tanto, *exigido por ella*.

Si esta dimensión de interioridad se disuelve, también se desvanece la normatividad moral y no queda sino la jurídico-política. Y en lo que hace al estilo de vida que un sujeto elige —a sus proyectos de autorrealización—, no necesita justificarlos argumentativamente ante ninguna comunidad, ni siquiera ideal, para que configuren una vida con sentido.

6.3. EL ÁMBITO MÉDICO

Desde el punto de vista médico es cierto que el «descubrimiento» de la autonomía ha ido sugiriendo: 1) la idea de que el paciente es un sujeto capaz de y legitimado para tomar decisiones acerca de cuestiones que le son vitales, y 2) la idea de que los científicos —médicos en este caso— no tienen derecho a arrebatarle tales decisiones, salvo en los casos en que el grado de autonomía del paciente no sea suficiente como para dejar la decisión en sus manos.

Sin embargo, el mismo hecho de hablar en este segundo caso de «graduación» nos lleva a sospechar que este segundo concepto de autonomía no es el mismo que aquel por el que se ha llegado a tener al enfermo por un interlocutor válido. Porque del paciente no se espera que indique qué normas tiene por correctas —por consensuables por todos los afectados—, o qué máximas tendrá por leyes morales —por universalizables—, sino que *tome una decisión única en un contexto irrepetible*. Las normas y leyes pretenden valer para regular acciones semejantes, mientras que la decisión que ha de tomar el paciente depende de su biografía, de su *páthos* actual, de su relación con el entorno, de su jerarquía de valores, y es, por la concurrencia de éstos y otros factores, única.

«Autonomía» en este caso significa, a mi modo de ver, madurez psicológica y ausencia de presiones externas (sociales) o internas (el dolor mismo) suficientes para decidir de acuerdo consigo mismo. Y este «consigo mismo» puede precisarlo en primer lugar el paciente en una situación psicológica adecuada, porque él tiene un acceso privilegiado a su propia subjetividad, a sus proyectos de autorrealización.

Puesto que el respeto a tales proyectos implica en este caso determinadas actuaciones por parte de otros, creo que en este caso se trataría más bien del ejercicio de la «libertad legal» que de la libertad moral, en sentido kantiano en ambos casos[36].

Sin embargo, y como veremos más adelante[37], el hecho de que las normas de la asistencia sanitaria impliquen universal validez supone que deben ser decididas por los afectados por ellas, lo cual exige la creación de comités éticos, en los que participen, además del personal sanitario, representantes de los afectados. Naturalmente tales comités estarían constituidos en principio por representantes (eticistas, sacerdotes, juristas, miembros «laicos»), pero potenciar su creación es el modo de mostrar que la autonomía de los pacientes, actuales o virtuales, exige tenerlos en cuenta en la decisión de las normas que les afectan.

6.4. EL ÁMBITO PEDAGÓGICO

Desde el punto de vista pedagógico, ayudar a desarrollar las capacidades de autonomía y autorrealización supone potenciar la actitud dialógica en un doble sentido: en el intersubjetivo, que propone la ética dialógica, y en el intrasubjetivo, en el que un sujeto se pregunta por sus irrepetibles proyectos de felicidad[38]. Sin embargo, de desarrollar este boceto de topografía del concepto de autonomía vamos a ocuparnos en los siguientes capítulos del libro[39].

---

[36] I. Kant. *Über den Gemeinspruch: Das mag in der Theorie richtig sein, taugt aber nicht für die Praxis*, VIII, p. 290.
[37] Ver capítulo 14 de presente libro.
[38] J. L. L. Aranguren, Prólogo a A. Cortina, *Ética mínima*, p. 16.
[39] Para el desarrollo del concepto de autonomía en el ámbito pedagógico, ver cap. 13.

9. IDEAL PARTICIPATIVO Y SOCIEDAD CIVIL

1. EL IDEAL DEL PARTICIPACIONISMO

El hombre —los hombres concretos de carne y hueso— son la medida, si no de todas las cosas, al menos de los sistemas sociales[1]. Y si bien es cierto que las estructuras sociales resultan ser genéticamente anteriores a los individuos concretos, no lo es menos que las estructuras son transformables y deben ser transformadas cuando no respetan a sus portadores, sino que los ahogan, como viene ocurriendo a lo largo de la historia humana. Lo cual no significa hablar de utopías y revoluciones totales, pero sí recordar que hay injusticia mientras sean despreciados «sistemáticamente» —es decir, por los sistemas— muchos, algunos, un hombre de carne y hueso.

Sin embargo, medir la injusticia no es fácil si no contamos con algún canon de medida, canon que resulta complejo encontrar en una época que rechaza la antropología metafísica[2] y también la filosofía de la historia: si no puede apelarse a una esencia del hombre ni tampoco a un progreso histórico en la emancipación, ¿dónde encontrar la medida de lo justo?

En capítulos anteriores hemos aludido a propuestas como las del liberalismo político, el racionalismo crítico o lo que hemos llamado un «socialismo democrático liberal», que conjugaría los esfuerzos —en lo que a la filosofía hace— de una ética del discurso y de la aportación de M. Walzer referida a la separación de esferas y los distintos modelos de justicia correspondientes a ellas. Desde este conjunto descubríamos una *mínima concepción de hombre*, que podríamos caracterizar como un *interlocutor válido*, facultado para *decidir* sobre la corrección de normas que le afectan, *movido por intereses* cuya satisfacción da sentido a la existencia de normas, capacitado para tomar decisiones desde la perspectiva de *intereses generalizables*. Con ello se nos muestran los hom-

---

[1] Ver también F. Savater, *Política para Amador*, Ariel, Barcelona, 1992, p. 110.
[2] Para una concepción «postmoderna» de metafísica, sin embargo, ver J. Conill, *El Crepúsculo de la metafísica*.

bres como seres capaces de *autonomía*, capaces de *proyectos vitales* y dotados de un *sentido de la justicia*.

Que con estas caracterizaciones no estemos bosquejando la esencia del hombre no significa que éste no sea el tipo de racionalidad humana ganado de forma irreversible a través de un proceso de evolución social. De modo que *sistemas sociales que impidan el desarrollo de estas capacidades resultan inhumanos*.

Y ésta es —a mi juicio— la razón última de esa crítica recurrente que los defensores del participacionismo lanzan contra los partidarios de la democracia representativa: que no perciben que las características humanas a que he aludido se vean potenciadas por un sistema político de democracia representativa. Y, ciertamente, llevan razón. Pero también habría que añadir, frente a aquellos participacionistas que identifican sistema político y sistema social, y exigen realizar las cualidades mencionadas en el sistema político porque —a su juicio— no quedan más ámbitos sociales públicos, que la sociedad civil es también dimensión pública de la sociedad y que en ella las personas pueden y deben ejercer su autonomía y defender intereses generalizables, teniendo una participación social significativa.

Realizar el ideal participativo exige entonces cambiar el concepto de sociedad civil legado por la herencia hegeliana, que ha puesto exclusivamente en manos del Estado la defensa de intereses universales y le ha dotado, en consecuencia, de un prestigio moral que no merece, si, a fin de cuentas, como se muestra por las realizaciones, el Estado no es de hecho el lugar de intereses universales, sino de equilibrio de intereses sectoriales en conflicto. Sectores de la sociedad civil —los que se interesen por lo universalizable— tendrían entonces que asumir un protagonismo moral e ir explicitando, sacando a la luz pública, lo que en la conciencia moral de nuestro tiempo está implícito: que el mundo humano puede y debe ser algo más que el equilibrio de intereses sectoriales en conflicto. Y ésta parece ser la exigencia de nuestro momento, siguiendo el péndulo de la historia.

2. EL PÉNDULO DE LA HISTORIA[3]

Parece ser ley de la historia que las preferencias sociales vayan cambiando pendularmente por causas tanto exógenas como endógenas, de modo que —en lo que ahora nos importa— en determinadas épocas se

---

[3] Este apartado y los siguientes del presente capítulo tienen su origen en «La ética de una nueva sociedad civil; de los derechos a las responsabilidades», *Sal Terrae*, n.º 958 (1993), pp. 423-436.

perfilan marcadas preferencias por la vida privada mientras que otras se decantan por la vida pública. En estos cambios desempeña sin duda un papel esencial la decepción que una y otra acaban produciendo a la hora de buscar una existencia plena, porque es la decepción por la vida privada la que nos lleva a la vida política y sólo el desencanto de la política nos devuelve al interés por la sociedad civil.

Obviamente, puesto que de preferencias sociales se trata, se encuentran en cada época calificadas con toda una carga de supuesta racionalidad y ética, ya que la opción en boga por la vida privada o por la vida política aparece a la opinión publicada como más *racional* y/o más *moral* que su adversaria y por eso los disidentes son considerados como irracionales y, según los casos, como inmorales.

Sinnúmero de cronistas puede recordarnos cómo los demócratas atenienses del Siglo de Pericles tenían por «idiota» a quien, abandonando la discusión sobre la cosa pública en la asamblea, se retiraba a sus asuntos privados, porque renunciaba a su condición de ciudadano, que era lo más que un hombre podía ser. Mientras que los siglos XVII y XVIII descubrieron que buscar los intereses privados es una forma legítima de conducta, que puede resultar preferible a participar en los asuntos públicos. En definitiva —como recordábamos con Constant— son los pobres quienes se ven obligados también a gestionarse sus problemas públicos, mientras que los ricos se dedican a su vida privada y pagan gestores que les lleven los negocios públicos. Así nacería el ideal del gobierno representativo frente al participativo: como una posibilidad, ofrecida por el crecimiento de la riqueza en el mundo moderno, de pagar gestores —representantes— que nos permitan dedicarnos a lo que —según se decía— verdaderamente nos gratifica.

Claro que no necesitamos cronistas quienes vivimos los años sesenta de nuestro siglo XX para recordar un nuevo cambio de signo en las preferencias sociales. Los ideales de emancipación empujaban a quienes deseaban llevar una vida plenamente humana a comprometerse en la transformación de las estructuras a través de la opción política, relegando en ocasiones a un segundo plano aquella transformación, de la que no sólo la Biblia, sino filósofos como Kant hablaban: la conversión del corazón[4]. Era la conversión del corazón cosa de la moral privada, intimista; el cambio estructural, cuestión de la moral pública, y aunque ambas fueran en buena ley inseparables, la opción por el cambio de estructuras parecía más urgente por su alcance, más digna por su preten-

---

[4] I. Kant, *Die Religion innerhalb der Grenzen der blossen Vernunft*, VI.

sión de universalidad. ¿Cómo no ver en toda esta historia un esquemático relato de «buenos y malos», cuya fidelidad conviene investigar? Y conviene investigarlo porque, al hilo de la Modernidad, las dos caras de la moneda social —lo *público* y lo *privado*— se han ido identificando respectivamente con lo *político-estatal* y con la *sociedad civil*, repartiéndose además entre ellos una serie de rasgos que fueron caracterizándoles en el pensar de las gentes.

En efecto, olvidando que la sociedad civil nació con anterioridad a la sociedad burguesa[5], hizo fortuna el concepto hegeliano de sociedad civil burguesa y vino a identificársele con la sociedad civil sin más. Se trataría entonces en ella de una dimensión social caracterizada por rasgos como los siguientes: individualismo, privacidad, mercado inmisericorde con los débiles, pluralismo de intereses y existencia de clases[6]. ¿Cómo optar por una sociedad semejante sin incurrir en inmoralidad, si es que la moralidad se mide por el triunfo de la solidaridad, la igualdad y la satisfacción de intereses universalistas?

Por su parte el Estado, igualmente pensado desde el concepto trazado por Hegel, representaba el lugar en el que se defienden *intereses universales*, lo cual presta siempre un toque de moralidad. Pero además la vida política se iba revistiendo de cualidades tan deseables moralmente como las siguientes: 1) recordando la distinción aristotélica entre actividades que tienen el fin en sí mismas y las que persiguen un fin externo a ellas, se vino entendiendo la política como el tipo de actividad que, no sólo es desinteresada en la medida en que el político renuncia a intereses egoístas, sino que su propio ejercicio es ya felicitante, lleva consigo su propia recompensa, tiene el fin en sí misma. Y bueno es recordar en este punto cómo Aristóteles identificaba la felicidad con el tipo de actividades que tienen el fin en sí mismas, ya que la obtención de tal fin —el disfrute que se obtiene del ejercicio mismo— despierta por sí mismo el deseo de seguir realizándolas[7]. 2) Y, ciertamente, el esfuerzo mismo en la lucha, llevado a cabo con compañeros igualmente comprometidos, parece ser ya una forma de vida feliz, mientras que la obtención del cambio que con el esfuerzo se pretende es secundario y, por otra parte, pertenece a un tiempo futuro, del que ya posiblemente el comprometido no tenga noticia. De lo que sí tendrá noticia es de su propia transformación, de su propio desarrollo personal y del de sus com-

---

[5] J. Keane, *Democracia y sociedad civil*, Alianza, Madrid, 1992, pp. 51 ss.
[6] S. Giner, *Ensayos civiles*, Península, Barcelona, 1987, cap. 2.
[7] F. Cubells, *El mito del eterno retorno y algunas de sus derivaciones doctrinales en la filosofía griega*, Anales del Seminario de Valencia, Valencia, 1967, pp. 94 ss.

pañeros, en la medida en que se esfuerzan por conseguir un sentido del desinterés y la justicia[8].

Éstas son sin duda algunas de las razones que han llevado a ciertos sectores que podríamos calificar de «progresistas» a optar por la actividad política en determinados momentos y, aún más, a preferir una democracia participativa frente a una representativa. Sin embargo, el último capítulo de nuestra historia no es éste, sino más bien —según dicen— el del retorno a la vida privada, por esa inexorable ley del péndulo preñada de decepciones que, consecuente con los desencantos causados por la política, aconseja a los individuos racionales consagrarse modestamente al cultivo del propio huerto y dejar a representantes electos el cultivo de las grandes extensiones políticas. Y en este capítulo ocurre que, así como en el anterior el privatista era inmoral y el político se conducía moralmente, ahora el privatista, no es que sea más o menos moral, sino que obra como un ser racional, mientras que el que opta por la política obra racionalmente sólo si a través de ella busca también su provecho privado. Porque el problema no parece estar ya en la moralidad o la inmoralidad de las opciones, sino en la racionalidad de las elecciones, habida cuenta del mundo que nos rodea. Y en este orden de cosas cabe decir «tonto el penúltimo», es decir, tonto el que todavía sigue en el capítulo penúltimo de la novela, empeñado en una transformación de lo público desde intereses universales. El pobre aún no se ha enterado de que el servicio a la política sólo es racional si de él se obtiene provecho privado.

Como habrá podido apreciar el lector al hilo de esta esquemática historia de buenos y malos, de racionales, irracionales y vuelta a empezar, la ley del péndulo es inexorable, pero —quisiera añadir ahora— no nos devuelve en su inercial balanceo al punto de partida, sino a un punto anterior *modificado*, porque en los sucesivos movimientos algo hemos ido aprendiendo. ¿Y qué hemos aprendido en el punto en que nos encontramos?

3. EL DESENCANTO POLÍTICO

La decepción que ha llevado a buena parte de la población —también de la población comprometida— a desconfiar de la fuerza trans-

---

[8] O. Hirschman, *Interés privado y acción pública*, F.C.E, México, 1986, cap. V.

formadora de la actividad política podría deberse a causas como las siguientes:

1) La corrupción que, al parecer, se produce porque la actividad política no satisface por sí misma a los políticos de oficio, en el sentido mencionado de la praxis aristotélica que tiene el fin en sí misma y es por su mismo ejercicio felicitante, y por eso quienes se dedican a ella buscan también la promoción de su fortuna privada. Por decirlo con Hirschman, «la corrupción puede concebirse como una respuesta a un cambio de los gustos; se compensan con ganancias materiales las pérdidas experimentadas en la satisfacción producida por la acción en aras del interés público»[9]. Cosa que es humanamente comprensible, pero no está de recibo porque la vida política decía legitimarse precisamente por la búsqueda de lo universal, y de ahí le venía la superioridad moral frente a la económica y frente a otras opciones «particularistas» de la sociedad civil. Por eso, si la organización de lo público degenera en patrimonialismo, en manejar bienes públicos con fines privados, pierde la política toda su legitimidad.

2) Pero también pierde su credibilidad, porque el ciudadano empieza a percibir que tan manipulado es en la vida política como en las otras que se dicen privatistas, que no es más sujeto de decisiones en una que en las otras.

3) Por otra parte, cuando la política toma este derrotero, el público empieza a dudar seriamente de que la creación de riqueza, que se dice es el fin de una acción privada como la económica, sea moralmente inferior a la búsqueda de poder, que se revela paulatinamente como la meta exclusiva de la acción política. En definitiva, ¿no puede la creación de riqueza favorecer a todos, mientras que las luchas por el poder sólo benefician a quienes lo conquistan?[10].

4) A todas estas razones para la decepción ante lo político se une la nefasta experiencia del estatismo, vivida por los llamados países del Este. Sin el tejido de una sociedad civil el individuo se siente inerme ante un Estado omnipotente: sólo el Estado existe, no cuentan el individuo ni la sociedad[11].

5) Y, por último, cabría recordar que la vivencia de los ciudadanos de lo político como protagonistas no pasa de la acción de depositar un voto en las urnas, con lo cual, a pesar de las proclamas de su autonomía

---

[9] A. O. Hirschman, *op. cit.*, pp. 137-138.
[10] Ibíd., p. 143.
[11] Ver, por ejemplo, J. Keane, *op. cit.*, cap. 6.

y soberanía, se sabe irrelevante en la democracia representativa. Hasta el punto de que buena parte de la literatura sociopolítica en los últimos tiempos trata de inquirir qué motivos pueden inducir a los ciudadanos a votar, cuando el coste de hacerlo, por mínimo que sea, todavía es superior al beneficio.

Todas éstas, y otras más[12], pueden ser razones para este cambio de preferencias hacia lo privado que marcan nuestro momento, y es de ley reconocer que son razones de peso. Pero, si todavía somos seres inteligentes (cosa de la que cabe dudar), no son razones para retornar a la sociedad civil como lugar de lo privado, sino a otra cosa, que es de lo que quisiera tratar a continuación. Porque, como afirma N. López Calera, «entregarse incondicionalmente en manos del Estado puede ser caer en las redes de un proceso de sustancialización negativa del Estado, como el que se está produciendo en los últimos tiempos. Entregarse en manos de la sociedad civil es volver a que las relaciones fundamentales de la vida colectiva sean determinadas por minorías poseedoras del gran capital y de los más importantes medios de producción»[13]. Por eso previene contra las propuestas neoliberales de un Estado mínimo que, en definitiva, dejarían el poder en manos de una sociedad civil como la descrita, y sugiere la necesidad de un Estado democratizado. Confiar en él sería preferible a confiar en la sociedad civil, por una parte, porque los poderes estatales son más localizables que los privados, si cometen errores[14] y, por otra parte, porque el Estado goza de mayor racionalidad gracias a su legitimidad democrática. De ahí que proponga López Calera conferir al Estado una hegemonía relativa[15].

Ciertamente la propuesta es importante y rompe la inadmisible dicotomía «o sociedad civil o Estado». Sin embargo, la opción a favor del Estado que *Yo, el Estado* presenta descansa en una propuesta que —a mi juicio— resulta difícil de compartir: la de recuperar la función de paradigma moral que el Estado tuvo en algunos clásicos de la fi-

---

[12] Ver C. Díaz, *La política como justicia y pudor*, Madre Tierra, Móstoles, 1992, pp. 51 ss.
[13] N. López Calera, *Yo, el Estado*, p. 114. Para nuestro autor, el Estado se sustancializa negativamente cuando adquiere una función *sustancialista*, cuando se convierte en sustancia, es decir, cuando vale en sí, por sí y para sí. Una sustancialización positiva, por el contrato, consistiría en «refundar» un Estado profundamente democrático, comprometido con una democracia económica y social. De un Estado semejante se ocupa López Calera sobre todo en la parte III del citado libro.
[14] Ibíd., p. 25.
[15] Ibíd., p. 110.

losofía política[16]. ¿Es en el Estado donde tenemos que buscar las energías morales, o es más bien en aquellos lugares en que se brega por intereses universalizables, aunque se trate en núcleos de la sociedad civil? Antes de responder a esta pregunta conviene quebrar un hechizo: conviene quebrar la inercia de esas monótonas secuencias «¡el rey ha muerto, viva el rey!», «¡la sociedad civil no es fiable, pongámonos en manos del Estado!», «¡la devoción al Estado ha muerto, viva la sociedad civil!». Porque, a lo mejor, al rey no sucede otro rey; a lo mejor, a la muerte de la devoción por lo político no sucede la devoción por una particularista sociedad civil. A lo mejor es tiempo de enterrar a Hegel junto con sus dos esquemáticos conceptos de Estado universalista y sociedad civil particularista y, después de pronunciada la oración fúnebre, que al cabo se la merece, reconocer que *el Estado es necesario, pero no el lugar sagrado monopolizador de lo universal, que lo público no se identifica con lo político* y que *la sociedad civil encierra de hecho y de derecho un fuerte potencial de universalismo y solidaridad.*

Y recordar, por último, que uno y otro son *posibles por los hombres concretos*, uno y otro *están al servicio de los hombres concretos*. De ahí que, como afirma Carlos Díaz, sin una *conversión del corazón* mal lo tengan los tiempos que corren para engendrar un nuevo Estado, una sociedad civil nueva[17].

4. ADIÓS A HEGEL: EL POTENCIAL ÉTICO DE LA SOCIEDAD CIVIL

Que sociedad civil y Estado son dos dimensiones ineludibles de la organización social es una afirmación de la que ya pocos dudan. Y en este sentido recuerdo con simpatía la corrección que se vieron obligados a hacer a toda prisa los editores del colectivo *¿Reflujo o Retorno de la Sociedad Civil?*, ya que la imprenta escribió como primera parte del título: «Sociedad civil o Estado», con lo cual nuestros amigos parecían plantear una cruda disyuntiva entre la anarquía o el Leviatán[18]. Corregida la errata, cambió la «o» por una «y», que es lo que ha pasado

---

[16] Ibíd., p. 82.
[17] C. Díaz, *La Política como justicia y pudor*, pp. 167-174.
[18] AAVV, *Sociedad civil y Estado. ¿Reflujo o retorno de la sociedad civil?* Fundación F. Ebert/Instituto Fe y Secularidad, Madrid, 1988.

en definitiva en nuestro momento, en el que bien pocos apuestan, al menos expresamente, por una anarquía descarnada o por un Estado totalitario.

En éste, pues, como en muchos otros campos, estamos hoy por la complementariedad, más que por las unilateralidades. Sin embargo, no todos los modos de complementar son iguales ni nacen de la misma fuente de energías; por eso quisiera yo ahora llamar la atención sobre un curioso hecho, y es el de que hoy en día relevantes autores tenidos por progresistas —si es que estas calificaciones siguen valiendo para algo— pongan la esperanza de lograr una más auténtica democracia en una revitalización de la sociedad civil.

En efecto, un autor del calibre de M. Walzer nos recuerda que los hombres no somos sólo políticos, o productores, o consumidores o miembros de una nación, como quisieron las ideologías politicistas, economicistas, capitalistas o nacionalistas. *El hombre es ante todo miembro de una sociedad civil*, que alcanza desde la familia, la amistad o la vecindad, la Iglesia, las cooperativas o los movimientos sociales, a todo aquel «espacio de asociación humana sin coerción y al conjunto de la trama de relaciones que llenan este espacio», de suerte que su pertenencia a la sociedad civil es el núcleo coordinador de los restantes rasgos. ¿Cómo lograr una democracia auténtica sin tener en cuenta este ser meramente social del hombre? Si bien es cierto —concluirá nuestro autor— que sólo un Estado democrático puede crear una sociedad civil democrática, no lo es menos que sólo una sociedad civil democrática puede mantener un Estado democrático; y éste último factor ha sido olvidado en exceso por los buscadores de una democracia auténtica[19].

En un tono no muy diferente al de Walzer se pronuncia A. Gorz a través de esas sus propuestas utópicas, de las que autores más moderados tratan de extraer sugerencias «realistas». En la pluma de Gorz se transforma la *sociedad civil* en un reino no estatal de cooperación voluntaria entre individuos y grupos iguales, que han sido liberados del trabajo socialmente necesario, y el *Estado*, en aquella esfera de instituciones jerárquicas obligatorias, que son necesarias para coordinar y servir efectiva y eficazmente a la sociedad civil[20]. Con lo cual la complementariedad entre ambos más pone su confianza en la sociedad que en el Estado y hace de este último un garante y servidor de la sociedad civil.

---

[19] M. Walzer, «La idea de sociedad civil», *Debats*, n.º 39 (1992), p. 37.
[20] J. Keane, *op. cit.*, pp. 113-114.

Por último, J. Habermas, como dijimos, recurre expresamente al mundo vital y a la posibilidad de crear en él potentes *redes de asociaciones que se orienten por intereses universalistas* para quedar con la tranquilidad de que la izquierda no marxista todavía tiene un papel que desempeñar, que es precisamente el de fomentar esas redes[21]. Y es que la teoría habermasiana de la sociedad —recordemos— distingue entre los campos de acción mediatizados por el dinero (la economía), por el poder administrativo (la política) y por la solidaridad (mundo vital), apuntando que los dos primeros quedan mediatizados en buena ley por la racionalidad estratégica, mientras que el último está regido por la comunicativa. ¿Cómo poner la esperanza de democratización sólo en mecanismos políticos que, aunque necesitados básicamente de legitimidad, están en manos de quienes se mueven por la búsqueda y conservación del poder? Es, pues, *desde el mundo vital desde donde es preciso recordar al poder político que se legitima por intereses universalistas*; es, pues, *desde el mundo vital desde donde habría que recordar al sistema económico que está al servicio de los afectados*[22]. Se trata, pues, de fomentar la formación de redes sociales en el mundo de la vida, preocupadas por intereses universalizables, que influyan en la formación democrática de la voluntad de los ciudadanos; redes, por otra parte, que recuerden al sistema político su obligación de universalidad, pero que no intenten conquistarlo.

Cierto que el concepto de mundo vital es sumamente ambiguo y que, por supuesto, no coincide con la tópica sociedad civil hegeliana, entre otras razones, porque no incluye el mundo económico; pero lo mismo sucede en el caso de Walzer o de Gorz, entre otros muchos. Por otra parte, el concepto mismo de sociedad civil encierra siempre grandes ambigüedades, en primer lugar, porque los conceptos sociales evolucionan históricamente y no quedan acuñados de una vez por todas —igual que le ocurre al concepto de Estado—, pero también porque, al referirnos a ella, incluimos a la vez solidaridad y autogestión, iniciativa privada y concurrencia[23], el mundo sin coerción estatal y el mundo de coacciones fácticas. ¿No quiere esto decir que el recurso a la sociedad civil por parte de autores como los mencionados, más que a la sociedad civil en su conjunto como un elemento identificable en la realidad social, nos remite a esos *reductos éticos de esperanza, que no se dejan instrumentalizar por*

---

[21] J. Habermas, *Faktizität und Geltung*, Suhrkamp, Frankfurt, 1992, pp. 600 ss.; ver capítulo 7 del presente libro.

[22] J. Conill, *Horizontes de economía ética*, Tecnos, Madrid, 2004; D. García-Marzá, *Ética empresarial*, Trotta, Madrid, 2004.

[23] F. Rangeon, «Société civile: histoire d'un mot», en J. Chevalier (ed.), *La société civile*, P.U.F. Paris, 1986, pp. 31-32.

el dinero, pero tampoco por el poder político? ¿No es una sed de solidaridad y universalidad no saciada por el hombre económico ni por el hombre político lo que nos lleva a esos lugares sociales en los que sólo tiene sentido la solidaridad: a los grupos primarios, como la familia o los amigos, a los secundarios, como escuelas, iglesias, asociaciones desinteresadas y movimientos sociales?[24]. ¿No estamos reconociendo en definitiva que aquellos mundos en que la mediación del poder —sea económico o político— es tan necesaria como la luz del día, no pueden ser la fuente originaria de una moral de la solidaridad y la universalidad?

Sí, por supuesto, de una moral hobbesiana, centrada en el egoísmo; también de una moral colectivista, como la que engendraron hegelianismo y marxismo, pero no de una moral empeñada en reconocer a cada hombre —persona— que es un fin en sí mismo, lo cual es imposible sin solidaridad. Y es precisamente de esta última de la que —al menos verbalmente— dicen nutrirse nuestras democracias.

Por eso sería bien positivo que, en lo que hace al Estado, abandonara el halo sagrado que le circunda, como si fuera en exclusiva ese lugar de lo universal que no es; sería bien positivo que la política dejara de comerciar con la mística, viendo si por roce se le contagia algo de numinosidad con que cubrirse sus fallos, y que dejara la salvación de los hombres para quien pueda regalarla[25]; sería bien positivo que el mundo político se reconvirtiera, como el industrial o el agrario, y se limitara a proveer de lo que realmente puede ofrecer: ser el garante de los derechos de los ciudadanos, lo cual significa no sólo proteger los derechos políticos y civiles, sino empeñarse en la tarea de justicia distributiva que conviene a los derechos económicos, sociales y culturales, y facilitar a

---

[24] A. Llano, *La nueva sensibilidad,* Espasa-Calpe, Madrid, 1988.
[25] Creo que en éste, como en otros tantos puntos, estoy de acuerdo con C. Díaz, y que las diferencias proceden más bien del uso de los términos. Como la política ha dado en ser la actividad de lo público-estatal, yo prefiero seguir utilizando en este sentido el término «política», porque si no la gente entiende que estamos atribuyendo al Estado tareas que en realidad nos parecen simplemente públicas. Creo que Carlos y yo convenimos en que un médico, un juez o un profesor puede aportar tanto a la transformación de la *res publica* como pueda hacerlo un gobernante, pero las gentes no entienden normalmente que la tarea del médico, el juez o el profesor sea política y, si se les invita a no encerrarse en la vida privada y entrar en la política, entienden que se les conmina a entrar en un partido político y a valorar como sociales sólo las tareas que desempeñan los políticos de oficio. Esto mismo ocurre, a mi modo de ver, con la mística. Sin duda la dimensión mística es fundamental para toda actividad humana, pero, cuando se dice que es preciso unir mística y política, hay una tendencia malsana a entender que la política estatal comporta un halo sagrado, cuasidivino, que hace de los políticos semidioses y, en algunos casos, dioses. De ahí mi resistencia a unir lo místico a lo político.

la sociedad civil que desempeña las tareas que a ella corresponden. Sería el Estado, pues, un *garante y facilitador*. ¿Cuál es la tarea de una sociedad civil igualmente reconvertida?

5. ÉTICA DE LA SOCIEDAD CIVIL: DE LOS DERECHOS A LAS RESPONSABILIDADES

Según los defensores del comunitarismo y según determinados sectores feministas, el panorama moral de las sociedades «avanzadas» es desolador. Entre otras razones, porque el credo liberal que nos asiste —y el socialista no sería en esto sino su agudización— es fuente a lo sumo de legalidad estricta, pero difícilmente de moralidad.

El liberalismo, según estos sectores críticos, es una ideología social fundada sobre pilares como *individuo*, *derecho* y *contrato*, porque ve en cada hombre casi exclusivamente un sujeto de derechos, entre los que cuenta su capacidad de contratar; de ahí que construya una realidad social basada en la instancia, el recurso, la impugnación, la querella, la trampa legal y todo ese mundo de papeleo que unos lanzan contra otros. Desde él podríamos imaginar sin mucho esfuerzo nuevas malaventuranzas, como las siguientes: ¡Ay del que desconozca sus derechos, porque no se le respetará ni uno solo! ¡Ay de quien no encuentre y pueda pagar a un buen abogado para defenderlos, porque será como si no los tuviera! Y es que los juristas —dice socarronamente MacIntyre— son los clérigos de la democracia liberal.

Ciertamente, se esté o no de acuerdo con las soluciones comunitarias, mal lo tiene el mundo contemporáneo en cuestiones de moralidad, ya que su aspiración máxima en este ámbito parece consistir en cubrir unos *mínimos de derecho y justicia*, probablemente porque están tan lejos de respetarse universalmente siquiera sea los derechos humanos que ese mínimo parece un máximo. Pero, en cualquier caso, lo bien cierto es que incluso para conseguir ese poco —o mucho, según se mire— hace falta bastante más que un Estado garante de los derechos, unas leyes transparentes, un cuerpo sabio de especialistas y una justicia eficaz, porque lo necesario es aquí claramente insuficiente. ¿O tiene fuerza bastante un mundo de leyes y recelos, de contratos y figuras penales, de querellas y recursos —un mundo a la defensiva— para respetar universalmente la dignidad humana?

Creo que la respuesta a semejante cuestión no puede ser sino negativa. Y no porque no sea necesario plasmar en leyes claras toda exigencia que ayude a respetarla, de modo que vaya creándose conciencia de que éste es un nivel irrenunciable, sino porque un mundo de hombres a la defensiva es impotente incluso para asegurar unos mínimos de justicia; para qué hablar ya de la felicidad.

Sin la conversión del corazón de cada hombre concreto, sin su convicción sentida del propio valor y del de cualquier otro hombre concreto, el orden jurídico y político es impotente incluso para defender unos mínimos de dignidad. Y esto es lo que olvidaron cuantos, deslumbrados por la espectacular promesa de un cambio de estructuras, acabaron practicando más o menos conscientemente una inexistente escisión entre la dimensión íntima y el mundo social externo, y esperaron del cambio de estructuras la aparición de un hombre nuevo.

No hay hombre nuevo sin conversión del corazón: ahí radica nuestra más profunda autonomía. Por eso incluso a los defensores de éticas de mínimos, que parecen asegurar tan sólo una moral democrática[26], se les escapa esa curiosa partícula que revela todo un mundo interior: cualquiera que quiera argumentar *en serio* —dice Apel— sobre la corrección de normas morales, ha de presuponer ya siempre una comunidad ideal de comunicación; *Los derechos en serio* es el título del conocido libro de Dworkin; una moral de la seriedad es la propugnada por E. Tugendhat[27]. Pero tomar algo en serio ¿no es es una inalienable opción del corazón? ¿Y no es una opción positiva, más que defensiva; una opción por asumir responsabilidades, no sólo por defender derechos?

Quien toma en serio el valor de todos los hombres concretos se *sabe-siente* responsable de ellos, y de ahí que se le abra un mundo bien distinto al del derecho, el recelo, la defensa, el contrato: ese *mundo de la solidaridad* positiva de quien se sabe ante su corazón responsable de cualquier otro.

Éste es el mensaje de quienes ven en el diálogo la forma de integrar justicia y solidaridad[28]. Pero también el mensaje de cuantas/cuantos recuerdan, frente a las éticas centradas exclusivamente en la justicia, que la conciencia de lo justo es una forma de conciencia moral, pero no la única, que en el mundo moral suena la voz de la justicia, pero también «una voz diferente»: la voz de la compasión y el cuidado.

En este sentido se pronuncia C. Gilligan en su ya célebre trabajo *In a Different Voice*, recordando —con datos empíricos más o menos dis-

---

[26] K. O. Apel, A. Cortina, J. De Zan y D. Michelini, *Ética comunicativa y democracia*; V. D. García-Marzá, *Ética de la Justicia*.
[27] J. Conill, *El enigma del animal fantástico*, cap. 6.
[28] Habermas, «Justicia, y solidaridad», en K. O. Apel, A. Cortina, J. De Zan y D. Michelini, *Ética comunicativa y democracia*, pp. 175-208.

cutibles— que el modelo de progreso moral ontogenético no es único, tal como Kohlberg da a entender, sino que existe al menos también un modelo «femenino», que sigue unas etapas de desarrollo diferentes[29]. Recurriendo a entrevistas sobre temas que afectan especialmente a las mujeres, como es el del aborto, diseña Gilligan un modelo de desarrollo moral, que sigue también tres estadios, como el de Kohlberg: preconvencional, convencional, postconvencional. Sólo que en el modelo kohlbergiano estos tres niveles se determinan según la madurez en la formulación de juicios de justicia, y en el modelo de Gilligan tienen por referente la compasión y el cuidado.

Porque los varones, en las democracias liberales, progresan moralmente cuando pasan de tener por justo lo que egoístamente les conviene (nivel preconvencional) a tomar por referente las normas de su sociedad (nivel convencional), llegando al nivel máximo de madurez cuando son capaces de formular principios universalistas desde los que critican las normas de su sociedad (nivel postconvencional). Se entiende aquí que el proceso de personalización es el de individualización, y que un individuo está más maduro cuando más independiente se sabe de las tramas sociales, cuando más autónomo es para sellar contratos. Las mujeres, por el contrario, maduran moralmente al tomar distintas actitudes en la compasión y el cuidado. Porque, si en el primer nivel (preconvencional) también el egoísmo es el referente, en el segundo, cuando quieren insertarse en su sociedad para que las acoja (convencional), se ven obligadas a asumir las virtudes que la sociedad espera de ellas, y por eso se hacen responsables de la trama de relaciones que les es encomendada (padres, hijos, parientes enfermos). La maduración no consiste entonces en un progreso en la individualización, sino en un progreso en asumir compasiva y cuidadosamente relaciones que deben ser protegidas por su vulnerabilidad: la mujer se siente responsable de lo vulnerable y débil, que ha de proteger.

Sin embargo, la fase suprema de maduración no es la convencional, sino aquel nivel postconvencional en que una mujer toma conciencia de que ella también es un ser tan digno como los restantes y está dispuesta a romper con las normas convencionales con tal de ser autónoma. La madurez vendrá, pues, cuando autónomamente se sepa responsable de la trama de relaciones en la que ella es una persona fundamental, porque no hay madurez sin autonomía y no hay madurez sin compasión y solidaridad por lo débil y vulnerable.

---

[29] C. Gilligan, *In a Different Voice*. Para las críticas al trabajo de Gilligan, ver, por ejemplo, A. Maihofer, «Ansätze zur Kritik des moralischen Universalismus», *Feministische Studien*, 1 (1988), pp. 32-52; S. Benhabib, *Situating the Self*, Part. II.

Creo que a la altura de nuestro tiempo las dos voces son complementarias, porque no hay justicia sin compasión por lo débil ni hay solidaridad si no es sobre las bases de la justicia. La sociedad civil que necesitamos no es, pues, la que se mueve por intereses particularistas, como querrían autores como Hayek, sino la que desde la familia, la vecindad, la amistad, los movimientos sociales, los grupos religiosos, las asociaciones movidas por *intereses universalistas*, es capaz de generar energías de solidaridad y justicia que quiebren los recelos de un mundo egoísta y a la defensiva. Una sociedad semejante será imposible sin una moral creciente de las personas que la componen, moral que hoy se expresa en lo que, con mayor o menor fortuna, se viene denominando el auge de la «ética aplicada»[30].

---

[30] De desarrollar la ética de esta sociedad civil me he ocupado más tarde en *Ética de la sociedad civil*, Anaya/Alauda, Madrid, 1994; *Ciudadanos del mundo*, cap. V; «Sociedad civil», en A. Cortina (ed.), *Diez palabras clave en Filosofía Política*, VD, Estella, 1998. pp. 353-389; *Hasta un pueblo de demonios*, cap. XIII.

PARTE III
LOS RETOS DE LA ÉTICA APLICADA

10. EL ESTATUTO DE LA ÉTICA APLICADA

La filosofía, al hilo de los siglos, ha dado en producir un cierto aburrimiento tanto entre los expertos como entre los profanos. Con la especie de que el filosofar no tiene por meta sino introducir la duda donde hay convicción y la desconfianza donde hay seguridad; con la coartada de que los grandes temas nos llegan a través de las grandes tradiciones, se ha convertido nuestro saber, más que en perspicaz hermenéutica o en penetrante reflexión —como cabría esperar de tales premisas—, en eviterna divagación sobre lo que han dicho o dicen los tenidos por filósofos, en puntillosa escolástica acerca de interpretaciones sin cuento.

Los rufianes son quienes hablan de las personas, según dice el refrán, mientras que los caballeros se ocupan de las cosas; y la filosofía se está haciendo rufianesca con ese su cotillear constante sobre éste y aquél, en vez de tratar seriamente de esto y aquello. De la verdad y el ser, el bien y la justicia, la esperanza y la fidelidad.

Por eso es cosa de felicitarse cuando la realidad irrumpe con sus exigencias en la agonizante vida filosófica y le pide respuestas, porque entonces persiste en sus trece la especie de los rufianes, pero quienes se preocupan por las cosas mismas intentan aventurar respuestas. Y éste es el caso que en nuestros días ha obligado a la filosofía a dar, tras los llamados «giro lingüístico» y «pragmático», un «giro aplicado», sobre todo en el ámbito de la filosofía práctica, que siempre ha tenido por tarea orientar, siquiera sea mediatamente, la acción.

La necesidad, cada vez sentida con más fuerza, de dar respuestas con altura humana a problemas como el de la destrucción de la ecosfera, el hambre en el mundo, el racismo y la prepotencia, la guerra interminable, la moral de la política y de los políticos, la conducta de periodistas y empresarios, el sentido de las profesiones y las instituciones, la presunta neutralidad de la economía o los problemas de la decisión médica en casos de conflicto moral, ha puesto a la ética contra las cuerdas: o proporciona principios que ayuden a la toma de decisión o queda descalificada por *k.o.* técnico, porque un saber práctico debe ayudar a orientar de algún modo la acción o abandonar definitivamente el *ring*[1].

Y es esta disyuntiva la que ha puesto a la ética en una situación verdaderamente incómoda porque, por una parte, no puede dejar de orientar la conducta, pero, por otra, tampoco puede convertirse en una moral más, de las que componen el vivir de los hombres. Su carácter filosófico debe diuadirle de todo intento de dirigir inmediatamente las acciones, que es la misión de lo moral, de suerte que los filósofos deben cuidarse muy mucho de usurpar la función de los moralistas y de las personas corrientes y molientes, que son, sin lugar a dudas, los sujetos de la acción moral. ¿Cuál es entonces el estatuto de la llamada «ética aplicada»?

Para responder a esta cuestión me veo obligada a recurrir en principio a lo expuesto con más detalle en otros lugares acerca de la naturaleza y tareas de la ética[2], para pasar después a referirme estrictamente a la naturaleza de la ética aplicada, porque sin aclarar, siquiera brevemente, qué sea ética y qué moral, mal podremos exponer en qué consiste la ética aplicada.

1. ÉTICA Y MORAL

El término «ética», desde un punto de vista etimológico, nos remite al vocablo griego *ethos*, que significa fundamentalmente «lugar donde se habita» («morada») y también «modo de ser» o «carácter»[3]. Un tipo de saber llamado «ética» tendría entonces por objeto el carácter, el modo de ser desde el que los hombres enfrentamos la vida, pero no el temperamento con el que nacemos, sino el modo de ser del que vamos apropiándonos a lo largo de nuestra existencia. Como recuerda Aranguren, esta apropiación acontece mediante la repetición de actos que generan hábitos (virtudes o vicios), los cuales a su vez son de nuevo principio de

---

[1] Para el estatuto de la ética aplicada, ver también A. Cortina y D. García-Marzá (eds.), *Razón pública y éticas aplicadas*, Tecnos, Madrid, 2003; asimismo, L. K. Sosoe (dir.), *La vie des normes et l'esprit des lois*, L'Harmattan, Paris, 1998.

[2] Adela Cortina, *Ética mínima*, parte 1; íd., *Ética sin moral*, cap. 1; íd., «Ética filosófica», en M. Vidal (ed.), *Conceptos fundamentales de ética teológica*, Trotta, Madrid, 1992, pp. 145-166.

[3] J. L. L. Aranguren, *Ética*, parte 1.ª, cap. II.

actos, de modo que el *ethos* es carácter impreso en el alma por hábito, y de nuevo, a través de los hábitos, fuente de actos. El *éthos* será esa segunda naturaleza que sólo los hombres podemos adquirir a partir de la primera, recibida sin responsabilidad de nuestra parte, y a su vez «el suelo firme, el fundamento de la *praxis*, la raíz de que brotan todos los actos humanos»[4].

Desde esta perspectiva, los términos «moral» y «ética» tienen un significado muy parecido porque el vocablo latino «*mos*», del que «moral» deriva, significa también un modo de vida del que nos hemos apropiado, tanto en el nivel de los sentimientos, como en el de las costumbres y el carácter[5].

Podemos decir, por tanto, que desde un punto de vista etimológico, e incluso atendiendo al significado que damos en el lenguaje ordinario a expresiones como «valores morales», «valores éticos», «normas morales», «normas éticas», los vocablos «ética» y «moral» son prácticamente idénticos. Sin embargo, la historia de los saberes que se ocupan de la forja del carácter en sus diversas modalidades ha ido haciendo necesaria la distinción entre, al menos, dos niveles de reflexión y lenguaje: el nivel de la vida cotidiana, en que los hombres viven desde antiguo con referentes morales, y el nivel de la filosofía moral, que reflexiona sobre la moral vivida en la vida cotidiana.

Sin duda hay una estrechísima conexión entre ambos niveles, porque en definitiva el filósofo no puede sino reflexionar sobre la moral vivida y porque de algún modo sus reflexiones pueden influir de nuevo en el quehacer moral cotidiano, pero la distinción entre moral y filosofía moral se hace necesaria, a pesar de todo, porque la moral forma parte del vivir de los hombres, sean o no expertos en filosofía moral, mientras que ésta última requiere un aprendizaje y un lenguaje especializados.

Del mismo modo que el filósofo de la ciencia o el de la religión tienen a la ciencia o a la religión por objeto prioritario de sus reflexiones, el filósofo moral tiene lo moral por objeto, aunque con la diferencia de que me temo que a los científicos poco suele importarles la reflexión de los filósofos de la ciencia, a los creyentes, no mucho la de los filósofos de la religión, y, sin embargo el quehacer de los filósofos morales está de moda.

Este quehacer recibe el nombre de «ética» en el mundo de los expertos y por eso me atendré a esta denominación, pero a sabiendas de

---

[4] Ibíd., p. 25.
[5] Ibíd., p. 28.

que las gentes suelen emplear la expresión «ética» para referirse a un tipo de moral no religiosa, por entender que así recibe connotaciones cívicas y seculares, no confesionales. Cuáles son las tareas de la ética como filosofía moral es lo que comentaré brevemente a continuación.

2. TAREAS DE LA ÉTICA

Entre las tareas de la ética como filosofía moral cuentan como esenciales las siguientes[6]:

1) dilucidar *en qué consiste* lo moral, que *no* se identifica con los restantes saberes prácticos (con lo jurídico, lo político o lo religioso), aunque esté estrechamente conectado con ellos.
2) intentar *fundamentar* lo moral; es decir, inquirir las razones para que haya moral o bien denunciar que no las hay. Distintos modelos filosóficos, valiéndose de métodos específicos, ofrecen respuestas diversas, que van desde afirmar la imposibilidad o incluso la indeseabilidad de fundamentar racionalmente lo moral hasta ofrecer un fundamento.
3) intentar una *aplicación* de los principios éticos descubiertos a los distintos ámbitos de la vida cotidiana.

Con la relación de estas tres tareas creo se echa de ver que las éticas, a diferencia de las morales, no se caracterizan por llevar un «apellido» propio de la vida cotidiana (moral católica, musulmana, calvinista), sino filosófico (éticas kantianas, comunitarias, utilitaristas), en la medida en que intentan reflexionar sobre el fenómeno de la moralidad en su conjunto utilizando para ello los métodos y el lenguaje propios de la filosofía, valiéndose del instrumental facilitado por tradiciones filosóficas.

Sólo desde este tipo específico de reflexión puede la ética aventurar orientaciones para la vida cotidiana y por eso su parte «aplicada» no puede prescribir de forma inmediata las actuaciones en los casos concretos, no puede convertirse en una «casuística», sino ayudar con el producto de sus reflexiones a la toma concreta de decisión, que siempre está en manos de los hombres concretos. Las decisiones morales son siempre *personales*, lo cual no significa que sean puramente subjetivas, irra-

---

[6] A. Cortina, *Ética mínima*, cap. 3; íd., *Ética sin moral*, cap. 1.

cionales e incomunicables. Las personas somos individuos comunitarios y las decisiones personales son comunicables y compartibles. En qué sentido lo son es lo que en este trabajo intentamos dilucidar.

3. EL AUGE DE LA ÉTICA APLICADA

Como hemos comentado, últimamente cobra un espectacular protagonismo la llamada «ética aplicada[7]», que intenta *de algún modo* aplicar los principios descubiertos en el nivel fundamentador a las distintas dimensiones de la vida cotidiana. Hace algún tiempo las gentes esperaban estas respuestas de la religión, pero la experiencia de vivir en sociedades pluralistas, en las que conviven distintas propuestas de vida feliz —distintas morales de máximos—, nos ha llevado a dirigir los ojos hacia la ética pidiéndole esas respuestas que, *por racionales*, deberían ser *comunes* a todos[8].

Sin embargo —y aquí empiezan las desventuras de la ética aplicada—, no existe ninguna ética filosófica en la que concuerde el común de los expertos, sino que en el terreno de la filosofía moral existe un pluralismo tan amplio como el que se da en el terreno de lo moral. Si puede hablarse de morales cristianas, musulmanas o hindúes, no menos puede decirse que hay éticas kantianas, utilitaristas, comunitaristas o pragmatistas. La muerte del artículo determinado singular se produce también en la ética, con lo cual no parece que hayamos resuelto el problema de encontrar un fundamento racional desde el que arbitrar orientaciones comunes.

Por otra parte —y aquí prosiguen las desventuras de la ética aplicada—, como los problemas surgen en distintos ámbitos de la vida social, dotados de específicas peculiaridades, y como no existe ninguna ética filosófica en que concuerde el común de las gentes, la reflexión de la ética aplicada —a pesar del nombre que ostenta— funciona más «de abajo arriba» que de arriba abajo, más desde la base republicana de las distintas esferas que desde la monarquía del saber filosófico.

Porque el ámbito *ecológico* tiene que enfrentarse a problemas específicos como el de contar con la responsabilidad de los grupos, y no sólo de los individuos, con las generaciones futuras y no sólo con las pre-

---

[7] Ver trabajos citados en nota 1.
[8] Quisiera aclarar, aunque creo que queda claro a lo largo del libro, que entiendo por «razón» la facultad de lo intersubjetivo; es decir, la facultad que los hombres tienen de poder llegar a acuerdos mediante argumentos.

sentes, o habérselas con toda suerte de revisiones del antropocentrismo[9]; pero el mundo *económico y empresarial* topa necesariamente con una racionalidad eficaz y competitiva, que puede ser inmisericorde, la *sociedad civil* necesita un mínimo de valores compartidos para sustentar el respeto al pluralismo, los *políticos* han de contar —como decía Maquiavelo— con la *virtù* y la fortuna, perseguir y conservar el poder, pero un poder legítimo, los *periodistas* saben que información es poder, pero también mercancía, y las distintas *profesiones* toman conciencia de que van olvidando sus fines propios y perdiendo, en consecuencia, el sentido de la profesión[10].

Desde estas distintas urgencias se han ido generando paulatinamente en cada uno de los campos orientaciones, que han ido componiendo ese «vals de las éticas» de que habla Etchegoyen[11], presidido por una difusa melodía común, pero en el que las distintas parejas llevan ritmos diferentes. Mientras la ética política tiene una larga historia, cuyo orto podríamos situar convencionalmente en los escritos de Platón, la ética económica hunde sus raíces en la Modernidad, pero sufre hoy una auténtica transformación[12], la bioética, a pesar de contar con una veintena de años de edad, ya tiene en su haber unos principios internacionalmente aceptados para orientar las decisiones concretas[13], y la GenÉtica —la ética referida a la ingeniería genética— da sus primeros pasos[14].

¿Cabe reunir a todas estas realizaciones bajo la amplísima acepción de «ética aplicada» o tal denominación sería el modo de encubrir un auténtico reino de taifas, llamado al desmembramiento total?

4. EL ESTATUTO DE LA ÉTICA APLICADA

Un modo de responder afirmativamente a la primera parte de la pregunta arriba formulada sería aceptar sin más la caracterización que he dado de ética aplicada —aplicación a los distintos ámbitos de la vida cotidiana de los principios descubiertos en el nivel de fundamentación—, que es la

---

[9] N. Martín Sosa, *Ética y ecología*; A. Domingo, *Ecología y solidaridad*, Sal Terrae, Santander, 1991.
[10] A. Hortal, «Ética de las profesiones», *Diálogo Filosófico*, n.º 26 (1993), pp. 205-222; *Ética general de las profesiones*, Desclée de Brouwer, Bilbao, 2002; A. Cortina y J. Conill (dirs.), *Diez palabras clave en ética de las profesiones*, Verbo Divino, Estella, 2000.
[11] Etchegoyen, *La Valse des Éthiques*, F. Bourin, París, 1991.
[12] J. Conill, «Ética del capitalismo»; id., «Ética económica», *Diálogo Filosófico*, n.º 26 (1998), pp. 195-204; *Horizontes de economía ética*, Tecnos, Madrid, 2004.
[13] D. Gracia, *Fundamentos de bioética*, Eudema, Madrid, 1988.
[14] D. Suzuki y P. Knudtson, *GenÉtica*, Tecnos, Madrid, 1991; J. R. Lacadena, *Genética y ética*, UPC/Desclée de Brouwer, Madrid, 2002.

que admitiría, entre otros, K. O. Apel para lo que él llama la «parte B» de la ética. Según Apel, en la ética podemos distinguir una parte A referida a la fundamentación de lo moral y una parte B que se ocupa del marco de principios necesario para la aplicación a la vida cotidiana de los principios descubiertos en la parte A. Siendo así que los principios —o el principio— descubiertos en el nivel de fundamentación son los mismos, hay una unidad formal entre los distintos ámbitos de aplicación.

Sin embargo, este modo de presentar el proceder de la ética aplicada no refleja de modo adecuado cómo se desarrollan verdaderamente los acontecimientos, porque la vida social *desde sus diversas perspectivas* ha ido pidiendo orientaciones a las éticas para ganar en calidad moral y generando creativamente unos valores y principios específicos para cada ámbito. Tal vez la urgencia de la acción ha ido dejando para tiempos mejores un tema tan importante como el de la autorreflexión de estos saberes con objeto de discernir si existe entre ellos una unidad de fondo. En cualquier caso parece que ya va siendo hora de emprender un cierto balance, habida cuenta, al menos, de las *tres dificultades* que he mencionado: *la ética aplicada no puede ser una moral más, no hay ninguna ética aceptada por todos,* y *los distintos ámbitos de aplicación presentan peculiaridades ineliminables.*

Ciertamente estos tres ingredientes pueden convertirse en obstáculos insalvables para hablar de algo parecido a una ética aplicada, pero sólo si la entendemos en el sentido que inevitablemente suscita el nombre que le hemos dado. Porque la expresión «ética aplicada» (*applied ethics, Anwendungsethik*) despierta de inmediato la impresión de que se trata de una disciplina que funciona *more deductivo*; es decir, de una disciplina que, una vez descubiertos los principios éticos, se limita a aplicarlos a los ámbitos y casos concretos, siguiendo el modelo de racionalidad del silogismo deductivo. Con ello la hodierna ética aplicada prolongaría el modo de proceder de la llamada ética tradicional, afecta al modelo de lo que algunos autores denominan en bioética «*casuística 1*» o «arte de aplicar cualquier tipo de principios morales que se tengan a mano a los casos concretos»[15].

Sin embargo, para seguir un modelo semejante es necesario, en primer lugar, contar con unos principios materiales (principios con contenido) universalmente aceptados para aplicarlos a los casos concretos, cosa que sí ocurría en el caso de las éticas tradicionales, pero no en la actualidad.

---

[15] J. D. Arras, *Common Law Morality*, Hastings Center Report, 1990; D. Gracia, *Procedimientos de decisión en ética clínica*, Eudema, Madrid, 1991, p. 97.

En efecto, las éticas tradicionales se asientan sobre la base de la existencia de un código moral único, por lo general revelado, de suerte que la tarea del moralista consiste en aplicarlo a los casos concretos, utilizando para ello la prudencia, que es la virtud adecuada para ponderar circunstancias y consecuencias en los contextos de acción. La prudencia ha sido y es sin duda la virtud propia de la aplicación de reglas y principios en las situaciones concretas. Pero la Modernidad fue trayendo el fin de los códigos moral-religiosos únicos y la experiencia del pluralismo de las concepciones de vida buena, con lo cual la *casuística 1* dejó de tener sentido y legitimidad en lo que se refiere a la moral compartida. ¿Significaba esto el fin de las decisiones morales comunes en ámbitos que, sin embargo, los hombres compartimos?

Por otra parte, la casuística, sea cual fuere el modelo de la misma que aceptemos, no agota todas las posibilidades de lo que, a falta de mejor nombre, hemos dado en llamar ética aplicada, porque no es cosa de la ética tanto solucionar casos concretos —objeto de la casuística— como diseñar los *valores, principios* y *procedimientos* que en los diferentes casos deberían tener en cuenta los afectados. Son éstos quienes han de servirse de la prudencia para ponderar circunstancias y consecuencias en el contexto concreto, y quienes han de tomar decisiones morales personales, que no por personales son irracionales, incomunicables, sino todo lo contrario. La persona es subjetividad e intersubjetividad y sus decisiones morales no pueden ser idiosincrásicas, sino autónomas y, por tanto, compatibles. En cualquier caso la ética se las ha con el *diseño del marco de aplicación*, no con la aplicación concreta, y con el *esclarecimiento del estatuto de ese marco* que no puede ser, por lo dicho, el del silogismo deductivo.

Tampoco puede consistir tal marco en el procedimiento inductivo, propio de la llamada *casuística 2*, porque la estructura de nuestra ética es bastante más compleja. En efecto, la *casuística 2* se caracteriza —según D. Gracia— por utilizar un procedimiento de carácter retórico y práctico, entendiendo por retórica el arte de realizar juicios probables sobre situaciones individuales y concretas. En este tipo de juicios, que alcanza probabilidad y no certeza, la solución de los conflictos no se alcanza por la aplicación de axiomas formulados a priori, sino por el criterio convergente de todos los hombres, o al menos de los más prudentes y sabios, expresados en forma de máximas prácticas de actuación[16].

---

[16] D. Gracia, *Procedimientos de decisión en ética clínica*, pp. 97-98.

Quienes defienden la *casuística* 2 como modo de proceder en bioética no pretenden sino asumir explícitamente el método para llegar a decisiones racionales que la bioética, en su corta existencia, ya ha emprendido, sobre todo en Norteamérica. Es decir, que no tratan sino de reflexionar acerca de sus propias experiencias y formularlas en forma de método, porque se han percatado de que, aunque les resulte imposible llegar a acuerdos con otros especialistas en el terreno de los *principios éticos* —en el terreno de los «axiomas»—, la necesidad de tomar decisiones conjuntas ha revelado que podían ponerse de acuerdo en ciertas *máximas* de acción para orientarse en los casos concretos. Y si las máximas, obtenidas por convergencia, son suficientes para la toma racional de decisión, ¿qué otra cosa necesita la bioética más que tratar de extraer la racionalidad de estas experiencias y plasmarla metódicamente?

Este tipo de preguntas es típico de ese *american way of thought* que acompaña inevitablemente al *american way of life* impregnado tradicionalmente de pragmatismo. Importa la toma racional de decisiones y, en consecuencia, las máximas que la posibiliten. Mucho más no es necesario porque entonces empiezan las discrepancias y, como afirma Cioran, «se toman resoluciones ateniéndose a la superficie; en cuanto se va al fondo, ya no es posible resolver, ya sólo se puede echar de menos la superficie». Sin embargo, el modo europeo de filosofar, y sobre todo el germánico, rara vez se conforma con tanta modestia y sigue buscando principios, más o menos explícitamente. Éste es el caso de la ética del discurso, que —como hemos dicho— concibe la aplicación como un momento epistemológicamente posterior a la fundamentación de los principios éticos: son éstos los que han de aplicarse; cómo es el problema. Y, puesto que éste es el modelo ético que en este trabajo tomamos como coordinador de los restantes, paso a comentar en qué sentido entiendo una aplicación de la ética del discurso. Sentido que, según creo, no coincide con el que Apel le da sino sólo de forma muy parcial.

5. APLICACION DE LA ÉTICA DISCURSIVA

La ética del discurso, como es sabido, constituye un eje de esa construcción teórica que Apel y Habermas empezaron a pergeñar sobre todo a partir de los años setenta, y que se compone de una pragmática formal del lenguaje, una antropología del conocimiento, una teoría de la acción comunicativa, una teoría de los tipos de racionalidad, una teoría consensual de la verdad y la corrección y una teoría de la evolución social[17]. Preocupada la ética discursiva, como filosofía moral, antes por la corrección de las normas de acción que por la verdad de las proposiciones, más por el discurso práctico que por el teórico, cree poder ofrecer hoy en día una *fundamentación de lo moral* que transforma dialógicamente el principio moral kantiano de la autonomía de la voluntad, de modo que se hace necesario el tránsito del «yo pienso» al «nosotros argumentamos».

En afirmar que la ética tiene esta misión *fundamentadora* de lo moral —concretamente de su dimensión normativa— coinciden Apel y Habermas. Ambos creen posible y necesaria una fundamentación trascendental de lo moral (aunque con matices diferentes), y en ella ven la tarea central de la ética que, como filosofía moral, no ha de dar contenidos, sino desentrañar las condiciones de racionalidad de hechos incontrovertibles.

Por lo que hace a Apel, ya desde el capítulo último de *La transformación de la filosofía*, que lleva por título «El apriori de la comunidad de comunicación y los fundamentos de la ética», intenta fundamentar trascendentalmente lo moral desde el *factum* de la argumentación, y el trabajoso intento de desentrañar las condiciones de racionalidad y sentido de este hecho le conduce, entre otros, al principio que ya hemos citado:

> «Todos los seres capaces de comunicación linguística deben ser reconocidos como personas, puesto que en todas sus acciones y expresiones son interlocutores virtuales, y la justificación ilimitada del pensamiento no puede renunciar a ningún interlocutor y a ninguna de sus aportaciones virtuales a la discusión»[18].

---

[17] Para la ética del discurso ver fundamentalmente K. O. Apel, *La transformación de la filosofía*, II, pp. 341 ss.; *Estudios éticos*, Alfa, Barcelona, 1986; *Diskurs und Verantwortung*, Suhrkamp, Frankfurt, 1988; K. O. Apel, *Teoría de la Verdad y Ética del Discurso*; J. Habermas, *Conciencia moral y acción comunicativa*; *Erläuterungen zur Diskursethik*; *Facticidad y validez*, Trotta, Madrid, 1998; *La inclusión del otro*, Paidós, Barcelona, 1999; *Wahrheit und Rechtfertigung*, Suhrkamp, Frankfurt, 1999; A. Cortina, *Ética mínima*; *Ética sin moral*; J. Conill, *El enigma del animal fantástico*; J. Muguerza, *Desde la perplejidad*; D. García Marzá, *Ética de la justicia*; D. Blanco, J. A. Pérez Tapias y L. Sáez (eds.), *Discurso y realidad*, Trotta, Madrid, 1994; el número monográfico 183 de *Anthropos* (1999), sobre «K. O. Apel. Una ética del discurso o dialógica»; M. Kettner (Hg.), *Angewandte Ethik als Politikum*, Suhrkamp, Frankfurt, 2000.

[18] K. O. Apel, *La transformación de la filosofía*, II, pp. 380-381. A mi juicio, es esta clave la que exige un «Principio de Corresponsabilidad», que Apel expondrá en «First Things First», en M. Kettner (Hg.), *Angewandte Ethik als Politikum*, pp. 21-50.

Obviamente, a la fundamentación que la ética discursiva ofrece pueden dirigirse un buen número de críticas, pero en el contexto del tema que nos ocupa yo quisiera más bien formular la pregunta de rigor: ¿*no cabe a la ética más tarea que la fundamentadora*?

Así es, según Habermas, porque para él la ética no tiene otra misión más que la de esclarecer el significado del término «correcto» cuando se aplica a una norma. Mientras que Apel, desde el artículo antes citado, muestra —como hemos dicho— un especial empeño en distinguir dos partes en la ética: la parte A, que se ocupa de la fundamentación racional de la corrección de normas, y la parte B, preocupada por diseñar el marco racional de principios que permiten aplicar en la vida cotidiana el principio descubierto en la parte A.

Ciertamente, la celebridad de Apel en el campo ético se debe en primera instancia al empeño por lograr lo que él llama una «fundamentación filosófica última», en este caso, de lo moral, pero en los últimos tiempos tanto él como los que podríamos llamar miembros de su escuela vienen mostrando un especial empeño en bosquejar los trazos del marco de aplicación y en averiguar qué rentabilidad ofrece la ética discursiva para orientar la conducta en los distintos ámbitos de la vida social[19]. Y eso es lo que a continuación me propongo hacer, en la medida de lo posible, no sin antes hacer una observación que me parece imprescindible en lo que respecta a la naturaleza de la ética aplicada.

Según Apel, así como la parte A de la ética se orienta por la idea de fundamentación, la parte B se orienta por la de *responsabilidad*, porque una cosa es descubrir el principio ético ideal, muy otra intentar aplicarlo a los contextos concretos de acción, en los que la aplicación siempre viene condicionada por las consecuencias que se siguen de la acción y por las situaciones concretas. Si la ética del discurso —piensa Apel— fuera totalmente kantiana tendría que exigir, como Kant, que su principio ético se cumpliera en cualquier tiempo y lugar, sin atender a circunstancias ni a consecuencias. En tal caso el principio de la ética discursiva debería dirigir inmediatamente la acción y se formularía del modo que A. M. Pieper sugiere: «¡Obra [siempre] como si fueras miembro de una comunidad ideal de comunicación!»[20]. ¿Es racional obrar de

---

[19] K. O. Apel, *Diskurs und Verantwortung*; K. O. Apel y M. Kettner (eds.), *Zur Anwendung der Diskursethik in Politik, Recht und Wissenschaft*. Para la fundamentación, ver los trabajos de W. Kuhlmann citados en nota 29 del cap. 8.

[20] Citado por K. O. Apel, en «Diskursethik vor der Problematik von Recht und Politik», en K. O. Apel y M. Kettner (eds.), *Zur Anwendug der Diskursethik in Politik, Recht und Wissenschatfl*, p. 36. Ver capítulo 7 del presente libro.

este modo? ¿Es racional obrar siempre comunicativamente, sin reservas, tratando de llegar con el interlocutor a un acuerdo motivado racionalmente, si en múltiples ocasiones no tengo garantía alguna de que obrará de igual modo?

Exigir moralmente que siempre se actúe según el principio de la ética discursiva es para Apel —y concuerdo con él— una irresponsabilidad. Por eso conviene atender el consejo de M. Weber y optar por una ética de la responsabilidad, según la cual a la hora de valorar moralmente una acción es preciso tener en cuenta las consecuencias que se seguirían de ella para el fin que pretendemos. Lo cual significa, en el caso de la ética del discurso, que la aplicación de la racionalidad comunicativa tiene que venir mediada por el uso de la racionalidad estratégica.

Creer que del bien se sigue siempre el bien y del mal se sigue inevitablemente el mal, es en realidad irracional, es una hipótesis que no viene refrendada por los hechos, y exigir que se actúe moralmente como si tal hipótesis fuera verdadera resulta irresponsable por parte de quien lo hace. De ahí que la racionalidad comunicativa haya de venir mediada en el ámbito de la aplicación por la racionalidad estratégica, siempre que se pretendan con ello dos metas: 1) la conservación del sujeto hablante y de cuantos de él dependen; 2) poner las bases materiales y culturales para que algún día sea posible actuar comunicativamente sin que con ello peligre la conservación propia y ajena[21].

La comunidad ideal de comunicación funciona entonces como un *ideal regulativo* en sentido kantiano, como una meta de la que no sabemos teóricamente si alguna vez será posible, pero en cuya realización es moralmente racional emplear todas las fuerzas posibles, porque es un mandato de la razón perseguirlo[22]; mientras que el nuevo imperativo ético dialógico diría así:

¡Obra siempre de tal modo que tu acción vaya encaminada a sentar las bases, en la medida de lo posible, de una comunidad ideal de comunicación!

---

[21] La idea de que es necesario aplicar responsablemente el principio ético en cualquier contexto, pero especialmente en situaciones de violencia, es perfectamente comprendida por buen número de interlocutores, sobre todo en América Latina. Ver capítulo 11, apartado 3.2, del presente libro.

[22] I. Kant, *Metaphysik der Sitten*, VI, p. 354 (trad. cast., p. 194).

Ciertamente, la preocupación apeliana por diseñar un marco de mediación de la racionalidad comunicativa por la estratégica dota a la ética discursiva de un «realismo» que la hace aplicable en ámbitos como el político, el económico o el mundo de la violencia pura y nuda. Porque señalar el carácter de presupuesto pragmático contrafáctico del principio ético no basta para construir una ética que desee orientar en alguna medida la acción, sino que es preciso percatarse de si puede aplicarse a los casos concretos sin causar la destrucción de quienes pretenden seguirlo o de aquellos de los que son responsables. Si éste es el caso, si atenerse al principio comunicativo va a causar la destrucción del sujeto o de aquellos de los que responde, es éticamente obligatorio no atenerse al principio ético de la comunicación sin reservas, sino proceder estratégicamente. Pero, eso sí, con una meta: la de intentar poner las condiciones para que sea posible comunicarse sin reservas y que tal acción no tenga consecuencias nefastas.

Este planteamiento de una teleología moral históricamente distendida puede recibir y ha recibido un buen número de críticas, pero no quisiera yo tanto ahora ocuparme de ellas como plantear cinco interrogantes, esenciales —a mi juicio— para tratar de aclarar cuál sea el estatuto de la ética aplicada:

1) Si es verdad que el marco de la responsabilidad estratégica acuña *toda* aplicación de la ética del discurso, o hay ámbitos en que la responsabilidad no tiene por qué cobrar ese significado estratégico.

2) Si la ética aplicada puede ofrecer orientaciones para los distintos ámbitos de la vida social contando únicamente con uno de los *modelos éticos vigentes*, que en este caso sería el de la ética del discurso, y excluyendo todos los demás, o más bien esta ética debe funcionar como un *marco conceptual coordinador*, en el que se incluyen las aportaciones de otras éticas.

3) Si *lo moral* puede entenderse de una sola forma o el término «moral» es polisémico y para comprender el fenómeno de la moralidad en los distintos ámbitos sociales necesitamos contar con *distintas acepciones* que han ido surgiendo a lo largo de la historia.

4) Si la *estructura de la ética aplicada* no debe ser deductiva ni inductiva, sino sencillamente la propia de una *hermenéutica crítica*.

5) Si sólo el concierto de las éticas aplicadas, que tengan por base-marco el concepto de persona como interlocutor válido, pero no renuncien a las aportaciones de otras éticas que expondremos, hace posible la configuración teórico-práctica de una *democracia radical*.

6. SEIS HIPÓTESIS PARA UNA ÉTICA APLICADA

Con respecto a estas cinco cuestiones pretende el presente trabajo aventurar *seis hipótesis*, que trataré de contrastar a lo largo de los restantes capítulos, convirtiéndolas en tesis:

1) La primera de ellas consiste en afirmar que el elemento distintivo de la ética aplicada no es siempre el necesario uso de la racionalidad estratégica. Así es en algunos ámbitos, como el político o el económico, pero no en otros; y todavía en los primeros habría que precisar que el término «racionalidad estratégica» resulta en muchos casos inadecuado y más bien habría que apelar a una racionalidad prudencial que, a mi juicio, no es bien entendida por los creadores de la ética del discurso.

Fallaría, pues, la arquitectónica apeliana en el sentido de que el marco de aplicación propuesto por Apel no es válido para toda aplicación del principio ético, sino que algunos ámbitos requieren un tipo de reflexión distinta, como es el caso de la bioética, la educación o la moral cívica.

2) *La estructura de la ética aplicada no es deductiva ni inductiva*, sino que goza de la circularidad propia de una *hermenéutica crítica*, ya que es en los distintos ámbitos de la vida social donde detectamos como trasfondo *un principio ético que se modula de forma bien distinta según el ámbito en que nos encontremos*[23]. No se trata, pues, con la «aplicación» de aplicar principios generales a casos concretos, ni tampoco de inducir tales principios desde las decisiones concretas, sino de *descubrir en los distintos ámbitos la peculiar modulación del principio común*, o de los principios comunes. Cada campo tiene una innegable especificidad y por eso hay una melodía común a ellos, pero expresada en muy diferentes versiones. Atender tanto a la melodía como a las versiones es lo que aquí me propongo y ello nos obliga necesariamente a practicar esa *interdisciplinariedad* de la que tanto se habla y que tan poco se practica.

Porque la ética aplicada exige adentrarse en cada uno de los ámbitos de que tratemos e intentar captar en ellos su propia lógica y la modulación de los principios éticos que les es peculiar, y esto sólo pueden hacerlo los expertos en cada campo en estrecha colaboración con quienes se ocupen de la ética: los economistas y los políticos, el personal sanitario y los genetistas, los periodistas y quienes trabajan en las instituciones y organizaciones.

---

[23] J. Conill, «Ética económica», p. 204; *Horizontes de economía ética*, Tecnos, Madrid, 2004.

EL ESTATUTO DE LA ÉTICA APLICADA

En efecto, la «interdisciplinariedad» es esencial en las distintas esferas de la ética aplicada, porque pasaron los tiempos «platónicos», en los que parecía que el ético descubría unos principios y después los aplicaba sin matizaciones *urbi et orbe*. Más bien hoy nos enseña la realidad a ser muy modestos y a buscar junto con los especialistas de cada campo qué principios se perfilan en él y cómo deben aplicarse en los distintos contextos. La interdisciplinariedad no es, entonces, una moda, sino una urgencia.

Por otra parte, esta obligación de trabajar codo a codo con otros especialistas está salvando a la ética. Como decía S. Toulmin refiriéndose a la bioética: «la bioética salvará a la ética», porque, en caso contrario, los éticos se perderán en especulaciones sin cuento y abandonarán su tarea de orientar, siquiera sea mediatamente, la acción. Y no deja de ser interesante, tras haber expuesto una teoría ética, practicar la ética-ficción, como hace A. MacIntyre, e imaginar qué mundo resultaría de su puesta en vigor. Ésta sería, a mi juicio, la «prueba del 9» de una teoría moral.

3) Ahora bien, con esto no he aclarado en qué consistiría un proceso de toma de decisión en casos concretos, que constituiría algo así como una Parte C de la ética, si es que tenemos interés en ampliar el alfabeto. En los procedimientos de toma de decisión es preciso tener en cuenta:

— La *actividad* de la que nos ocupamos (médica, económica, ecológica) y la *meta* por la que esa actividad cobra su sentido. En este punto es importante recordar con MacIntyre el valor de la praxis y cómo toda actividad cobra su sentido de perseguir unos bienes internos a ella.
— Los *valores, principios* y *actitudes* que es menester desarrollar para alcanzar la meta propia, el bien interno a esa praxis.
— Los valores y principios peculiares, estrechamente unidos a los anteriores, que surgen de la modulación del *principio ético dialógico* en esa actividad concreta.
— Los datos de la situación, que debe ser descrita del modo más completo posible.

Las decisiones han de ser tomadas en cada caso por los afectados, o por sus representantes, desde el marco deontológico que los considera como interlocutores válidos, si bien los argumentos que se aporten al diálogo pueden muy bien proceder de distintas tradiciones éticas.

Y en esa toma de decisiones cabe recordar que los principios valen *prima facie*, es decir, que han de ser seguidos mientras no entren en colisión con otros de igual rango[24], y que en el caso de que entren en conflicto, son los afectados o sus representantes quienes tienen que decidir, contando con todos los datos posibles del caso, y llegando a una decisión personal; lo cual no significa que sea subjetiva. «Subjetiva» significaría que no pueden argumentarla ni, por tanto, lograr que otros puedan compartirla; «personal» significa que es el sujeto el que responsablemente la asume, contando con argumentos que podrían llevarle a un acuerdo con otros en una situación racional de diálogo.

4) En cuarto lugar puede decirse que *la ética del discurso no es la única que permite dar cuenta del fenómeno moral*, sino que precisamos distintas tradiciones de lo moral para responder a los retos de la ética aplicada en los diversos ámbitos.

Sin duda la realidad manda y las distintas tradiciones se han ido mostrando con el tiempo como unilaterales, de suerte que una complementariedad entre ellas es necesaria ya en la parte A, como intenté mostrar en *Ética sin moral*. Decía allí que las dicotomías éticas clásicas —éticas teleológicas/deontológicas, de la convicción/de la responsabilidad, procedimentalistas/sustancialistas— han de ser superadas en un tercero que constituya la verdad de ambas. Sin embargo, lo que es hoy patente ya en la parte A resulta diáfano en la parte B: un solo modelo de ética es impotente para orientar las decisiones de los mundos político y económico, médico, ecológico o, simplemente, la convivencia ciudadana. Por eso nos vemos obligados a sumar, y no a restar, a tener en cuenta los diferentes modelos en el momento oportuno.

Aunque, eso sí, el elemento coordinador será la ética del discurso, porque hunde sus raíces en la acción comunicativa y en la subsiguiente argumentación, que constituyen el *medio de coordinación* —aunque no la sustancia— de las restantes actividades humanas. Precisamente *la idea de sujeto como interlocutor válido configura el trasfondo melódico común a todas las esferas, ya que en todas ellas es, en último término, el afectado quien está legitimado para exponer sus intereses y lograr que sean tenidos en cuenta los universalizables*. Tiempo es ya —diría yo— de tomar en cuenta sus derechos y sus responsabilidades.

5) En quinto lugar, creo que no se ajusta a la realidad del fenómeno moral tratar de entenderlo recurriendo a uno solo de los modos de entender lo moral, que han ido surgiendo históricamente. Por el contrario,

---

[24] D. Gracia, *Procedimientos de decisión en ética clínica*.

EL ESTATUTO DE LA ÉTICA APLICADA 177

cada uno de estos modos tiene un peso específico en cada uno de los ámbitos de la mal llamada ética aplicada y es imposible prescindir de alguno de ellos.

De ahí que intente en los capítulos que siguen calibrar la pregnancia de cada uno de esos modelos morales para concebir la moralidad de cada ámbito.

6) Ahora bien, habida cuenta de que tales ámbitos dependen en último término de los valores compartidos por la sociedad civil, consideraremos la ética aplicada como una suerte de *ética cívica*, que se expresa en ámbitos como la medicina, la política, la genética, la ecología, la información, la economía o los negocios. Que se expresa en ellas quiere decir que la ética aplicada es la resultante de un doble movimiento: del proceso «inductivo» por el que se configura a partir de los valores surgidos de las distintas actividades, y del proceso «deductivo» por el que los principios y valores comunes a una sociedad democrática se aplican a las distintas dimensiones sociales. De la potenciación de este doble proceso y de la encarnación en la vida cotidiana de los valores que de él surgen depende —a mi juicio— la única esperanza de crear una «*democracia auténtica*», una «*democracia radical*».

Para intentar ir contrastando estas hipótesis empezaremos por explicitar las dos últimas, es decir, por exponer los distintos modos de entender el fenómeno moral y por diseñar los trazos de la moral cívica[25].

---

[25] Para la aplicación a distintos ámbitos de la vida social de una ética cívica que hunde sus raíces en una peculiar ética del discurso, ver: A. Cortina, «El estatuto de la ética aplicada. Una hermenéutica crítica de las actividades humanas»; *Hasta un pueblo de demonios*; «Bioética cívica en sociedades pluralistas», *Revista de Derecho y Genoma Humano*, 12 (2000), pp. 21-27; A. Cortina, J. Conill, A. Domingo y D. García Marzá, *Ética de la empresa*, Trotta, Madrid, 1994; A. Cortina (dir.), *La rentabilidad de la ética para la empresa*, Fundación Argentaria/Visor, Madrid, 1998; A. Cortina y J. Conill (eds.), *Ética de las profesiones*, VD, Estella, 2000; E. Martínez Navarro, *Ética para el desarrollo de los pueblos*, Trotta, Madrid, 2000; A. Cortina, *Por una ética del consumo*, Taurus, Madrid, 2002; A. Cortina y D. García-Marzá (eds.), *Razón pública y éticas aplicadas*, Tecnos, Madrid, 2003; J. Conill, *Horizontes de economía ética*, Tecnos, Madrid, 2004; D. García-Marzá, *Ética empresarial*, Trotta, Madrid, 2004; J. F. Lozano, *Códigos éticos para el mundo empresarial*, Trotta, Madrid, 2004; J. Conill y V. Gozálvez (coords.), *Ética de los medios*, Gedisa, Barcelona, 2004; J. C. Siurana, *Voluntades anticipadas*, Trotta, Madrid, 2005.

11. MODOS DE ENTENDER LO MORAL

Lo moral —más que la moral, puesto que se trata de un fenómeno y no de una doctrina— acompaña a la vida de los hombres y ha ido siendo captado por la reflexión filosófica desde distintas dimensiones. Para una filosofía del ser, que tiene en la ontología y en la antropología filosófica su mayor peso, una *dimensión del hombre* recibirá el nombre de dimensión moral; para una filosofía de la conciencia, como la iniciada en la Modernidad, una *forma peculiar de conciencia* será moral; para una filosofía que haya aceptado el giro lingüístico, existe un tipo de lenguaje al que llamamos «*lenguaje moral*». Precisamente porque este lenguaje, formado por expresiones tales como «justo», «mentira» o «lealtad», a nadie resulta incomprensible, podemos decir con G.H. Warnock que el término «amoralismo» es vacío. Es decir, que puede haber hombres inmorales con respecto a determinados códigos vigentes, pero no existen hombres «amorales», no existen hombres para los que carezca de sentido el lenguaje moral[1].

Desde estas perspectivas ha ido la ética extrayendo conclusiones sobre la naturaleza de lo moral que, a mi juicio, podrían esquematizarse diciendo que la *realización moral de los hombres*, a la altura de nuestro tiempo, ha de tener en cuenta *al menos* las siguientes acepciones de lo moral:

1. MORAL DEL CARÁCTER. MORAL COMO CAPACIDAD PARA ENFRENTAR LA VIDA FRENTE A «DESMORALIZACIÓN»

Lo moral puede entenderse —siguiendo una tradición hispánica, representada ante todo por Ortega y Aranguren— como la *formación del*

---

[1] Que el amoralismo es un concepto vacío, es decir, que no hay hombres amorales, puede percibirse a través del hecho de que todos los hombres comprendan el lenguaje moral, pero también a través de un análisis como el zubiriano de la *estructura moral de todo hombre*. Ver X. Zubiri, *Sobre el hombre*, Alianza, Madrid, 1986; J. L. L. Aranguren, *Ética*, parte 1.ª cap. VII; D. Gracia, *Fundamentos de bioética*, pp. 366 ss.; A. Pintor-Ramos, «El hecho moral en Zubiri», *Cuadernos Salmantinos de Filosofía*, XVII (1990), pp. 199-217; J. Conill, «La ética de Zubiri», *El Ciervo*, n.º 507-509 (1993), pp. 10-11.

carácter individual, que lleva a los sujetos a enfrentar la vida con un estado de ánimo determinado: a tener la moral alta, o bien a estar desmoralizado ante los retos vitales[2]. Recuperando el significado deportivo del término castellano, el individuo alto de moral es el que sigue un entrenamiento, el que a lo largo de su vida va ejercitándose para poder responder con gallardía a los retos vitales.

Así entendido lo moral, resulta indispensable para un individuo tener algún proyecto vital de *autorrealización*[3] e ir ganando la confianza suficiente en sí mismo como para intentar llevarlo a cabo. Y es en este sentido en el que Rawls sitúa la *autoestima* entre lo que él llama los bienes primarios, es decir, entre aquellos bienes que cualquier individuo desearía poseer para poder llevar adelante cualquier proyecto, ya que sin un mínimo de confianza en sí mismo no hay motivos sino para la desesperanza.

Por eso aquellas morales que han predicado en exclusiva el altruismo y han olvidado la necesidad de autoestima que todo hombre tiene, han procedido en contra del ser de los hombres: una razonable confianza en sí mismo y en el valor de los propios proyectos son necesarios para vivir una vida verdaderamente humana. Incluso puede decirse sin temor a errar que sin un mínimo de autoestima es imposible estimar al otro. De ahí que en la educación, por ejemplo, todo cuanto se trabaje a favor de la autoestima y el autoconcepto será poco.

A mayor abundamiento, aunque esta primera caracterización de lo moral como referido al carácter tenga por referente en primer lugar al individuo, que es primariamente el agente de moralidad, es aplicable también a las sociedades, porque una sociedad puede estar alta de moral o desmoralizada, puede tener arrestos para enfrentar con altura humana los retos vitales o carecer prácticamente de ellos. Y no se trata sólo en este caso de hablar de acciones correctas o incorrectas, de corrupciones concretas, de mentiras determinadas o de un bien concreto tráfico de influencias, sino de detectar un *desánimo generalizado*, una *generalizada falta de forma*, una compartida falta de agallas para enfrentar la vida con altura humana.

Para aclarar este primer sentido de lo moral, me permito reproducir aquel texto de Ortega, que también recoge Aranguren en su *Ética:*

---

[2] J. L. L. Aranguren, *Ética*; íd., «La situación de los valores éticos», en Instituto Fe y Secularidad y Fundación Friedrich Ebert, *Los valores éticos en la nueva sociedad democrática*, Madrid, 1985, pp. 13-20.
[3] Para el concepto de autorrealización, ver capítulo 8 del presente libro.

«Me irrita este vocablo, 'moral'. Me irrita porque en su uso y abuso tradicionales se entiende por moral no sé qué añadido de ornamento puesto a la vida y ser de un hombre o de un pueblo. Por eso yo prefiero que el lector lo entienda por lo que significa, no en la contraposición *moral-inmoral*, sino en el sentido que adquiere cuando de alguien se dice que está *desmoralizado*. Entonces se advierte que la moral no es una *performance* suplementaria y lujosa que el hombre añade a su ser para obtener un premio, sino que es el ser mismo del hombre cuando está en su propio quicio y eficacia vital. Un hombre desmoralizado es simplemente un hombre que no está en posesión de sí mismo, que está fuera de su radical autenticidad y por ello no vive su vida, y por ello no crea, ni fecunda, ni hinche su destino»[4].

2. MORAL COMO BÚSQUEDA DE LA FELICIDAD

Desde los inicios de la reflexión ética occidental en la filosofía griega lo moral se entiende como aquel ámbito humano en el que podemos *deliberar* acerca de los medios oportunos para alcanzar la felicidad. Como los hombres tendemos inevitablemente a la felicidad, y como los medios para alcanzarla tienen que ser desentrañados y elegidos, podemos hablar de una peculiar racionalidad humana que es la que discurre acerca de los modos de alcanzar tan ineludible fin, y a la que llamamos *razón —o intelecto— moral*.

La razón moral se nos presenta entonces como *razón prudencial*: como razón que intenta ser versada en las estrategias conducentes a la felicidad. Con lo cual difiere de la *razón técnica* en la medida en que ésta sabe también de medios pero únicamente para alcanzar fines puntuales, mientras que la razón moral delibera sobre lo que conviene a un hombre en el conjunto de su vida: sobre lo que es necesario para ser feliz[5].

Cierto que ya desde la ética griega aparece una diferencia importante en el modo de entender la felicidad entre *eudaimonistas y hedonistas*, porque mientras los hedonistas identifican la felicidad con el placer, los eudaimonistas incluyen en la felicidad el elemento placentero, pero como elemento secundario: la felicidad consiste en la realización de una actividad, que va acompañada de placer, pero no se identifica con él. Y esta distinción, que en el mundo griego separa fundamentalmente a los epicúreos de los aristotélicos, sigue presente a lo largo de la historia, porque el término «felicidad» se entiende de muchas maneras: los

---

[4] J. Ortega y Gasset, «Por qué he escrito *El hombre a la defensiva*», en *Obras completas*, vol. IV, p. 72; J. L. L. Araguren, *Ética*, p. 81.
[5] *Ética a Nicómaco*, VI, 4-5.

hedonistas —como es el caso del utilitarismo— entienden la felicidad como placer, y el placer debe entenderse en buena ley como una sensación agradable, como una satisfacción sensible; mientras que otras escuelas replican que, si la felicidad es aquello a lo que todos los hombres aspiran, no es cierto que en todas sus elecciones los hombres se muevan por el placer, sino también por otras metas que no proporcionan una satisfacción sensible y, sin embargo, los hombres sienten como componentes de su felicidad.

No es lo mismo, pues, buscar la propia felicidad —cosa que todos los hombres hacen—, que empeñarse en que esa felicidad se identifica con experimentar sensaciones placenteras. Buen número de los que entienden por felicidad «autorrealización», como sería el caso de zubirianos, personalistas y un largo etcétera, piensan que ésa es la meta a la que todos tendemos y la que debemos intentar alcanzar, pero que no consiste únicamente en experimentar placer. Felicidad entendida como *autorrealización* y entendida como obtención de *placer* son dos modos bien distintos de entender el fin de la vida humana.

A mayor abundamiento, el concepto mismo de *razón moral* se matiza en ambos casos con diferentes colores, porque mientras para los hedonistas no puede ser sino razón *calculadora* de placeres y dolores, para los eudaimonistas la razón moral es razón *prudencial*, que pondera los principios y valores que entran en conflicto en una situación concreta, buscando el mayor bien posible para el conjunto de la vida, entendido como tendencia a la autorrealización.

Ahora bien, en ambos casos hay un elemento común: es razón moral la que nos ayuda a encontrar los medios más adecuados para alcanzar la felicidad y, por tanto, se trata de un tipo de razón que hace posible la deliberación racional en los contextos concretos de acción. Habida cuenta de que, en último término, lo moral es cosa de toma de decisiones en situaciones concretas, en que se hace necesaria la deliberación si es que queremos proceder racionalmente, la razón prudencial y la calculadora son componentes necesarios en una concepción global de la moralidad.

Esto no significa, sin embargo, que no adolezcan de grandes limitaciones, que la historia se ha encargado de ir mostrando. Limitaciones *internas*, en la medida en que la razón prudencial tiene grandes dificultades a la hora de proporcionar un criterio para la toma racional de decisión y la razón calculadora de los utilitaristas no tiene mucho más fácil aclarar en qué consiste la utilidad, entendida como placer. Pero también limitaciones *externas*, porque la idea de que hay seres que son fines en sí mismos y no pueden tratarse como medios para fines cualesquiera, sea cual fuere el ideal de felicidad que un individuo o un grupo se haya forjado, la dolorosa constatación de que lo justo entra en ocasiones en conflicto con lo que prudencialmente conviene a mi felicidad, ha hecho necesario concebir otro modo de racionalidad moral distinto de la prudencial y la calculadora: la llamada por Kant razón práctica, que muestra aquellos deberes que deben cumplirse por respeto a lo que, por gozar de un valor incondicionado, tiene dignidad[6].

Cierto que J. S. Mill, en su libro *Utilitarismo,* intentó mostrar cómo la justicia es un ingrediente de la felicidad, cómo lo justo es una rama de lo útil, de modo que el móvil de la felicidad es el que, en último término, nos incita a ser justos[7]. Pero si el utilitarismo guarda cierta fidelidad a sus propios principios, e identifica la felicidad con la obtención de placer, es indudable —y todos tenemos experiencia de ello— que en ocasiones las exigencias de justicia entran en conflicto con los propios proyectos placenteros. *Felicidad entendida como placer* —o como bienestar— y *justicia* son dos ideas reguladoras en el campo moral que entran en conflicto reiteradamente en la vida cotidiana. Sobre este conflicto, todavía no resuelto, es sobre el que llamó la atención I. Kant.

3. MORAL DEL DEBER. MORAL COMO CUMPLIMIENTO DE DEBERES HACIA LO QUE ES FIN EN SÍ MISMO

3.1. Los inevitables conflictos entre lo justo y lo placentero

Es mérito de Kant sin duda haber descubierto en el haber humano un tipo de *racionalidad moral*, distinto a la *prudencial* y a la *calculadora*: se trata de la *razón práctica categórica*, que establece aquellos mínimos normativos que un ser racional debe cumplir, si es que quiere seguir siendo tenido por tal. No significa esto que la razón práctica dé los contenidos que los seres racionales han de cumplir, sino que indica qué requisitos debe reunir una máxima para poder ser considerada como moral. Tales requisitos son los siguientes, según la *Fundamentación de la Metafísica de las Costumbres*: que el sujeto viva la máxima como universalizable, que la piense como protectora de aquellos seres que son fines en sí mismos y que la tenga por válida en un universal reino de los

---

[6] De considerar este tipo de críticas me he ocupado en *Ética sin moral*, cap. 2.
[7] J. S. Mill, *Utilitarianism*, cap. V (trad. esp., introducción y notas de E. Guisán, Alianza, Madrid, 1984).

fines[8]. En el caso de que un sujeto compruebe que una máxima pasa el triple filtro, sabe que se encuentra ante una ley moral y que puede incumplirla, pero entonces actúa de forma inmoral.

Este modo kantiano de entender lo moral, no como el terreno que nos conduce a la felicidad, ni siquiera primariamente como formación del carácter, sino como conciencia del deber, obligó a nuestro autor a establecer una distinción que rara vez la historia le ha perdonado: la distinción entre el llamado hombre fenoménico y el nouménico, la distinción entre la perspectiva que un hombre asume cuando se pregunta por su bienestar y la que asume cuando se pregunta cómo obrar moralmente. En el primer caso el hombre de que hablamos intenta averiguar racionalmente qué medios le conducirán a su bienestar, mientras que en el segundo, el hombre en cuestión quiere saber qué normas debe cumplir cualquiera que desee conducirse moralmente. Por eso en el primer caso ha de asumir la perspectiva de su peculiaridad, en el segundo, la de la universalidad.

Este ya célebre «dualismo» introducido por Kant ha sido y es sañudamente criticado por éticos de todos los colores, aunque las propuestas aducidas como alternativas nunca han resuelto el problema señalado por Kant, según el cual el propio bienestar choca en múltiples ocasiones con lo justo. Con lo cual nuestro autor ha mostrado ser más realista en el ámbito de lo moral que sus sesudos críticos.

Utilitaristas de toda laya han entendido que el dualismo kantiano significaba primar el deber frente al bienestar, cuando el deber —según ellos— tiene que conducir al bienestar individual o colectivo o, si no, carece de sentido; pero siguen sin explicar de modo convincente por qué hay un límite a la felicidad del mayor número, que es el límite de lo justo.

Entusiastas zubirianos se precian de superar el dualismo kantiano, mostrando cómo hay una raíz común —la inteligencia sentiente— desde la que después se despliega todo mundo teórico y práctico, gracias al logos y la razón. Pero tienen difícil mostrar las bases racionales de los mandatos categóricos, que surgen del reconocimiento de que hay seres que son fines en sí mismos. «Geniales» nietzscheanos creen descubrir por vez primera en la historia cosa tan sabida y evidente como que los hombres son desiguales, y no iguales como dicen los kantianos. Para estos últimos, todo hombre puede adoptar la perspectiva de la universalidad y en eso son iguales, mientras que son diferentes en su modo de en-

---

[8] *Grundlegung zur Metaphysik der Sitten*, IV, pp. 346-437 (trad. cast. de M. García Morente, Austral, Madrid, p. 95; ed. cat. de Pere Lluís Font, trad. de Joan Leita, Laia, Barcelona, 1984, pp. 132-133).

tender la felicidad, pero los nietzscheanos descubren el Mediterráneo en pleno siglo XIX y nos revelan algo tan asombroso como que los hombres son desiguales, si no nos empeñamos en igualarlos desde características ideales.

Podríamos extendernos en las críticas casi al infinito. Pero ninguna de ellas y ninguna de las propuestas que a renglón seguido se hacen es capaz de resolver el problema para el que Kant se vio obligado a idear la solución de la doble perspectiva: el problema de que quien en su vida busca su bienestar tiene que ser sagaz, tiene que ser astuto; ha de intentar detectar cómo funcionan los sistemas y las personas y tratar de aprovecharlos como medios para sus fines. Quien busque una vida agradable ha de estar muy atento a cómo son las cosas —a lo que es— y tratar de adaptarse lo necesario como para vivir en paz con ellas. Otra cosa es quien quiera comportarse moralmente bien desde la conciencia de que hay seres en sí valiosos, a los que no se debe utilizar como medios, o desde la conciencia de que hay que tomar decisiones justas, aunque desagraden a la mayoría y aunque la mayoría no vaya a perdonarlas. La desagradable experiencia de que en todos estos casos es inevitable optar es la experiencia kantiana de la doble perspectiva, tan realista que ninguno de los intentos de superarla lo ha logrado. Quien nunca la haya vivido es dudoso que de él pueda decirse que tiene sensibilidad moral, o, lo que es idéntico, que es un ser humano.

Por tanto, *lo moral como cumplimiento de deberes, así descrito, es ineliminable en cualquier intento de concebir el fenómeno de la moralidad*, precisamente porque reconoce ese *fin* por el que tiene *sentido* el mundo moral y que es el ser racional mismo. Por eso en casos de conflicto señala la racionalidad práctica que hay un momento incondicionado: el del ser que es fin en sí mismo y no simple medio.

Naturalmente puede decirse desde otro tipo de críticas que este modo de entender lo moral relega el valor de las *virtudes* a un humillante segundo plano: al de los hábitos que es preciso adquirir para estar favorablemente dispuesto a cumplir los deberes[9]. Pero esta crítica es muy pobre —a mi juicio— porque en cualquier caso las virtudes se entienden como hábitos que predisponen para obrar en un cierto sentido y si el deontologista las supedita al cumplimiento del *deber*, el presunto ético de las virtudes las supedita al cumplimiento del *bien*. En ambos casos quedan relegadas a un modesto segundo plano.

---

[9] A. MacIntyre, *Tras la Virtud*, cap. 9.

Los comunitaristas, autores de este tipo de críticas, contestan que es la vida en comunidad la que muestra qué hábitos son virtudes y cuáles vicios porque, si un individuo integrado en una comunidad pugna por la conservación y fomento de la misma, sabrá que los hábitos que con tal fin ha de desarrollar son virtudes. Pero entonces las virtudes siguen siendo secundarias con respecto al fin que se pretende —el bien de la comunidad—, y es muy dudoso que un sujeto moderno deba identificar el bien moral con el de la comunidad en que vive.

El *universalismo*, como veremos, es ya *irreversible* y los deberes que engendra el respeto a cualquier hombre en cuanto tal exigen potenciar unos hábitos que, por lo mismo, serán virtudes. Y de hecho hablaba Kant de una *antroponomía* indispensable para cumplir el deber y yo me he permitido hablar también de una antroponomía universalizable en relación con el éthos dialógico propio de la ética discursiva[10].

3.2. LÍMITES DE LOS DEBERES INCONDICIONADOS: EL PROBLEMA DE LA VIOLENCIA LEGÍTIMA

Otro tipo de críticas a la razón práctica kantiana son más difíciles de desarticular y muestran sus límites. Y no me refiero ahora solamente a las deficiencias filosóficas más profundas de la propuesta kantiana[11], sino a las limitaciones de este modo de entender lo moral en el momento de la *aplicación*, es decir, en el momento de construir una *ética aplicada*. Porque si es cierto que señalar a un tipo de seres como fines en sí da sentido a interpretar la economía, la política y todas las demás actividades como medios a su servicio, no es menos cierto que este reconocimiento no es de excesiva ayuda en el caso de tomar decisiones en situaciones concretas ante un conflicto de valores o principios morales.

Por poner un ejemplo, a la hora de establecer criterios para decidir qué pacientes serán ingresados en una unidad de cuidados intensivos, el hecho de reconocer que *todos* ellos, sin distinción de sexo, grado o tipo de enfermedad, son fines en sí, no nos ayudará a discriminar entre ellos, y nos veremos obligados a recurrir a otras propuestas morales para que nos ayuden a hacerlo, aunque dentro del marco deontológico.

---

[10] *Metaphysik der Sitten*, VI, p. 406 (trad. cast., p. 263; estudio preliminar de A. Cortina, LXXXIV); A. Cortina, *Ética sin moral*, cap. 7; *Ética de la razón cordial*, Nobel, Oviedo, cap. 8.
[11] La escisión de los mundos, el nouménico y el fenoménico, o la dificultad de extender la deducción trascendental al ámbito práctico (ver A. Cortina, Estudio preliminar a *La Metafísica de las Costumbres*, pp. XXVI-XXXI).

Por otra parte, si la moral deontológica trata de deberes que han de ser cumplidos de forma *incondicionada*, ¿cómo resolver los conflictos que se producen entre distintos deberes en situaciones concretas? ¿El hecho de tener que optar sin remedio por uno de ellos, dejando el otro incumplido, obliga al agente a considerarse en cualquier caso inmoral?

Un claro ejemplo de este tipo de conflictos es el que se produce cuando, en situaciones de palmaria violencia y opresión, alguien *exige a los oprimidos como un deber moral* que se comporten de forma no violenta. Si la razón de la exigencia es que la violencia es intrínsecamente mala y que bajo ninguna condición puede ser utilizada, entonces el oprimido se encuentra bloqueado entre el deber moral incondicionado de defender la vida de los oprimidos, y el deber igualmente incondicionado de no hacer uso de la violencia: en cualquier caso su opción es inmoral; cuando él no ha elegido nacer y vivir en tal situación de violencia. Y, por si faltara poco, los que hemos tenido la inmensa suerte de no nacer en una situación igual, todavía nos permitimos el lujo cínico de tacharles de inmorales por recurrir a la violencia.

Si leyéramos trabajos como los de I. Ellacuría o los «Apuntes para una espiritualidad en tiempos de violencia», escrito por Jon Sobrino desde la experiencia salvadoreña, creo que nos percataríamos de que la opción de los oprimidos por la violencia de resistencia o por la noviolencia activa —que, a mi modo de ver, no deberían descalificarse mutuamente— no descansan en dos modos distintos de valorar la violencia, sino en modos distintos de «dejarse afectar activamente por la realidad histórica»; en modos distintos de entender cómo los ideales morales exigen ser realizados en la historia[12].

En efecto, a mi modo de ver, fue M. Weber quien puso por vez primera expresamente el dedo en la llaga al señalar —como es bien conocido— la diferencia entre dos actitudes al enfrentar el tema de la exigibilidad de los ideales morales: la propia de una moral de la convicción y la propia de una moral de la responsabilidad[13]. La primera, representada por la ética kantiana y por los pacifistas de su tiempo, entiende que hay acciones intrínsecamente malas, que por eso están siempre prohibidas; de ahí que califique Weber de *absolutistas* a quienes defienden que

---

[12] J. Sobrino, «Apuntes para una espiritualidad en tiempos de violencia», *Semana de Paz y Reconciliación*, Desclée de Brouwer, Bilbao, 1993, pp. 113-139; I. Ellacuría, «Violencia y Cruz», en *Teología política*, San Salvador, 1973, pp. 95-127; íd., «Trabajo no violento por la paz y violencia liberadora», *Concilium*, 215 (1988), pp. 85-94.

[13] M. Weber, «Política como vocación», en *El político y el científico*, Alianza, Madrid, 1967, pp. 81-179; ver también cap. 10 de este mismo trabajo.

mandatos morales, como no recurrir a la violencia o no mentir, deben ser obedecidos de forma absoluta, es decir «suelta de» el contexto de acción, desligada de las circunstacias que en tal contexto previsiblemente se seguirían. Mientras que tendrá por partidarios de una ética de la responsabilidad a quienes creen que nunca una acción puede valorarse moralmente «suelta» del contexto y las consecuencias, nunca una acción puede exigirse de forma absoluta, sino que en la propia valoración hay que atender al contexto y las consecuencias. Este celebérrimo pasaje weberiano ha sido comentado por cuantos éticos después de él han sido y, de entre ellos, también por quienes hoy en día apuestan por la noviolencia y tienen a la violencia por injustificable en cualquier caso, como es el caso de G. Arias[14]. Y tras leer a Weber, replican que el noviolento no es un absolutista, sino que también cuenta con la experiencia histórica de que la noviolencia es más eficaz que la violencia de respuesta, lo que ocurre —añade— es que se trata de una eficacia a largo plazo.

Yo quisiera mediar en la disputa recordando en principio que, corrigiendo la opinión de Weber, en nuestro caso hay acuerdo entre unos y otros en que la violencia es intrínsecamente mala, expresión de un mal existente y generadora de mal, de suerte que contextos y consecuencias no pueden hacerla buena: la violencia es siempre indeseable, indigna de ser deseada. Por otra parte, también unos y otros aducen razones de eficacia mostrada por la historia, con lo cual el presunto absolutismo de los no-violentos resulta paliado y parecen todos convenir en una ética de la responsabilidad: no es por convicción desligada de la historia por la que se mantienen las posiciones, sino por responsabilidad, por eficacia a largo plazo.

Ahora bien, si éste es el caso; si unos y otros convienen en abrirse a la historia sin exigencias apriorísticas, entonces más coherente es la posición de quien no se cierra a considerar que en ocasiones la violencia pueda estar justificada y que son los afectados por la historia quienes responsablemente han de decidir. Porque ésa es la miseria y la grandeza de la decisión moral: que nadie puede asumirla *a priori* por mí, que soy yo quien ha de decidir personalmente, es decir, de una manera responsable de la que puedo dar razón.

Éstas son algunas de las razones por las que el modo de entender la *incondicionalidad* de los deberes ha cambiado en los planteamientos deontológicos posteriores a Kant. Aunque los deontologistas —y cual-

---

[14] G. Arias, «Hacia una cultura de la no-violencia: principios y mecanismos de la acción no-violenta», en *Semana de Paz y Reconciliación*, pp. 69-87.

quier hombre que se precie de serlo— seguimos agradeciendo a Kant el «descubrimiento» de que la vida moral no consiste en buscar el propio bienestar a costa de lo que sea, sino en poner el mundo humano al servicio de los hombres, ya que son fines en sí mismos, y precisamente porque éste —y no otro— es el sentido de la vida moral, en el terreno ético se ha ido produciendo un desplazamiento desde entender las exigencias morales como *absolutas*, como *incondicionadas*, en el sentido kantiano descrito, hasta interpretarlas como «deberes *prima facie*».

Son deberes *prima facie* aquellos que han de ser cumplidos siempre que no entren en colisión con otros que, en el caso concreto, pueden tener mayor fuerza exigitiva, precisamente porque defienden mejor a los hombres. Quién haya de ponderar la exigencia moral es siempre en último término el sujeto, hecho por el cual, y como gracias a Dios va siendo idea bien extendida, más nos vale formar actitudes que multiplicar las reglas, porque grandeza y miseria de lo moral es que al cabo tengan que decidir los actores y nadie pueda hacerlo por ellos.

Por eso en temas como el de la violencia urge invitar desde la reflexión y desde la acción a orientar las actitudes desde claves que —siguiendo a Sobrino— minimicen la violencia y que la rediman. En este doble esfuerzo estaría la tarea de cualquiera que se deje «afectar por la magnitud de la iniquidad» en situaciones de negación injusta y masiva de la vida[15], porque dejarse afectar por la realidad y cargar con ella haciéndose responsable, es el modo humano, frente al animal, de habérselas con las cosas, como bien vivió Ellacuría y como elevó a concepto de la mano de Xavier Zubiri.

Frente a un idealismo empeñado en reducir la realidad a un modo humano de categorizar impresiones —podríamos añadir: frente a un idealismo que exigiera incondicionadamente el cumplimiento, no sólo de la forma sino también del contenido concreto de lo moral—, el realismo de cuño zubiriano «ordena» dejarse afectar por la realidad, hacerse cargo de ella y responder de ella. Sólo desde tal actitud puede caber una violencia liberadora, siempre que no degenere en venganza, terrorismo y mística; sólo desde tal actitud pueden percibirse lo que Sobrino llama «bienes de la violencia de respuesta». Y en este punto quisiera introducir una pequeña reflexión acerca de cómo asumiría la ética del discurso el problema de la violencia.

Llega nuestra ética al descubrimiento —recordemos— de que la razón humana es dialógica, de tal modo que un hombre nunca podrá in-

---

[15] J. Sobrino, *op. cit.*

terpretar sus propios intereses ni sabrá lo que es moralmente correcto a no ser que participe en un diálogo con todos los afectados por las normas que son puestas en cuestión; diálogo que ha de celebrarse en condiciones de simetría y desembocar como conclusión en un consenso tal que se logre por el asentimiento sin reservas de todos los afectados, al haber sido convencidos por la fuerza del mejor argumento, que es el que defiende intereses universalizables.

Ciertamente, la ética discursiva parece a primera vista una ética típica del Primer Mundo, propia de países europeos occidentales, en los que el diálogo parece de buen tono como modo de dirimir las contiendas. En estos países la moral habría sido sustituida por la estética, y parecería de mal gusto hablar de miseria, de injusticia, no digamos de violencia. En cambio el diálogo entraría de lleno en una ética estética de las buenas maneras.

Yo comprendo que ésta pueda ser la impresión suscitada por una ética dialógica a cuantos hace siglos ya están *de facto* y *de iure* excluidos de todos los diálogos en que se toman decisiones que les afectan, y que escuchen con verdadera desconfianza todas estas patrañas del diálogo universal, cuando no es sólo que no se les invita a la mesa de negociaciones: es que se les está negando la vida. Y tengo que reconocer que es sobre todo en América Latina donde he comprendido, hasta donde puedo hacerlo, qué sentirían un «desechable» o un sicario al oír hablar de un diálogo en que sus intereses serían tenidos en cuenta en pie de igualdad con los de un alemán o con los de un español de clase media, o con compatriotas de la clase alta: haría falta una fe que moviera montañas para tomárselo remotamente en serio.

Pero, con todo y con eso, voy a permitirme romper una lanza por esa ética, que al fin y al cabo es la que defiendo por su potencial universalista y por su talante liberador: porque no hay liberación de los hombres concretos sin exigir para todos ellos condiciones de vida y dignidad, empezando, para que la exigencia se realice, por los más faltos.

No es extraño —o a mí no me lo parece— que defensores de la ética de la liberación hayan entrado en relación con la ética del discurso, considerándola como la más apta para dar cuerpo a la tarea liberadora, siempre que se añadan matizaciones sustanciales —porque una matización puede ser sustancial— para las que son los terceros y cuantos mundos los que tienen aguda sensibilidad. En este caso voy a referirme a lo que Sobrino llama los subproductos positivos de la violencia, de entre los que destaca dos: la capacidad de la violencia para desenmascarar la mentira institucionalizada, cuando no hay otro modo de hacerlo, y su exigencia permanente de luchar contra la injusticia. ¿Puede tener alguna función beneficiosa la violencia de respuesta —quisiera preguntarme— en una ética dialógica, como la que defiendo por su universalismo y carácter liberador?

A primera vista podría creerse que una ética dialógica exige desenmascarar la injusticia a través del diálogo, y no a través de la violencia, como forma más racional de hacerlo. Puesto que toda persona es virtualmente un interlocutor válido, es una exigencia moral denunciar verbalmente las injusticias que eliminan la vida, la reducen en su dignidad o privan de una palabra en el discurso; lo cual nos llevaría en buena ley a poner en cuestión todo el orden mundial establecido. Y ciertamente esto es lo que dice de forma expresa la ética dialógica: que una situación de injusticia es ya una situación de conflicto en que las normas vigentes deben ser dialógicamente revisadas. ¿No es esto lo que cualquier persona razonablemente sana desearía como forma de resolver conflictos de acción?

Sin embargo, y siendo esto cierto, cuando he comentado estas propuestas de diálogo en América Latina, aun cuando toda persona sensata apuesta por la solución dialógica como la más deseable, surge siempre la pregunta de su viabilidad: ¿cómo recurrir a un diálogo trasparente en condiciones de palmaria violencia, en las que aquel que se comporta dialógicamente va a ser aniquilado por quienes ni sueñan en entrar en un diálogo y sólo piensan en eliminarle con todos los suyos, porque ni remotamente creen que tienen ante ellos interlocutores válidos? ¿Qué es recurrir al diálogo en tales contextos sino una solemne irresponsabilidad?

Ante preguntas como éstas, tan cargadas de razón, hace tiempo comprendí que la posición de Habermas en la ética que nos ocupa, empeñada nada más en aclarar cuestiones de fundamentación, es insostenible, y que resulta mucho más adecuada la de Apel: una cosa es descubrir un principio ético, otra aplicarlo en los contextos concretos; en el nivel de la aplicación *la responsabilidad prima sobre la presunta pureza*, y eso exige en ocasiones no correr el riesgo de la transparencia unilateral, sino usar estrategias para neutralizar las estrategias ya operantes en la realidad. Usarlas —eso sí— con vistas a crear una situación en la que sea posible comportarse de modo transparente sin arriesgar con ello la vida propia y ajena.

Sin embargo, y conviniendo con lo dicho, quisiera ir yo más allá y pensar desde la ética del diálogo si en una situación de violencia como la de la negación masiva de la vida puede la violencia de respuesta tener una función positiva. Y creo que sí, porque la verdad de la ética dialógica, como ética universalista, consiste en recordar que *de derecho* todos los hombres son *interlocutores válidos*, lo cual significa que son inmorales las decisiones de aquellos diálogos en que no se tienen los intereses de todos en cuenta, y que no hay mejor defensor de los propios intereses que uno mismo. Ahora bien, para que se dé el paso al *reconocimiento real* de una inmensa cantidad de hombres como interlocutores válidos lamentablemente en muchas ocasiones no basta el diálogo mismo, porque los *hablantes reales*, los que—podríamos decir a lo castizo— monopolizan la voz cantante, no tienen interés alguno en admitir nuevos interlocutores. ¿Cómo romper el círculo?

Al interlocutor potencial no le queda más recurso que ofrecer algún tipo de mercancía, por el que hablar con él pueda resultar interesante; o bien, como ha ocurrido constantemente a lo largo de la historia, recordar su injusta exclusión por medio de la violencia, recordar que puede dañar de tal modo que conviene tomarle en serio; o tratar de volver del revés la violencia, cargando con ella.

Por empezar con la segunda opción, ya que la primera es clara, es ya vieja en la historia la violencia que busca el reconocimiento, y ahora, en la época de las cumbres y los encuentros, tomaría cuerpo en esa voluntad de ser reconocido como un interlocutor real válido en los diálogos que llevan a decisiones que me afectan. «Los pobres —dije en algún lugar— son hoy los interlocutores virtuales que nunca serán reales»[16], y por eso si *la violencia de iniciativa* —podríamos llamarle— no sólo es interna y externamente mala, sino que nunca está justificada; si lo mismo le ocurre a una violencia de respuesta que, inmersa en el espiral de violencia, sólo busca ya la destrucción, *aquella violencia de respuesta que tiene por meta obtener el reconocimiento como interlocutor real en un proceso dialógico*, en el que se toman decisiones acerca de las condiciones de una vida digna, tiene una justificación; pero, eso sí, es a la vez una descalificación en toda regla de esos hablantes poderosos que se niegan a reconocer realmente vida y capacidad dialógica a millones de hombres. Ésa sí que es violencia, para la que no cabe justificación alguna.

Para destruirla no basta —y ésta es la otra cara inseparable de la moneda— con hacerle frente, sino que es preciso transformarla cargando con ella, como han hecho y hacen los mártires de esos submundos en los que se sigue negando masivamente la vida, como sería posible si nos dejáramos impregnar de una cultura del perdón o de la reconciliación[17].

---

[16] *La moral del camaleón*, cap. 13: «La ética contemporánea y los pobres de la tierra».
[17] J. I. González Faus, «Hacia una cultura del perdón. La misericordia y las bienaventuranzas como carta magna del creyente», en *Semana de Paz y Reconciliación*, pp. 88-112.

Aquí es donde aparece lo que tradicionalmente se llama en ética lo *supererogatorio*, es decir, aquellas actitudes proféticas que, sin embargo, una ética de la responsabilidad no puede exigir de un modo universal. Por eso sigue siendo de gran utilidad la distinción de D. Ross entre los *deberes prima facie* y los *deberes actuales*, es decir, entre deberes que no entran en conflicto y, por tanto, han de respetarse, y aquellos que entran en conflicto en situaciones concretas. En este último caso decidir *a priori* un orden lexicográfico resulta en realidad imposible y por eso las decisiones morales son personales e intransferibles.

4. MORAL DE LAS VIRTUDES COMUNITARIAS

En nuestro momento, como ya hemos comentado, se produce una crítica feroz desde distintos ámbitos contra una cultura individualista, generada por la Modernidad, que no crea sino atomismo y cultura de masas. El presunto individualismo responsable del que habla Lipovetsky sería impotente para superar las consecuencias nefastas del individualismo al que hemos accedido, y de ahí que, frente al individuo desarraigado de la sociedad de masas, recuerde la corriente *comunitaria* el irrenunciable papel moral de la comunidad en la formación de las personas: el individuo que se *identifica* como tal individuo en una comunidad concreta, cobra personalidad desde su *pertenencia* a ella, y desarrolla aquellas virtudes que la comunidad le exige y que se entienden como *excelencias*. Frente al individuo abstracto del que hablan los liberales, sujeto de derechos y deberes a su vez abstractos, el individuo comunitario es un individuo concreto que sabe qué virtudes ha de ejercitar para desarrollar una vida plena en el seno de una comunidad a la que pertenece.

Ciertamente resulta indudable que la moral tiene una dimensión *comunitaria*, en la medida en que un individuo se socializa y aprende a vivir valores en el ámbito de una comunidad, que se nutre culturalmente de un entrecruzamiento de tradiciones. Los valores y normas de las respectivas tradiciones cristalizan en costumbres, normas legales e instituciones, que componen el *ethos* de las comunidades. Y el desarrollo de las virtudes y la identificación del propio yo exigen una vida comunitaria integrada, frente a una existencia desarraigada: exigen que cada individuo enraíce en el *humus* de las tradiciones de una comunidad concreta[18].

---

[18] A. MacIntyre, *Tras la Virtud*; A. Cortina, *Ética sin moral*, cap. 4; E. Etzioni, *La Nueva Regla de Oro*, Paidós, Barcelona, 1999; A. Castiñeira (dir.), *Comunitat i nació*, Proa, Barcelona, 1995.

En este punto creo que la ética discursiva debería precisar con mayor claridad que no es sólo una ética de principios, sino que también reconoce como elemento constitutivo de una persona su pertenencia a *comunidades reales de comunicación*, en la que se identifica como un yo concreto y aprende valores y virtudes. Por eso, más que hablar de una comunidad real de comunicación, tendríamos que hablar de distintas comunidades reales, necesarias para configurarse como persona: familia, comunidad nacional, empresa, institución en la que se trabaja, etc. Es en este sentido en el que, por ejemplo, la ética empresarial está tratando de superar las insatisfacciones causadas por el individualismo, integrando de nuevo a las personas en «comunidades» concretas, como pueden serlo las empresas[19].

Ahora bien, quien se limite a vivir la solidaridad en una comunidad concreta no trasciende los límites de la *solidaridad grupal*, que es incapaz, entre otras cosas, de posibilitar una vida democrática. Una democracia auténtica precisa el tipo de *solidaridad universalista* de quienes, a la hora de decidir normas comunes, son capaces de ponerse en el lugar de cualquier otro, son capaces de sentirse miembros de una *comunidad universal* de hombres, que incluye a los ya existentes y a las generaciones futuras. Y es que, en definitiva, sigue siendo irrebatible que «somos hombres, y nada de lo humano puede resultarnos ajeno».

5. MORAL COMO CUMPLIMIENTO DE PRINCIPIOS UNIVERSALES

En efecto, reducir lo moral al nivel comunitario supone no haber dado el paso al *nivel postconvencional* en el desarrollo de la conciencia moral, del que ha tratado ampliamente L. Kohlberg.

Según Kohlberg, en el nivel convencional un individuo trata de insertarse en la comunidad en la que vive y, en consecuencia, identifica las normas morales correctas con las propias de su comunidad; mientras que en el nivel postconvencional el individuo es capaz de distinguir las *normas comunitarias*, convencionales, de *principios universalistas de justicia*, que le permiten criticar incluso las normas de su comunidad[20].

---

[19] Ver capítulo 17 del presente libro.
[20] L. Kohlberg y otros, *Moral Stages: Current Formulation and a Response to Critics*, S. Karger, 1983; J. M.ª Puig Rovira y M. Martínez Martín, *Educación moral y democracia*, Laertes, Barcelona, 1989.

Ésta es la razón por la que las llamadas éticas universalistas («liberales» o «socialistas»), que intentan dar cuenta de este nivel, se niegan hoy a reducir lo moral a los «hábitos del corazón» de los individuos y las comunidades, y proponen, frente a las tradiciones de las comunidades concretas, *principios universales de justicia, legitimadores de normas*.

Cierto que, a renglón seguido, se encuentran con la crítica comunitaria de que, a fin de cuentas, también ellas parten de tradiciones y no hacen sino intentar universalizar su propia tradición, con lo cual el comunitarismo y el etnocentrismo parecen insuperables y el nivel postconvencional, ilusorio. Sin embargo, a mi juicio, aun siendo verdad que las éticas universalistas también están enraizadas en tradiciones, de ahí no se sigue que sean incapaces de superar el convencionalismo. Lo que sucede más bien es que resulta absurdo contraponer *principios universalistas* y *tradiciones*, como si los primeros no nacieran históricamente en tradiciones, como si procedieran de una razón pura ahistóricamente constituida; pero igualmente absurdo resulta pedirle a un principio procedimental de justicia que no pretenda ser comprendido y aceptado por cualquier hombre, ya que todos ellos gozan de competencia comunicativa.

Por eso el proceso de moralización de una persona concreta ha de contar con sus comunidades reales de comunicación, en las que aprende a comportarse a través del *humus* de tradiciones, pero también con una *comunidad ideal de comunicación*, que hace referencia a todo hombre en cuanto tal.

Es este último modelo moral el que hoy compone la *estructura intersubjetiva* de la ética cívica, que late en el pulso de los distintos ámbitos de la ética aplicada[21].

---

[21] Para una profundización en los distintos modos de entender lo moral, ver A. Cortina, *El quehacer ético*, Aula XXI, Madrid, 1995.

12. ÉTICA CÍVICA

1. ¿MORAL CIVIL O MORAL RELIGIOSA?[1]

La primera noticia que un buen número de españoles ha tenido hasta el momento de que existe algo así como la ética ha sido la pregunta de su hijo, estudiante de la ESO: «que dicen que para el curso próximo he de elegir entre ética y religión, ¿qué hago?»

Duro oficio el de padre hoy en día, y más en casos como éste en que se ve obligado a decidir en condiciones, no ya de incertidumbre, que dicen ser lo propio de la racionalidad económica, sino en condiciones de total ignorancia.

Pero si duro es el choque de los padres con la ética, no lo es menos el del hijo, que se la empieza a representar sin remedio como una asignatura, alternativa a la religión, y tan «maría» como ella.

Acabado el curso —prosigamos la historia—, padres e hijos continúan más o menos igual de ignorantes al respecto, e igualmente convencidos de que la ética es algo así como una moral para increyentes. Lástima que, para una idea que unos y otros se han formado sobre la ética, la pobre sea falsa, fruto de una pugna coyuntural entre gobierno y jerarquía eclesiástica por resolver el problema de la enseñanza en la religión. Porque —como sabemos— la ética ni es, ni tiene por qué ser una alternativa a la religión. Y no sólo la *ética*, sino tampoco —introduzcamos un factor nuevo— la llamada *moral cívica*[2].

La *ética* —empezaremos recordando— no es ni civil ni religiosa, ni puede serlo, sencillamente porque es *filosofía moral*, es decir, aquella

---

[1] De analizar con mayor profundidad la naturaleza y estructura de la ética cívica me he ocupado en *Ética de la sociedad civil; Ética civil y Religión*, PPC, Madrid, 1995; en *Hasta un pueblo de demonios*, cap. VII, y en *Alianza y contrato*, Trotta, Madrid, 2001, cap. 9.

[2] Para la moral cívica, ver, entre otros, V. Camps, «Virtualidades de una ética civil», *Iglesia Viva*, 155 (1991), pp. 457-464; id., «Los contenidos de la ética civil», *Documentación Social*, 83 (1991), pp. 43-50; A. Cortina, *Ética mínima*, caps. 6 y 7; A. Domingo y B. Bennássar, «Ética civil», en M. Vidal (ed.), *Conceptos fundamentales de ética teológica*, pp. 269-291; E. G. Martínez Navarro, «Reflexiones sobre la moral cívica democrática», *Documentación Social*, 83 (1991), pp. 11-26; *Ética y fe cristiana en un mundo plural*, PPC, Madrid, 2005; M. Vidal, *Ética civil y sociedad democrática*, Bilbao, 1984.

[195]

parte de la filosofía que reflexiona sobre el hecho innegable de que exista una dimensión en los hombres llamada «moral». En este sentido es quehacer de expertos, de filósofos en este caso, que utilizan para llevarlo a cabo métodos filosóficos, y no pueden adjudicarle apellidos no filosóficos, como «*civil*» o «*religiosa*». Tales apellidos convienen, por el contrario, a la *moral*, que forma parte de la vida cotidiana, de eso que se ha dado en llamar el «mundo de la vida» (*Lebenswelt*), de suerte que cabe decir con Apel que, en lo que respecta a los contenidos morales, ostenta la primacía el mundo de la vida, mientras que en el ámbito de la fundamentación racional, es la ética quien ostenta la primacía[3].

Si empezamos por la vida cotidiana, encontraremos distintas morales que, al «ofrecer sus servicios», van configurando el vivir de los hombres. Algunas son *religiosas*, es decir, apelan expresamente a Dios para dar sentido a sus propuestas, y podemos decir que han sido y son numerosas; otras, por el contrario, no hacen tal apelación expresa, y son, por tanto, morales seculares, de entre las cuales podemos destacar para nuestros propósitos la *moral civil*[4]. A diferencia de las morales religiosas, que tienen una larguísima historia, la moral cívica es relativamente reciente, ya que tiene su origen en la positiva experiencia, vivida a partir de los siglos XVI y XVII en Europa, a la que reiteradamente me he remitido[5]: la de que es posible la convivencia entre ciudadanos que profesan distintas morales religiosas o ateas, siempre que *compartan unos mínimos axiológicos y normativos*; precisamente el hecho de compartir esos mínimos permite la convivencia de los máximos.

La moral cívica consiste, pues, en unos mínimos compartidos entre ciudadanos que tienen distintas concepciones de hombre, distintos ideales de vida buena; mínimos que les llevan a considerar como fecunda su convivencia. Precisamente por eso pertenece a la «esencia» misma de la moral cívica ser una *moral mínima*, no identificarse en exclusiva con ninguna de las propuestas de grupos diversos, constituir la base del *pluralismo* y no permitir a las morales que conviven más proselitismo que el de la *participación en diálogos comunes* y el del *ejemplo personal*, de suerte que aquellas propuestas que resulten convincentes a los ciu-

---

[3] K. O. Apel, *Estudios éticos*, p. 79.
[4] La moral civil no se identifica con la religión civil, contra lo que algunos creen. Para la religión civil, ver S. Giner, «Religión civil», *Diálogo Filosófico*; íd., *Ensayos civiles*, Península, Barcelona, 1987, pp. 169-188; H. Lübbe, «Estado y religión civil», en *Filosofía práctica y Teoría de la Historia*, Alfa/Laia, Barcelona, 1983, pp. 79-108; A. Cortina, *Ética sin moral*, pp. 134-143; íd., *La moral del camaleón*, cap. 9.
[5] Ver capítulo 2 del presente libro.

dadanos sean libremente asumidas, sean asumidas de un modo autónomo. Por eso carece de sentido presentar como alternativo el par «moral cívica/moral religiosa», ya que tienen pretensiones distintas y, si cualquiera de ellas se propusiera «engullir» a la otra, no lo haría sino en contra de sí misma.

2. LAICISMO Y FIDEÍSMO

A mayor abundamiento, la pregunta «¿moral civil o moral religiosa?» es una pregunta abstracta, porque ni la moral civil, tal como se ha ido configurando en Occidente, puede desembarazarse de su trasfondo cristiano a la hora de intentar comprenderse a sí misma, ni el cristianismo puede renunciar a la mediación racional si quiere autocomprenderse. Este tipo de contraposiciones sólo gustan a *fideístas* y *laicistas*, ciudadanos igualmente *unilaterales*, incapaces —al parecer— de percatarse de lo erróneo de sus posiciones teóricas y lo sectario de su acción[6].

El *sectarismo* de fideístas y laicistas es evidente en la práctica, ya que intentan imponer su posición de forma totalitaria, eliminando al contrario; lo erróneo de su posición *teórica* es igualmente claro, a poco se reflexione, porque ni la fe se sustenta a sí misma, sin ayuda de la razón, ni la razón crece al margen de tradiciones, también religiosas, que la nutren y configuran. Frente a las pretensiones de laicistas y fideístas podemos decir, pues, que *la razón es tradicional* y, por tanto, inseparable de tradiciones también religiosas, y *la fe es razonable*, inseparable, por tanto, de la razón.

Ciertamente los ilustrados del siglo XVIII tuvieron motivos para querer establecer una separación tajante entre la razón y una fe oscurantista, basada en *autoridades* que se imponen sin haber hecho el esfuerzo de merecer credibilidad y en *tradiciones* que también se imponen «silenciosamente», sin dejarse criticar por la razón. Frente al oscurantismo de tales autoridades y tradiciones lanzó la Ilustración su divisa: *sapere aude!*, ¡atrévete a caminar sin más andadores que los de tu razón![7].

Porque una *tradición* que se impone silenciosamente y no quiere tornarse reflexiva, se ha erigido, sin dejar opción alguna, en enemigo de la razón y también del hombre. Pero lo mismo puede decirse de aquella

---

[6] Ver A. Cortina y J. García-Roca, «Laicismo, ética y religión en el debate socialista español», en *Euroizquierda y cristianismo*, Fundación Friedrich Ebert/Instituto Fe y Secularidad, Madrid, 1991, pp. 165-184.
[7] I. Kant, *Beantwortung der Frage: Was ist Aufklärung?*, VIII, 33.

autoridad —religiosa o no— que se impone y no se gana, y que bien poca fuerza puede tener en el mundo moral.

Sin duda la autoridad moral de personas ejemplares es un jalón indispensable en la biografía moral, y muchos hemos de confesar que más hemos aprendido moralmente de personas que de argumentaciones[8]. Pero también hemos de añadir que tales personas se ganaron su autoridad «a pulso», se ganaron su crédito, y por eso tuvieron peso para nosotros. Un crédito que, por otra parte, quedaba siempre abierto a la crítica, abierto a la revisión, nunca clausurado.

¿Qué fortuna pueden tener para un individuo o una sociedad que han alcanzado el nivel postconvencional en el desarrollo de la conciencia moral, en el sentido de Kohlberg, una tradición y una autoridad que se imponen sin ganarse en abierta lid el crédito, y que se niegan a someterse a crítica y revisión? Tal nivel no se alcanza sin pagar un peaje, que consiste en que los principios morales universalistas desde los que se ha aprendido a juzgar no admiten tabúes y exigen a todo viandante que se someta revisión.

Esto, y no otra cosa, significa —por lo que sé— haber accedido a la *autonomía*: saberse capaz de enjuiciar desde principios universales, estableciendo en lo moral unos mínimos que cualquier individuo debe aceptar, si se quiere racional.

Ahora bien, es indudable que los ilustrados del XVIII, entusiasmados con su descubrimiento, cayeron en la falacia abstractiva de olvidar que sus propias Luces venían de un conjunto de tradiciones y que para defenderlas iban a necesitar autoridades. Por eso tuvo la hermenéutica que mostrarnos que somos animales tradicionales: que la razón es a fin de cuentas —como diría Jesús Conill— *razón impura*, «*razón experiencial*»[9]; que la revelación es igualmente impura, porque se expresa en intepretaciones de la experiencia humana, que tienen su componente racional.

La pretensión de una ética racional de corte moderno no es ya, pues, la de librarse de la autoridad y la tradición, sino la de descubrir si hay

---

[8] Quisiera recordar en este punto que en 1992 se cumplió el décimo aniversario de la muerte de Ricardo Alberdi. Su libro sobre marxismo, escrito con Rafael Belda, *Introducción crítica al estudio del marxismo* (2.ª ed. corregida, Desclée de Brouwer, Bilbao, 1986), el amplio conjunto de sus artículos y cintas grabadas, siguen teniendo una gran actualidad. Algunos de ellos, sumamente representativos, han sido recogidos en el libro *La identidad cristiana en el compromiso social*, Marova, Madrid, 1982. Para la fuerza del testimonio en la configuración moral, ver C. Díaz, *De la razón dialógica a la razón profética*, Madre Tierra, Móstoles, 1991.

[9] J. Conill, *El enigma del animal fantástico*, sobre todo Parte II; *Ética hermenéutica*, Tecnos, Madrid, 2006, Parte III.

tradiciones desde las que se propone un universalismo ético. Siendo, pues, la exigencia universalista hija de tradiciones, las sobrepasaría en la medida en que pretende ser comprensible para cualquier tradición.

¿Cómo podría la razón moral occidental, a la hora de intentar autocomprenderse, prescindir de tradiciones que la han ido configurando con la revelación de la grandeza de cada hombre, creado a imagen y semejanza de Dios e hijo suyo, del vínculo fraterno que les une, de la fecundidad, al cabo, del amor?[10]. Pretender con los laicistas que las tradiciones religiosas no han aportado sino discriminación es pura ignorancia o mala fe, porque el cristianismo es en realidad la buena noticia de la paternidad de Dios y la fraternidad humana. Otra cosa es lo que en múltiples ocasiones hayan hecho con él quienes detentan el poder, utilizando también la religión en provecho propio. Pero éste no es problema del mensaje cristiano, sino problema del poder fáctico, responsabilidad de quien de hecho manda.

Como habitualmente los extremos se tocan, de igual sectarismo práctico y abstraccionismo teórico hacen gala los fideístas, convencidos —al parecer— de que es posible una cierta comprensión de Dios, una cierta comprensión de qué sea la relación entre hermanos sin mediarlas racionalmente. Como si revelación y tradición no fueran también fruto de experiencias humanas, que tienen su componente racional[11].

Porque si queremos plasmar en la práctica la afirmación «Dios es Padre y los hombres son hermanos», si queremos traducir esas afirmaciones teóricas en acción, tendremos que decir a la altura de nuestro tiempo cosas que no dijo la fe de tiempos anteriores. Tendremos que decir que Dios quiere al menos el respeto a las tres generaciones de derechos humanos, es decir, el respeto a la vida, a la expresión libre, a la libertad de pensamiento y conciencia, el fomento de las condiciones económicas y culturales que hacen esto posible, la defensa de la paz y de un medio ambiente sano.

Esto, que parece hoy una obviedad y un mínimo modestísimo para la fe, no lo fue para los cristianos de tiempos anteriores, que creyeron legitimada la guerra por diferencias de religión, que tuvieron por religiosamente obligatoria la muerte del hereje —«no pueden darse iguales oportunidades a la verdad que al error»—, que impidieron la libre expresión y la libre elección de un modo religioso o ateo de entender la vida. Esto, que parece hoy una obviedad, empezó a mostrarse en trata-

---

[10] Ver C. Díaz, *Preguntarse por Dios es razonable*, Encuentro, Madrid, 1989; J. Habermas, *Zwischen Naturalismus und Religion*, Suhrkamp, Frankfurt, 2005 (trad. cast.: Barcelona, Paidós, 2006).

[11] A. Torres Queiruga, *La revelación de Dios en la realización del hombre*, Cristiandad, Madrid, 1987.

dos de filosofía, de autores mayoritariamente cristianos, pero cansado de la intolerancia religiosa fáctica.

Y es que si la afirmación «Dios es Padre y los hombres son hermanos» quiere orientar de algún modo la acción, tendrá que hacer suyas *al menos* —aunque pretenda ir mucho más allá— esas conquistas racionales que ya los hombres de nuestro tiempo comparten y que no le son ni histórica ni esencialmente ajenas. Dios ha uncido razón y fe a una sola yunta —dije en otro lugar y sigo manteniendo— y mal se puede arar con un solo buey[12]; de suerte que la razón es «impura» y la fe racional.

3. ¿QUÉ SIGNIFICA «FUNDAMENTAR LA MORAL»?

3.1 COMPLEJIDAD DEL FENÓMENO MORAL

Una de las tareas ineludibles de la ética es, a mi juicio, como ya he dicho, la de intentar fundamentar la moral o tratar de dar razón de ella. Sin embargo, es ésta una convicción que no todos los filósofos comparte y, de hecho, en nuestros días diferentes sectores filosóficos declaran imposible (racionalismo crítico), o bien innecesario (liberalismo político) o incluso trasnochado (sedicentes «postmodernos») llevar adelante semejante empresa; mientras que otros autores abogan por diferentes modelos de fundamentación.

De entre estos últimos las corrientes *más relevantes* serían las que proponen un comunitarismo de corte aristotélico-hegeliano (A. MacIntyre, M. J. Sandel, B. Barber), los zubirianos (Aranguren, D. Gracia, A. Pintor, J. Conill), los utilitaristas de cuño moderno y los kantianos (rawlsianos y ética discursiva). Como en otros lugares ya me he ocupado de exponer los distintos modelos de fundamentación y de rechazo de la fundamentación, así como de dialogar con ellos, remito al lector interesado a tales lugares[13] y me permito aquí plantear un nuevo problema: *¿qué dimensión de lo moral queremos fundamentar cuando hablamos de la fundamentación de lo moral?*

---

[12] A. Cortina, «Moral creyente y moral laica: implicaciones y desmarques», *Sal Terrae* (1991), pp. 531-540; *Alianza y contrato*, Trotta, Madrid, 2001, cap. 9.

[13] *Ética mínima*, Parte II; íd., *Ética sin moral*, caps. 2 y 3; íd., *La moral del camaleón*, cap. 13.

Porque al tratar sobre el tema no parecemos percatarnos de que lo moral es un fenómeno complejísimo y que, por tanto, para comprenderlo es preciso recurrir a un gran número de categorías tales como deber, virtud, felicidad, fines últimos, sentido de la vida, responsabilidad, libertad, compromiso, dignidad y un largo etcétera. ¿De cuál o de cuáles de ellas queremos dar razón al preguntarnos por el fundamento de lo moral, y qué significa en este caso «dar razón»?

3.2. El cristianismo no es una moral

Cierto que no le faltaba razón a Kant al decir que no puede ordenarse una disposición de ánimo y que, por tanto, como afirma en *La metafísica de las costumbres*, puede prescribirse la *beneficencia* —el hacer el bien— no la *benevolencia* —el querer bien, porque a un querer sentiente no pueden dársele órdenes—.

Sin embargo, y corrigiendo aquí a Kant, resulta imposible identificar el amor a Dios y al prójimo con el cumplimiento de los deberes para con Dios y para con el prójimo, porque no es lo mismo ni pretende lo mismo una religión como la cristiana que una moral deontológica. Dios no prescribe, invita; no paga lo debido, regala; no pasa cuentas del mal, perdona. «La ley vino por Moisés» —dice San Juan—, y a la ley se aferran las morales deontológicas—podemos añadir—. Pero por Jesucristo no vino la ley, sino la gracia, por eso, si el cristianismo además de una religión quiere ser una moral, tendrá que ser una *moral de máximos*, una moral de la vida buena, mientras que una moral cívica será una *moral deontológica, de mínimos*. Y esta diferencia hace que carezca de sentido presentarlas como alternativas, como rivales, y, en lo que hace a nuestro tema, que carezca de sentido pedirles que fundamenten lo mismo.

En este punto quisiera entrar brevemente en diálogo con mi buen amigo Juan Luis Ruiz de la Peña, empecinado en señalar unos límites de la fundamentación racional de lo moral, entre los que quisiera recordar en este momento dos: la moral cívica —dice— no puede fundamentar la fraternidad humana, sino a lo sumo la solidaridad; la moral cívica no puede salvar, sino a lo sumo emancipar[14]. Yo quisiera puntualizar que,

---

[14] J. L. Ruiz de la Peña, «Sobre el contencioso hombre-Dios y sus secuelas éticas», en A. Galindo (ed.), *La pregunta por la Ética*, pp. 19-40. A mi juicio, también una «ética» como la que proponen ciertas tradiciones orientales es de máximos, y cabría preguntar si se atienen a mínimos de justicia. Ver al respecto V. Merlo, *La realidad supramental y la transformación integral: teoría y praxis en la obra de Sri Aurobindo*, Valencia, 1990; «Dharma, consciència i llibertat en l'hinduisme i el buddhisme», *Quaderns Fundació Joan Maragall*, n.º 13 (1993).

según lo que me propongo exponer, no son éstos límites de la moral cívica: lo serían si tal moral pretendiera fundamentar la fraternidad y asegurar la salvación y no lo lograra, pero ni siquiera lo pretende porque «no es de su competencia». Dios es —para el creyente— quien es padre y salva, no la moral cívica, ni todavía menos la política.

Y me interesa mucho destacar este punto porque cuando moral secular o política pretenden ir más allá de sus atribuciones y asumir la tarea de salvar y hacer a los hombres hermanos se convierten en ideología barata, es decir, en esa especie de bruma que hace indiscernibles los perfiles de las cosas, de suerte que en este río revuelto tienen su ganancia los pescadores y no los peces. Quede bien claro que la política es gestión honesta y responsable, quede bien claro que la moral cívica es cosa de mínimos, y dejemos el halo de lo sagrado para otros menesteres.

4. ÉTICAS DE MÁXIMOS Y ÉTICAS DE MÍNIMOS

En el amplio panorama de las éticas que hoy siguen creyendo tarea suya fundamentar la moral conviene recordar esa distinción que resulta sumamente fecunda entre éticas de máximos y éticas de mínimos.

1) Las primeras tratan de dar razón del fenómeno moral en toda su complejidad y por eso entienden la moral como el *diseño de una forma de vida felicitante*. Se trata del tipo de éticas que entienden lo moral desde un inmenso imperativo hipotético que diría: «si quieres ser feliz, entonces debes...»; de suerte que la pregunta «¿por qué debo?» vendría respondida por la obviedad: porque es el modo de alcanzar la felicidad, si quieres hacerlo. Habida cuenta de que todos los hombres quieren ser felices, los mandatos se convierten en cuasicategóricos.

Ocurre, sin embargo, que entonces hemos dado por supuesto que la pregunta por el fundamento de lo moral es la pregunta «¿por qué debo?», suposición totalmente infundada ya que el fenómeno moral es mucho más amplio que el ámbito del deber. En buena ley estas éticas de máximos deberían preguntarse, no «¿por qué hay que ser feliz?», sino «¿*cómo hay que ser feliz*? Y la respuesta no puede referirse al fundamento —«¿por qué?»—, sino al modo de serlo.

Las éticas de máximos son, por tanto, *éticas consiliatorias*, éticas que invitan o dan consejos desde la experiencia vivida en primera persona o desde la experiencia heredada de quienes merecen confianza. Por eso en ellas son importantes las aportaciones científicas y contar con la ayuda de autoridades morales, es decir, de gentes a las que se cree porque se confía en su saber y hacer[15].

Si la vida es una unidad narrativa, como quiere A. MacIntyre, en su hacerse son imprescindibles la experiencia propia y ajena, las aportaciones científicas y la autoridad de personas y tradiciones[16]. Por eso son éstos ingredientes ineliminables de una moral de máximos, que creo que todavía podría ser de dos tipos: formal (universalizable) e individual.

Morales formales serían las que hacen una invitación universalizable que se refiere a la *actitud* que ante la vida debe asumir cualquier hombre para ser feliz. Entre ellas cabría incluir una ética filosófica, como el utilitarismo, y una moral como la cristiana.

El utilitarismo, como sabemos, es una ética de móviles que explica la existencia de lo moral por la tendencia de todos los seres vivos a la felicidad, entendida como placer, y propone entonces como criterio para medir la corrección de cursos alternativos de acción «el mayor placer para el mayor número» obtenido por cada uno de ellos. Las dificultades teóricas del utilitarismo como ética son grandes[17], pero aquí sólo desearía señalar su carácter de ética de máximos que, como filosofía moral, no hace apelación alguna a la trascendencia.

El cristianismo, si se interesa por ser una moral, será también una moral de máximos, expresamente remitida al Dios revelado por Jesucristo, y que tiene como mensaje el amor de Dios y al prójimo. Pero será una moral formal porque el amor es una actitud, y un cristiano no sabe más que cualquier otro del modo de encarnarlo, no posee un talismán infalible para la solución de conflictos, porque la moral en su aplicación requiere necesariamente *soluciones contextuales*.

En efecto, hoy en día importantes corrientes filosóficas llegan a afirmar que el contextualismo es irrebasable, que nadie puede trascender ni siquiera formalmente los límites de su contexto. Yo tengo esta posición por insostenible porque la pretensión del discurso moral va formalmente más allá de los contextos particulares; sin embargo, no es menos cierto que la resolución de los problemas sólo puede hacerse ponderando los principios que entran en conflicto en cada caso concreto y teniendo en cuenta la situación de cada uno de los afectados.

Si el cristianismo quiere ser una moral —cuando en realidad es mucho más que una moral—, será una moral de máximos, formal, que invita al amor para la autorrealización de los hombres, pero que no aho-

---

[15] A. Cortina, *La moral del camaleón*, cap. 10.
[16] A. MacIntyre, *Tras la Virtud*, cap. 15.
[17] Me he ocupado de ellas en *Ética mínima*, cap. 2, y en *Ética sin moral*, apartado 2, 7.

rra a ninguno de ellos el esfuerzo de reflexionar y decidir personalmente en cada caso concreto cómo hacerlo, teniendo en cuenta a los afectados, los datos de la situación y los valores en juego. No ahorra a nadie el esfuerzo de reflexionar y decidir ni tampoco el riesgo de equivocarse.

En cuanto a las morales de *máximos individuales*, se refieren a la felicidad de los hombres concretos, y es preciso reconocer que, no sólo son consiliatorias, sino únicas e irrepetibles. Porque la felicidad se identifica con la gratificación que proporciona experimentar que el propio proyecto vital se va abriendo paso y que el horizonte encierra también una promesa de viabilidad[18]. Sin embargo, como cada hombre tiene su proyecto único de vida, las morales formales de máximos pueden ofrecerle sin duda un marco, los avances científicos prestarle recursos técnicos valiosos, pero su modo de realizar las propuestas formales es único e irrepetible, y de ella forma parte el don, el regalo, lo que el esfuerzo no puede conseguir.

Por eso, a mi entender, el lugar de la religión en la vida del hombre es más el de la ayuda a «bienquerer», el del apoyo, el consuelo y el don, que el de la prescripción y la exigencia.

2) Por lo que hace a la *moral cívica*, se encuadra en el contexto de las *morales de mínimos*, es decir, de aquellas morales que únicamente proponen los mínimos axiológicos y normativos compartidos por la conciencia de una sociedad pluralista, desde los que cada quien debe tener plena libertad para hacer sus ofertas de máximos y desde los que los miembros de esa sociedad pueden tomar decisiones morales compartidas en cuestiones de ética aplicada[19].

La moral cívica es hoy un hecho. No porque los ciudadanos de las democracias occidentales respetemos de hecho los derechos humanos y los valores superiores de las constituciones democráticas, ni porque nos desvivamos por que se respeten en los países del Tercer Mundo. La moral —conviene recordarlo— no debe confundirse con lo que de hecho sucede, sino con la *conciencia de lo que debería suceder.* La moral se ocupa de *lo que debe ser* y desde ese deber ser critica lo que sucede.

Y desde esta perspectiva es *un hecho que en las sociedades pluralistas se ha llegado a una conciencia moral compartida de valores como la libertad, la tendencia a la igualdad y la solidaridad, que se concretan en la defensa de unos derechos humanos, no sólo políticos y civiles* (derechos de la primera generación), sino *también económicos, socia-*

---

[18] J. Marías, *La felicidad humana*, Alianza, Madrid, 1987.
[19] A. Cortina, *La Ética de la sociedad civil; Hasta un pueblo de demonios*, cap. VII.

les y culturales (derechos de la segunda generación) y, prosiguiendo la tarea, en derechos ecológicos y en el derecho a la paz, que componen la llamada tercera generación. Si la libertad —se dice— es el valor—guía de la primera generación, la igualdad lo es de la segunda y la solidaridad de la tercera[20].

Precisamente porque estos valores son los que *dan sentido* compartido a la existencia de las mencionadas instituciones, pueden ser éstas criticadas por cualquier ciudadano que considere que no los encarnan debidamente. Precisamente porque estos valores campean en las constituciones democráticas y legitiman la existencia de la dominación política, puede el derecho positivo ser reformado desde una orientación moral[21].

Ahora bien, su cumplimiento y respeto llevan aparejada la práctica de unas virtudes, sin las que es imposible que los valores se encarnen en formas de vida concretas. Se trata de las virtudes propias de un *ethos dialógico*, que parte de reconocer en cada hombre ese carácter personal por el que tiene derecho a defender sus intereses —y, obviamente, a ser atendido— en unas condiciones que es obligado aproximar material y culturalmente a la simetría.

Se precisa, pues, un reconocimiento básico del otro como persona, el interés activo en conocer sus necesidades, intereses y razones, la propia disposición a razonar, el compromiso con la mejora material y cultural que haga posible al máximo la simetría, la disposición a optar, no por los propios intereses ni por los del propio grupo, sino por los generalizables. Tal actitud dialógica genera sin duda, no sólo tolerancia, sino preocupación activa; no sólo respeto, sino también solidaridad.

A mayor abundamiento, en los distintos ámbitos sociales van descubriéndose paulatinamente —como dijimos— unos principios morales específicos que, precisamente por ser compartidos, permiten a los agentes de los distintos campos tomar decisiones compartidas en los casos concretos, aunque las razones que apoyen tales valores —las premisas de las que los valores son conclusión— sean diferentes. Rastrear principios semejantes es, a mi juicio, una de las grandes tareas de nuestro tiempo y guarda una relación estrecha con el problema de la fundamentación.

Indudablemente los valores y derechos de nuestra mínima moral cívica son perfectamente defendibles por creyentes, cuya fe, bien enten-

---

[20] G. Peces-Barba, *Curso de derechos fundamentales*, I, Eudema, Madrid, 1991.
[21] Ver, sin embargo, R. de Asís, *Las paradojas de los derechos fundamentales como límites al poder*, Debate, Madrid, 1992.

dida, ha ayudado y ayuda a configurarlos. Pero no debe esperarse de ellos fraternidad o salvación, porque la moral cívica no pretende sino *dar un sentido compartido a la vida y decisiones sociales* y evitar el totalitarismo intolerante de los incapaces de pluralismo.

5. LOS FUNDAMENTOS ÉTICOS DE LA MORAL CÍVICA

De entre las distintas propuestas éticas de fundamentación de lo moral, dos son las corrientes capaces de dar razón de una moral cívica dotada de las características que hemos reseñado: el *liberalismo político* y la *ética del discurso*. Uno y otra reconocen sin ambages que su más claro precedente ético es la ética formalista, deontológica, universalista y mínima de I. Kant, hecho por el cual se conviene en denominarlas «éticas kantianas»[22]. Las diferencias existentes entre ellas proceden sobre todo del método filosófico empleado y, en consecuencia, del tipo de fundamento al que llegan.

1) En el caso de *Kant* —digamos muy esquemáticamente— el método empleado es el trascendental, que tiene sus dificultades en el campo práctico porque el modelo de deducción trascendental empleado por él tiene por referente el conocimiento científico de experiencia y no una experiencia no empírica. El punto de llegada —no de fundamentación trascendental, por cuestiones metodológicas— es la *autonomía* de cada ser racional. Frente al resto de la creación, los seres racionales son capaces de darse sus propias leyes, hecho por el cual tienen un *valor en sí*, es decir, un valor *absoluto* en sentido moral y, en consecuencia, no se les puede utilizar como medios con vistas a fines egoístas porque son en sí mismos fines.

Indudablemente, la afirmación cristiana de que el hombre es imagen de Dios late tras esta noción secular de la autonomía de los individuos y está presente en el concepto de persona, que va convirtiéndose en el centro de lo moral, porque en el punto conflictivo de considerar personas a los hombres que difícilmente serán autónomos por razones fenoménicas, seguimos afirmando que sí son personas, aunque factores biológicos les impidan el ejercicio de su autonomía. Pero, en el caso de que consideremos sólo la perspectiva deontológica del fenómeno moral y tratemos de buscarle un fundamento, la autonomía es suficientemente convincente para una *racionalidad moral*.

---

[22] Una posición crítica al respecto sería la de O. Höffe, *op. cit.*

Porque —y vuelvo a entrar en diálogo con la exposición de Juan L. Ruiz de la Peña— *la racionalidad moral no se identifica con la racionalidad ontológica.* Desde una perspectiva ontológica «absoluto» significa no contingente, es decir, que no depende de otro en su existencia: «incondicionado» es, asimismo, lo que para existir no está sometido a condición. Pero el mundo moral no es el ontológico. «Moralmente incondicionado» es aquel ser que en su valor no depende de ningún otro, porque es valioso en sí; «valor moral absoluto» significa a su vez que ese ser tiene un valor interno, no vale *para* algún fin que esté fuera de él mismo y le preste ese valor, sino que es fin en sí mismo, valioso *en* sí. Y es que *lo ontológicamente contingente no tiene por qué ser moralmente condicionado, relativo a otra cosa en su valor moral,* valioso *para* algo. Admitir esto supondría incurrir en una *«falacia sobrenaturalista»,* olvidando que el mundo moral no es el ontológico ni rezan para él las mismas categorías.

Ocurre, sin embargo, que la fundamentación kantiana de lo moral sufre una transformación en las otras dos éticas a las que me he referido.

2) El método empleado por J. Rawls, aunque él mismo no le denomine método, es —como comentamos anteriormente— el *«equilibrio reflexivo»,* que parte —como vimos— del hecho de que ya existe en los países democráticos occidentales un «consenso solapante» entre distintas posiciones, creyentes y no creyentes, posiciones que comparten determinados valores. La tarea del filósofo consistirá entonces —cree Rawls— en ayudarnos a comprender mejor lo que ya compartimos, y propone con tal fin rastrear en nuestras tradiciones cuál o cuáles darán mejor razón de ello, para pasar después a configurar conceptualmente con su ayuda un modelo que pueda devolverse a la sociedad para llevar a cabo la «tarea social práctica» de reforzar sus convicciones morales.

La tradición encontrada será la contractualista de cuño kantiano y el concepto en torno al cual gira la configuración aludida, el de *«persona moral»* en sentido kantiano. Es decir, el de un ser dotado de autonomía, que tiene el derecho de decidir las leyes de su sociedad, pero a la vez un ser inteligente que prefiere la cooperación al conflicto en la relación social.

No es posible entrar en los detalles de la rawlsiana «justicia como imparcialidad», que ha marcado sin duda nuestra época en el campo de la filosofía práctica, sino sólo destacar el método empleado para mejor comprender y reforzar ese consenso mínimo, que compone una moral cívica, método que no pretende tener fuerza metafísica, sino sólo política[23].

---

[23] Ver capítulo 2 del presente libro.

3) Por su parte, la ética discursiva pretende ir más lejos que Rawls porque, a su entender, el método trascendental filosófico puede acceder a la entraña de los tipos humanos de racionalidad y descubrir en ella que no sólo existe una racionalidad estratégica, que preside las relaciones sociales, sino una comunicativa, que ofrece base racional suficiente para una moral cívica dialógica.

El método empleado es entonces la reflexión trascendental, aplicada a un hecho incontrovertible: el hecho de que realicemos acciones comunicativas o bien el hecho de la argumentación. Reflexionando sobre él trascendentalmente descubrimos el carácter dialógico de la razón humana que, para descubrir la corrección de las normas morales, se ve obligada a establecer un diálogo presidido por unas reglas lógicas y, en último término, por un principio ético procedimental, que viene a decir: «una norma sólo será correcta si todos los afectados por ella están dispuestos a darle su consentimiento tras un diálogo, celebrado en condiciones de simetría, porque les convencen las razones que se aportan en el seno mismo del diálogo».

Naturalmente este principio se refiere a una situación ideal de diálogo, que no se da de hecho, sino que está presupuesta contrafácticamente cuando realizamos una acción comunicativa, viniendo entonces a ser una idea regulativa, que proporciona una dirección para la acción y un canon para la crítica de nuestras realizaciones concretas.

La fundamentación racional que ofrece la ética discursiva es, —como he dicho—, la más acabada filosóficamente para dar cuenta de una moral cívica como la que ha llegado a configurarse en nuestras sociedades a través de un largo proceso histórico de evolución social, precisamente por la superioridad de su construcción teórica frente a otras. Pero, además, de ella se desprenden conceptos tan valiosos para configurar una moral cívica como el de *persona*, entendida como ese interlocutor al que hay que escuchar a la hora de decidir normas que le afectan, *compromiso* en la elevación del nivel material y cultural de las personas que han de decidir, *libertad* de los interlocutores, entendida como *autonomía*, *solidaridad*, sin la que un individuo no puede llegar a saber siquiera acerca de sí mismo, aspiración a la *igualdad*, entendida como simetría en el diálogo, y realización de todos estos valores en una *comunidad real* en que vivimos, abierta a la *comunidad humana universal*.

Para quien busque en lo moral una satisfacción de intereses egoístas es una ética como ésta demasiado exigente, porque le prescribe atender a intereses generalizables, a la autonomía de todos y cada uno, a la solidaridad. Para quien quiera encontrar en la comunidad ideal de comunicación el Reino de Dios, resulta francamente decepcionante, porque no hay aquí redención de los muertos ni salvación futura, testigo constante de la propia vida, ni felicidad entendida como regalo. Pero es que no se debe pedir a una moral cívica lo que es haber de la religión.

Por eso yo querría decir, recordando el discurso kantiano sobre la construcción de una paz perpetua, que la ética expuesta es, como marco deontológico, lo más que puede pedirse por ahora a una ética dentro de los límites de la mera razón.

13. MORAL DIALÓGICA Y EDUCACIÓN DEMOCRÁTICA

1. ¿VALE LA PENA ENSEÑAR LA VIRTUD?[1]

La educación moral ha planteado desde antiguo un buen número de problemas para los que pedagogos, éticos y psicólogos han ido intentando encontrar respuesta. Tal vez el más antiguo de ellos, al menos en la civilización occidental, consista en la clásica pregunta por el aprendizaje de la virtud: ¿puede enseñarse la virtud? ¿puede enseñarse, en suma, el comportamiento moral?

Sin duda es ésta una pregunta para la que hoy todavia carecemos de respuestas palmarias, pero lo curioso del caso no es tanto esta permanencia del problema, propia de todas las cuestiones clásicas, como el hecho de que hoy en día aquellos «a quienes corresponde» parecen haber sustituido la ancestral pregunta «¿*es posible enseñar la virtud?*» por una bastante más ramplona: ¿*vale la pena enseñarla?*

La metamorfosis de la pregunta parece obedecer a uno de los «signos de los tiempos» —el del progreso técnico y su creciente complejidad—, que lleva a padres y responsables políticos de la educación a convencerse de que más vale transmitir a los niños cuantas *habilidades técnicas* sean capaces de asimilar para poder «defenderse en la vida» y alcanzar un nivel elevado de bienestar. El triunfo de la razón instrumental, que Adorno y Horkheimer detectaran, parece ser un hecho indiscutible, y además con repercusiones en el campo político, ya que la distinción entre países pobres y ricos no guarda ya relación con la riqueza de los recursos naturales, sino con la capacidad tecnológica.

Razones como éstas parecen, pues, hacer aconsejable una educación en destrezas técnicas, que harán apto al individuo concreto para alcanzar un grado de bienestar y, a la vez, permitirán configurar un país con un grado de desarrollo elevado. Teniendo en cuenta siempre que el po-

---

[1] De profundizar en la reflexión iniciada en este capítulo me he ocupado más tarde en *Ética de la sociedad civil; El quehacer ético. Una guía para la educación moral* y en *Ciudadanos del mundo*, cap. VII y en *Ética de la razón cordial*, Nobel, Oviedo, 2007, cap. 10.

tencial tecnológico parece aumentar las posibilidades sociales de libertad y bienestar.

Ciertamente, los pedagogos «concienciados» gustan de escandalizarse ante estos proyectos de educación tecnológica, pero es menester ir más allá del escándalo y la protesta, y reflexionar. En primer lugar, porque, conociendo el talante chapucero de nuestro país, lamentablemente los alumnos *no van a adquirir siquiera destrezas técnicas*. Por poner un ejemplo, no hay niño hispánico que domine un idioma al terminar el bachillerato, y bien de clases y exámenes que tiene, encaminados, al parecer, a aprenderlo. La solución, sin embargo, es siempre la misma: que viaje al país correspondiente en cuanto se lo permitan una beca o sus posibles familiares; solución bastante apropiada por cierto, sólo que para tal viaje no se necesitaban aquellas alforjas. Pero, en segundo lugar, conviene reflexionar porque maestros, padres y políticos —en suma, nuestra sociedad— tienen que plantearse en serio la pregunta: ¿*vale la pena enseñar a comportarse moralmente*? ¿creemos que vale la pena —por decirlo en el lenguaje clásico— enseñar la virtud?

Es éste un tema que, por otra parte, no parece despertar el entusiasmo de padres, políticos y educadores desde hace ya algún tiempo, porque la transformación de la pregunta «¿*es posible enseñar la virtud?*» en la pregunta «¿*vale la pena enseñarla?*» no es tan reciente como pudiera parecer. Como muestra podemos recordar al menos aquellas palabras de la kantiana *Fundamentación de la Metafísica de las Costumbres*:

> Todas las ciencias tienen alguna parte práctica, que consiste en problemas que ponen algún fin como posible para nosotros y en imperativos que dicen cómo pueda conseguirse tal fin. Éstos pueden llamarse en general imperativos de la *habilidad*. No se trata de si el fin es racional y bueno, sino sólo de lo que hay que hacer para conseguirlo. Los preceptos que sigue el médico para curar perfectamente al hombre y los que sigue el envenenador para matarlo seguramente son de igual valor, en cuanto que cada uno de ellos sirve para realizar cumplidamente su propósito. En la primera juventud nadie sabe qué fines podrán ofrecérsenos en la vida; por eso los padres tratan de que sus hijos aprendan *muchas cosas* y se cuidan de darles *habilidad* para el uso de los medios útiles a toda suerte de fines *cualesquiera*, pues no pueden determinar de ninguno de éstos que no ha de ser más tarde un propósito real del educando, siendo *posible* que alguna vez lo tenga por tal; y este cuidado es tan grande, que los padres olvidan por lo común reformar y corregir el juicio de los niños sobre el valor de las cosas que pudieran proponerse como fines[2].

---

[2] I. Kant, *Grundlegung zur Metaphysik der Sitten*, IV, p. 415.

Vemos, pues, que el afán por educar en toda suerte de habilidades técnicas no es precisamente cosa nueva, y que ya Kant se lamentaba de que los padres se preocuparan más por hacer a sus hijos diestros que por invitarles a la moralidad, es decir, a la valoración de los fines últimos. Sin embargo, no es ésta la única razón por la que la pregunta por el aprendizaje de la virtud ha podido quedar trasnochada. Cualquier padre y educador responsable sabe que para «defenderse en la vida» más le vale al niño hacerse con otro tipo de habilidad técnica, antiquísima por otra parte: *la habilidad de situarse bien socialmente*. Consiste tal aptitud, como es sabido, en aprender desde la escuela a entablar buenas relaciones con los niños mejor situados, dejando a su suerte a los que no puedan prestar una ayuda para el ascenso social[3]. Con ello irá el tierno infante tejiendo una *tramita de relaciones*, que crecerá en densidad con el tiempo inevitablemente, porque ya desde niño habrá adquirido lo importante: *la aptitud para tejerla*.

Dígase lo anterior con amargura o con alegría, lo bien cierto es que es ésta una cuestión previa a todo intento de educación moral: ¿está convencida nuestra sociedad de que vale la pena emprenderla, o un individuo dotado de destreza técnica y social ha adquirido sobradamente cuanto precisa, no sólo para defenderse en la vida, sino para triunfar en ella? ¿no está actuando irresponsablemente cualquier educador —padre o maestro— que intente dejar al niño como herencia una invitación a la reflexión sobre fines y valores últimos, es decir, sobre la moralidad?

En una civilización como la nuestra, en que la lucha por la vida sólo permite sobrevivir a los técnica y socialmente diestros, es una pregunta anterior a toda otra en el terreno de la educación moral la de si creemos en serio que merece la pena, a pesar de todo, enseñar a apreciar aquellos valores por los que pareció luchar la Modernidad: la libertad —entendida como autonomía—, la igualdad, la solidaridad o la imparcialidad.

2. INSUFICIENCIA DE LA ADQUISICIÓN DE DESTREZAS PARA CONSTRUIR UNA SOCIEDAD DEMOCRÁTICA

Pero además de intentar dar una respuesta a una pregunta como la formulada, hay otra tarea que debe emprender cualquier educador deseoso de determinar qué tipo de educación moral es apropiado para construir una sociedad democrática: la de tratar de dilucidar en qué consiste

---

[3] A. Cortina, *La moral del camaleón*, especialmente cap. 8: «*Amicus Plato*».

una *auténtica democracia*, que es el empeño al que hemos dedicado las dos primeras partes de este libro. Según lo obtenido en ellas, sería radical aquella forma de organización social en la que los individuos pudieran ejercer su carácter *autónomo y participativo*, recordando de modo significativo los fines de la política y de todas las esferas de la sociedad civil que en definitiva están al servicio de los afectados por las decisiones que en ellas se toman. Y no es democrática una sociedad dirigida por elegidos, por burócratas o por expertos, que ya han olvidado que cobran toda su legitimidad de servir a los intereses universalizables de las personas.

Pero si esto es así, si en esto consiste una democracia auténtica, entonces *es imposible construir una sociedad auténticamente democrática contando únicamente con individuos técnica y socialmente diestros*, porque tal sociedad ha de sustentarse en valores para los que la razón instrumental es ciega, valores como la *autonomía* y la *solidaridad*, que componen de forma inevitable la conciencia racional de las instituciones democráticas.

En relación con estos valores conviene recordar que entendemos por «*autonomía*» el ejercicio de la libertad tanto «negativa» como «positiva» en el sentido de I. Berlin; es decir, el derecho a gozar de un espacio de libre movimiento, sin interferencias ajenas, en el que cada quien puede ser feliz a su manera, y también el derecho a participar activamente en las decisiones sociales que me afectan, de suerte que en la sociedad en que vivo pueda saberme «legislador». Y entendemos la «*solidaridad*» en un doble sentido: como la actitud personal dirigida a potenciar la trama de relaciones que une a los miembros de una sociedad, pero no por afán instrumental, sino por afán de lograr con los restantes miembros de la sociedad un entendimiento[4], y también como la actitud social dirigida a potenciar a los más débiles, habida cuenta de que es preciso intentar una igualación, si queremos *realmente* que todos puedan ejercer su libertad. En un mundo de desiguales, en que la desigualdad lleva a la dominación de unos por otros, sólo políticas que favorezcan la igualación de oportunidades pueden tener legitimidad.

Y en este orden de cosas cabe decir que la estructura de la razón práctica moderna es en efecto la *imparcialidad*, nacida de esa noción de autonomía por la que todos son iguales desde la perspectiva de la justi-

---

[4] J. Habermas, «Justicia y solidaridad», en K. O. Apel, A. Cortina, J. De Zan y D. Michelini, *Ética comunicativa y democracia*, pp. 175-208.

cia, pero que también la *parcialidad* es necesaria en moral, siempre que no sea arbitraria, sino encaminada a posibilitar una igualación de los desiguales, y que la virtud propia de una parcialidad niveladora es la solidaridad. Lo cual requiere en el caso de la educación una bien fundada parcialidad por los menos aventajados para lograr una igualdad de oportunidades, una auténtica solidaridad.

Por tanto, esa auténtica democracia —que todos decimos, al menos verbalmente, desear— sólo es posible sobre la base del fomento de la autonomía y la solidaridad, valores para los que la racionalidad instrumental, experta en destrezas técnicas y sociales, es totalmente ciega.

Por eso deberíamos preguntarnos, antes de entrar en otras cuestiones, si lo que queremos promocionar a través de la educación son sólo individuos técnica y socialmente diestros, que saben manejarse para lograr su *bienestar*, o personas autónomas con afán de *autorrealización*, porque —como sabemos— no es lo mismo el bienestar que la autorrealización. Para lograr el primero basta con las destrezas, para conseguir la segunda, es necesaria una educación moral, en el más amplio sentido del término «moral».

3. NIVELES DE LA EDUCACIÓN MORAL

En este punto me remito, como es lógico, a lo anteriormente expuesto sobre esos distintos modos de entender lo moral, que es preciso tener en cuenta en cualquiera de los ámbitos de la ética aplicada y, en este caso concreto, en la tarea educativa. Porque la educación moral exige recordar al menos lo siguiente:

1) Moral es *capacidad para enfrentar la vida* frente a «desmoralización», *formación del carácter individual*, que lleva a los sujetos a enfrentar la vida con un elevado estado de ánimo.

«Educación moral» significa, pues, en este primer sentido ayudar a modelar el carácter, de modo que la persona se sienta en forma, deseosa de proyectar, encariñada con sus proyectos de autorrealización, capaz de llevarlos a cabo, consciente de que para ello necesita contar con otros igualmente estimables. Por tanto, cuantos trabajos se lleven a cabo en el terreno de la enseñanza en la línea del *autoconcepto*, con vistas a fomentar la *autoestima* de los individuos y la inevitable heteroestima que le acompaña, serán siempre pocos. Porque entre un altruismo mal entendido, que exige del individuo el olvido de sí mismo, y un egoísmo exacerbado, que lleva al cabo al desprecio del resto, se encuentra el quicio sano de una autoestima por la que un individuo se encuentra antes alto de moral que desmoralizado.

Por otra parte, conviene no olvidar que mal puede infundir ilusión una sociedad desilusionada, contagiar esperanzas una sociedad desesperanzada. De ahí que la tarea educativa constituya a la vez la piedra de toque de la altura moral de una sociedad, de su propio carácter, porque carecerá de arrestos para comunicar energía, si ella misma se encuentra depauperada.

En esta última situación se encuentra sin duda una sociedad en la que el racismo es un sentimiento generalizado, en la que la mentira es moneda corriente, en la que nepotismo y endogamia son los principios para la distribución de puestos de responsabilidad, en la que el bienestar se ha convertido en la única máxima vital. Pedir a tal sociedad que tenga gallardía como para responder con altura humana a los retos que se le presentan, pedirle que transmita un impulso vital del que está falta, es puro cinismo: lo moral requiere, como el deporte, entrenamiento, porque —por desgracia o por suerte— no se improvisa el «estar en forma».

2) Moral es *búsqueda de la felicidad*, prudente ponderación de lo que a una persona conviene, no sólo en un momento puntual de su biografía, sino en el distendido conjunto de su vida.

Que todos los hombres desean ser felices es afirmación que nadie se ha atrevido a poner en duda. Que conseguir la felicidad no está totalmente en nuestras manos es igualmente público y notorio. Así como lo es que no todos entienden lo mismo por *«su felicidad»*.

Y aquí empieza esa distinción entre felicidad y deber, que ha marcado una distinta historia para cada uno de ellos, porque cuando yo concibo algo como deber moral no lo experimento sólo como «mi deber», sino como «aquello que cualquiera debería hacer en este caso, incluído yo mismo»; mientras que *«mi felicidad»* es mi peculiar modo de autorrealización, uno que depende de mi constitución natural, de mi biografía y de mi contexto social, hecho por el cual yo no me atrevería a universalizarla. Lo que *me* hace feliz no tiene por qué hacer feliz a todos; el deber moral es, por el contrario, el que todos deberían cumplir.

Por eso, a mi juicio, tener en cuenta en la educación moral el deseo de felicidad de los hombres es imprescindible, pero a sabiendas de que *el educador no tiene derecho a inculcar como universalizable su modo de ser feliz*. Aquí no cabe, como decíamos antes, sino la invitación y el consejo, comunicar las propias experiencias y narrar experiencias ajenas, enseñar a deliberar bien y mostrar que, en último término, la felicidad no es pelagiana, sino jansenista: es don, «el don de la paz interior, espiritual, de la conciliación o reconciliación con todo y con todos y, para empezar y terminar, con nosotros mismos»⁵. Por eso es preciso aprender a deliberar bien sobre lo que nos conviene, pero con la conciencia de que ser feliz es, no sólo una tarea, sino sobre todo un regalo, más que placentero, plenificante.

Pero precisamente porque el derecho a intentar ser feliz sí es universal, y porque no hay madura autoestima sin heteroestima, un marco deontológico es necesario para la realización moral. Marco al que la educación no puede ser ajena y que, aunque en principio se aprende en la propia comunidad, termina rebasándola.

3) Efectivamente, hoy recuerda el comunitarismo que la moral consistió en un tiempo en el *desarrollo de capacidades en una comunidad*, en que los individuos cobran su *identidad* y desarrollan tanto un *sentido de pertenencia* como un tipo de hábitos a los que cabe denominar *virtudes*, y que la pérdida de la dimensión comunitaria no engendra sino individuos desarraigados. Es, pues, tiempo —concluyen— de reconstruir comunidades en que los hombres aprendan a ser morales.

En un capítulo dedicado a la educación moral en el seno de una sociedad democrática, es obligado recoger la sugerencia comunitarista y recordar que efectivamente los hombres nos socializamos y aprendemos a vivir valores en el ámbito de una comunidad, que se nutre culturalmente de un entrecruzamiento de tradiciones y se constituye a través de costumbres, normas legales e instituciones, que componen su *ethos*. De suerte que la educación requiere valorar la dimensión comunitaria y enraizar a los niños en el *humus* de las tradiciones de su comunidad concreta.

4)   Sin embargo, una sociedad democrática, como aquella de la que nos venimos ocupando, ha dado el paso de una solidaridad comunitaria a la *solidaridad universalista* de quienes, a la hora de decidir normas comunes, son capaces de ponerse en el lugar de cualquier otro. Por eso en la educación es necesario tener en cuenta la dimensión *comunitaria* de las personas y su *proyecto personal*, pero también su capacidad de *universalización*, porque reducir lo moral al nivel comunitario supone no haber dado el paso al *nivel postconvencional* en el desarrollo de la conciencia moral⁶.

---

⁵ J. L. L. Aranguren, *Moral de la vida cotidiana, personal y religiosa*, Tecnos, Madrid, 1987, p. 110.
⁶ E. Pérez-Delgado y R. García-Ros (comps.), *La psicología del desarrollo moral*, Siglo XXI, Madrid, 1991.

La educación ha de ir entonces encaminada a capacitar a los niños para distinguir entre *normas comunitarias*, convencionales, y *principios universalistas*, que nos permiten criticar incluso las normas comunitarias, porque cada individuo ha de contar con su comunidad real de comunicación y con una *comunidad ideal*, que hace referencia en definitiva a todo hombre en cuanto tal.

De cuanto venimos diciendo creo se desprende que la educación moral, en una sociedad democrática, tiene que tener en cuenta los niveles que hemos venido mencionando en el siguiente sentido.

4. DE LA INDOCTRINACIÓN A LA HERENCIA MORAL

La educación en una auténtica democracia requiere la toma de conciencia por parte de los educadores de que sólo es posible desde un tipo de conciencia moral que ha accedido al nivel postconvencional del que habla Kohlberg, nivel de conciencia entrañado en las instituciones de las democracias liberales. De suerte que una ética que quiera hacerse cargo de la educación moral debe ser una ética *formal o procedimental*, por la sencilla razón de que no existen principios morales materiales que todos los miembros de la sociedad acepten.

Si los hubiera, si todos compartieran un mismo modo de concebir la vida buena, del que se extrajeran unos principios morales con contenido, entonces la educación moral tendría que consistir en *inculcarlos* a las jóvenes generaciones, que es lo que se denomina *indoctrinar*. La indoctrinación —como es sabido— ha sido y es uno de los modelos usuales de educación, propio de sociedades que practican un monismo axiológico. Sin embargo, en una sociedad pluralista, en la que no está vigente un único código moral, la indoctrinación queda deslegitimada de raíz. La pregunta es entonces: ¿no cabe entonces ningún tipo de educación moral?

Durante un buen lapso de tiempo, al menos en España, la indoctrinación se sustituyó en la enseñanza pública por «el esclarecimiento de valores», ingeniosa técnica por la que el profesor, más o menos socráticamente, decía ayudar al alumno a aclararse sobre los valores que ya había aprendido en la familia y en el contexto social. No le ofrecía ningún criterio para la crítica, porque eso sería entrometerse e interferir en la autonomía del alumno; ni siquiera le ayudaba a encontrar semejante criterio: todo menos la intromisión. Con lo cual el alumno, que en el período de formación estaba deseando recibir recetas, se quedaba con las que le ofrecían en casa y en el barrio, o con las enseñanzas de gentes menos escrupulosas, que no tenían empacho alguno en enseñarle doctrinas fuertes, quedando sin efecto alguno el presunto respeto del profesor de ética. ¿No hay, pues —nos preguntamos— un modelo de educación moral más racional que el esclarecimiento de valores? Ciertamente lo hay, porque el hecho de que una sociedad pluralista no comparta un código moral único, no significa que «pluralismo» sea lo mismo que «politeísmo»; es decir, que las distintas concepciones morales de vida buena no tengan en común unos mínimos morales, que les permita argumentar y llegar a acuerdos, mínimos que es un deber moral transmitir a las generaciones jóvenes.

Nadie tiene empacho en transmitir el saber técnico, porque nos ha costado demasiados siglos de adquirir, para ahora dejar a los jóvenes partir de cero y reinventar las ciencias y las técnicas desde el teorema de Tales. Pero, si esto es así en el caso de las habilidades técnicas, ¿qué decir de las actitudes, normas y valores morales que han costado siglos de dolor? ¿cómo no transmitir el legado de que los hombres son igualmente valiosos y, por tanto, la discriminación, la esclavitud, el racismo, son inhumanos? ¿cómo no transmitir que cualquier hombre tiene derechos ante los que la sociedad, en grados diversos, está obligada? ¿cómo silenciar que la solidaridad es indispensable y la autonomía, sagrada?

No le falta razón a Habermas cuando afirma que, si las sociedades aprenden técnicamente, no menos aprenden moralmente. De donde se sigue —a mi juicio—que es un deber moral transmitir lo que con el sufrimiento de tantos hombres hemos ganado: la indoctrinación está muerta y bien muerta, pero no lo está el deber de dejar esa herencia moral que al hilo de los siglos se ha incorporado a nuestra razón y a nuestro modo racional de sentir. Recordando, pues, la distinción entre lo *bueno* y lo *justo*, entre los proyectos personales y grupales de *autorrealización* y las *normas mínimas* de *justicia* compartidas por todos, entre los *máximos éticos aconsejables* y los *mínimos éticos exigibles*, diría que estamos obligados a dejar en herencia a través de la educación al menos tres legados: el respeto profundo por *los mínimos de justicia y los valores que los hacen necesarios*, el afán por desarrollar y ejercitar la *autonomía* personal y el deseo de *autorrealización* personal.

Más allá de la indoctrinación ayuna de reflexión o del inmovilista esclarecimiento de valores, dejar como legado moral mínimos de justicia, urgencias de autonomía, deseos de autorrealización, no es —creo yo— una mala herencia. Y si lo es, que la rechace quien ha sido ayudado a través de la educación a conducirse como un ser autónomo y participativo. A conducirse, en suma, como una persona dialógica, en el sentido de «diálogo» que venimos comentando.

5. MORAL DIALÓGICA Y EDUCACIÓN DEMOCRÁTICA

El paso del formalismo al procedimentalismo supone ante todo el paso del monólogo al diálogo, la afirmación de que un sujeto moral, afectado por una norma, no puede pronunciarse sobre su corrección o incorrección desligado del resto de afectados, sino a través de un peculiar diálogo con ellos que culmina en un consenso ideal. Las implicaciones de estos «hallazgos» para lo moral en general, y muy concretamente para la *educación moral*, serían —a mi juicio las siguientes (y debo advertir que en esta conclusiones me distancio a menudo tanto de Apel como de Habermas):

1) No existen principios éticos materiales y, por tanto, la indoctrinación moral es contraria a la racionalidad humana.

2) Los principios éticos son procedimentales, lo cual significa que sólo indican qué procedimientos deben seguir los *afectados* por una norma para decidir si la consideran moralmente correcta.

3) Los afectados han de tomar la decisión en *condiciones de racionalidad*, es decir, tras haber participado en un *diálogo*, celebrado en condiciones de simetría, en el que al cabo triunfe la fuerza del mejor argumento y no alguna coacción interna o externa al diálogo mismo. Las condiciones de racionalidad del discurso serían algunas de las expuestas por R. Alexy en su lógica de la argumentación[7].

4) Las decisiones sobre la corrección de normas son siempre *revisables*, porque los afectados pueden percatarse de que cometieron un error, de que alguien participó con mala voluntad (es decir, no motivado por la satisfacción de intereses generalizables), pueden producirse descubrimientos en el campo de que se trataba, etc.

5) Esto significa que las normas morales pierden ese carácter de absolutez y definitividad, que parece asistirles desde antiguo, y que —a mi modo de ver— quedan como *puntos centrales* de lo moral los *principios* procedimentales, los *valores* que acompañan necesariamente a esos principios (autonomía, igualdad, solidaridad, imparcialidad), los *derechos* de los participantes en el diálogo[8], y las *actitudes* de quienes participan en él, actitudes que pueden ir presididas por el interés «moral» de satisfacer intereses universalizables, o bien por el interés egoísta de favorecerse en exclusiva a sí mismo o al propio grupo. La buena vo-

---

[7] R. Alexy, *Teoría de la argumentación jurídica*, Centro de Estudios Constitucionales, Madrid, 1989; J. Habermas, *Conciencia moral y acción comunicativa*, pp. 57-134.
[8] A. Cortina, *Ética sin moral*, especialmente cap. 8: «Una teoría de los derechos humanos».

luntad de decidirse por intereses universalizables sigue siendo, pues, esencial.

6) Ciertamente algunos lamentan como una dolorosa pérdida la de los principios materiales o las normas absolutas, sin embargo, no es ésta una razón para lamentarse, sino para recordar que el hecho de no contar con principios dados y normas intocables pone en nuestras manos la decisión acerca de la corrección de las normas, y que tales normas serán más o menos respetuosas con todos y cada uno de los hombres *según la actitud que cada quien lleve al diálogo*.

Son tiempos, pues, de responsabilidad, precisamente porque la corrección o no de las normas no viene ya dada por alguna instancia superior, de la que aprendemos pasivamente, sino que tenemos que decidirla responsablemente: está en nuestras manos.con lo cual cobra una relevancia inusitada en el terreno moral la actitud de los sujetos, el *ethos* de los individuos.

7) El *ethos* que llevará a decisiones moralmente correctas puede ser calificado de *dialógico*, atendiendo a lo dicho, y podría caracterizarse como la actitud de quien:

a) Sabe que para llegar a pronunciarse sobre lo correcto necesita tener conocimiento de las necesidades, intereses y argumentaciones de los demás afectados por una norma; hecho por el cual está abierto al diálogo intersubjetivo y al intrasubjetivo.

b) Es consciente de que debe recabar la máxima información posible, no sólo a través del diálogo, sino también a través del estudio y la investigación; con lo cual descubrimos cosa tan insólita para cualquier ciudadano como que hay que estudiar para tomar decisiones morales correctas[9]. Porque ¿cómo decidir qué normas nos parecen correctas con respecto al Proyecto Genoma Humano, la ingeniería genética, la eutanasia o el aborto si no tenemos información alguna sobre esos campos?

Una ética dialógica de la responsabilidad obliga moralmente a informarse para tomar decisiones correctas, dentro de lo humanamente posible.

c) En el terreno moral está dispuesto, a su vez, a informar de sus necesidades e intereses a los demás afectados, y a respaldar sus propuestas con argumentos.

d) Piensa tomar su decisión desde lo que Kant llamaría una «buena voluntad», es decir, desde la voluntad de satisfacer intereses universalizables y sólo dejarse convencer por la fuerza del mejor argumento.

---

[9] Ver también sobre este punto C. Díaz, *La política como justicia y pudor*, pp. 33 ss.

e) Está presto a tomar *responsablemente* la decisión —a responder de ella—, porque sabe que sólo él puede decidir sobre lo que considera moralmente correcto.

8) Y, en este sentido, creo necesario introducir una precisión que escapó a los creadores de la ética del discurso: el principio procedimental de esta ética debe aplicarse para determinar la corrección de normas *morales*; estas normas tienen de peculiar, entre otras cosas, que obligan al sujeto que tiene conciencia de ellas sin necesidad de coacción externa; lo cual significa que solamente pueden obligar a su cumplimiento si el sujeto tiene conciencia de que *él* considera la norma como moralmente correcta[10].

No hay que confundir, pues, los términos y creer que «ética dialógica» significa algo así como «ética que considera moralmente correctas las normas que se acuerdan en grupo», ni todavía menos «ética que considera moralmente correctas las normas que como tales ha decidido un colectivo tras una votación en que la decisión se ha tomado por mayoría». Los acuerdos y las mayorías, con todas sus limitaciones, tienen un sentido —aunque sumamente revisable— en la decisión de normas legales y políticas, pero *determinar la obligatoriedad de una norma moral es cosa de cada sujeto*, siempre que esté dispuesto a escuchar, replicar y decidir según los intereses universalizables, que es en lo que consiste un *ethos dialógico.*

Porque el «*consenso*» por el que se aprueba una norma moral no significa ese tipo de consenso político en que todos ceden una parte y concuerdan en otra, de modo que nadie queda satisfecho, sino que el consenso por el que se decide que una norma es moralmente correcta es aquel en que *cada uno* de los afectados por ella se siente invitado a dar su consentimiento porque le han convencido plenamente las razones aducidas, en el sentido de que ciertamente la norma satisface intereses generalizables. No son, pues, los acuerdos fácticos los que llevan a decidir la corrección de una norma moral, sino la convicción del sujeto moral de que da su asentimiento porque *a él* le parece totalmente justificada.

En este sentido me parece paradigmática la posición de los objetores de conciencia, los desobedientes civiles o los insumisos que, desde una disconformidad moral con las normas legales vigentes, exigen su revocación o su modificación precisamente porque creen que, aunque

---

[10] Apel ha tenido que rectificar en este sentido en *Teoría de la Verdad y ética del discurso*, pp. 161-162.

la mayoría todavía no se haya percatado de ello por múltiples causas, es moralmente incorrecto mantener una determinada legislación. Y cuando digo «moralmente incorrecto» me refiero a que no satisface intereses generalizables, es decir, que no sería el tipo de norma que aprobaríamos situándonos en el lugar de cualquier otro, sino que sólo tiene sentido desde la defensa de intereses grupales, con perjuicio de los restantes afectados.

9) Es, pues, necesario en la educación ayudar a practicar un diálogo como el descrito, ayudar a argumentar. Porque nuestras sociedades parecen haber olvidado la *argumentación* en aras de la *negociación*, los acuerdos en tono a intereses universalizables en aras de los pactos de intereses sectoriales. Inmersos en el esquema de negociación de la democracia liberal, entusiasmados por las teorías de juegos, se nos ha hecho increíble la posibilidad de *argumentar* —no negociar— sobre *intereses universalizables* —no sobre aguados pactos de intereses particulares. Porque no concebimos otra suerte de habla que la estratégica: la que intenta descubrir las jugadas del otro para reconducirlas en provecho propio—.

Para crear afectos —decía Benavente en *Los intereses creados*— hay que crear primero los intereses. Pero los intereses existen ya, no sólo los particulares, sino también los universalizables. Y sólo estos últimos, descubiertos a través de un diálogo trasparente, son el fundamento del mundo moral.

No ayudan los debates electorales a descubrirlos, ni cuantos pseudodiálogos se mantienen en medios de comunicación o en cumbres nacionales e internacionales, dirigidos a satisfacer intereses particulares. Por eso la educación sigue siendo ese ámbito de esperanza donde los diálogos podrían empezar a ser lo que nos ayuda a encontrar lo más entrañablemente humano.

10) Precisamente la importancia de las actitudes exige una educación moral dirigida a ayudar a los hombres a desarrollarse como personas críticas, capaces de asumir el propio juicio moral desde el que poner en cuestión el orden vigente, tras un diálogo abierto con los demás afectados para poder optar por intereses universalizables.

Es a través de ese diálogo como podrá ejercerse la doble dimensión de cada persona: la dimensión de *autonomía*, por la que es capaz de conectar con todo otro hombre, y la de *autorrealización* que a cada uno conviene. Porque el diálogo y la decisión personal última son el lugar en que se concilian universalidad y diferencias, *comunidad humana* e *irrepetibilidad personal*.

14. UN CONCEPTO «TRANSFORMADO» DE PERSONA PARA LA BIOÉTICA

1. EL ÁMBITO DE LA BIOÉTICA

Sin duda la bioética, en ese amplio sentido que coincide en este caso con el etimológico del término, tiene por negocio el fenómeno de la vida en sus diversas manifestaciones. Reuniéndolas bajo su supervisión, da buena muestra de que hoy en día resulta imposible reflexionar éticamente sobre un campo vital sin tener en cuenta los restantes, de modo que, de la misma manera que la primera ley del ecologismo consiste en recordar la interdependencia existente entre todos los lugares de la Tierra, podríamos decir que la ley primera de la bioética consistiría a su vez en recordar la interdependencia existente entre todas las manifestaciones de la vida.

Se erige, pues, este saber, así entendido, en una suerte de ética general, que se las ha con toda la rica gama de fenómenos vitales, desde las cuestiones ecológicas a las clínicas, desde la investigación con humanos al problema de los presuntos derechos de los animales. No en vano uno de los primeros libros —si no el primero— que ha llevado el título «*Bioética*» entiende esta nueva disciplina como un puente entre la cultura de las ciencias y la de las humanidades para contribuir con ello al futuro de la especie humana, asegurando su supervivencia y la mejora de la calidad de vida[1].

Sería, pues, la bioética —en palabras de D. Gracia— un modo de enfocar la ética desde la defensa de la vida amenazada (una macroética), que requiere, para ser responsable, operativizarse en derecho y política. Por eso, si la bioética descubre exigencias morales, tales exigencias reclaman un correspondiente bioderecho, que ponga las condiciones para hacer efectiva su satisfacción en el ordenamiento jurídico, y una biopolítica, que organice internacionalmente las instituciones y mecanismos para dar cauce a la efectiva satisfacción de las exigencias morales[2].

---

[1] V. R. Potter, *Bioethics. Bridge to the Future*, Prentice-Hall, New Jersey, 1971.
[2] D. Gracia, *Fundamentos de bioética*; id., *Introducción a la bioética*, El Búho, Santa Fe de Bogotá, 1991; *Como arqueros al blanco*, Triacastela, Madrid, 2004.

Con todo, y con ser esto cierto, no lo es menos que la ética en su tarea reflexiva topa en cada ámbito de aplicación con peculiaridades que le obligan a autodiferenciarse en campos diversos, por muy conectados que se encuentren entre sí: le obligan a bailar con parejas distintas, aunque sea sobre el trasfondo de una melodía común. En este vals —por lo que en este momento nos importa— suele darse a la bioética por pareja aquellos fenómenos de los que se ocupan las llamadas «ciencias de la salud» y las biotecnologías, fenómenos que despiertan un especial interés por serlo, ante todo, de la vida humana. De ahí que la ecoética se configure como un peculiar campo de investigación, y también la ética empresarial, política, etc., quedando para la bioética ante todo los fenómenos a que se refieren las ciencias de la salud y las biotecnologías[3].

2. LOS PRINCIPIOS DE LA BIOÉTICA

Al hilo del tiempo la bioética, a diferencia de otras formas de ética aplicada, se ha ido enriqueciendo con unos principios éticos específicos, que van siendo poco a poco reconocidos universalmente. Con ello va mostrando claramente que el procedimiento de la ética aplicada no puede consistir en tomar unos principios con contenido de una supuesta Ética General y en aplicarlos a los problemas de decisión, sino en indagar en cada actividad concreta qué principios y valores se han ido generando, principios y valores que expresan de forma peculiar los mínimos socialmente compartidos y racionalmente fundamentados: el respeto a los derechos humanos y los valores implícitos en el procedimentalismo ético.

Se trata, en el caso de la bioética, de los principios formulados explícitamente por vez primera en el *Belmont Report* (1978), elaborado por la Comisión Nacional para la Protección de Personas Objeto de Experimentación Biomédica y que, habiendo nacido con este objeto, han pasado a convertirse en principios de la bioética.

El objetivo de su formulación consistía, según afirma expresamente la comisión, en proporcionar unos principios éticos amplios, que proporcionen las bases sobre las que puedan formularse, criticarse e interpretarse reglas más específicas, que puedan entrar en conflicto en el

---

[3] Para el tratamiento de diversos problemas de bioética, ver los volúmenes editados por J. Gafo en la Universidad Pontificia Comillas (Madrid) desde 1986; entre ellos: *La eutanasia y el arte de morir* (1990); *Ética y biotecnología* (1993); *Procreación humana asistida* (1998); *Deficiencia mental y comienzo de la vida humana* (1998); *El derecho a la asistencia sanitaria y la distribución de recursos* (1999).

caso de la investigación con humanos. Porque, sin duda, en las decisiones concretas pueden entrar en conflicto reglas morales y la Comisión pretende proporcionar unos principios generales meramente orientadores para la toma de decisiones[4].

Tres son los principios allí enunciados, el segundo de los cuales puede, a su vez, desdoblarse en dos:

1) El respeto por las personas, que «incorpora al menos dos convicciones éticas: primera, que los individuos deberían ser tratados como seres autónomos, y segunda, que las personas cuya autonomía está disminuida deben ser objeto de protección».

2) El principio de beneficencia, según el cual «las personas son tratadas de una forma ética, no sólo respetando sus decisiones y protegiéndolas del daño, sino también haciendo un esfuerzo por asegurar su bienestar». La beneficencia no se entiende aquí como una actitud supererogatoria, sino como una obligación del médico, y en este sentido se explicita en dos reglas: 1) el principio hipocrático de no-maleficencia, que es también el segundo de los deberes jurídicos expuesto por Ulpiano en el *Corpus Iuris Civilis*, y que dice «*neminem laede*» (no dañes a nadie)[5], y 2) la obligación de «extremar los posibles beneficios y minimizar los posibles riesgos».

3) El principio de justicia, que intenta responder a la pregunta «¿quién debe recibir los beneficios de la investigación y sufrir sus cargas?»[6].

Ciertamente, y aunque el *Belmont Report* exponga estos tres principios en el orden en que lo he hecho, su surgimiento histórico en la conciencia médica ha seguido un orden distinto. El principio de *no-maleficencia* es, al decir de los expertos, el más antiguo y la convicción de que se debe *hacer el bien* al enfermo ha constituido ese bien interno a la praxis médica que inveteradamente le ha dado sentido. Hasta el punto de que la historia de la medicina es en una muy buena medida la histo-

---

[4] Ver D. Gracia, *Fundamentos de bioética*; id., *Procedimientos de decisión en ética clínica*. Para la metodología del ensayo clínico, ver F. García Alonso y O. M. Bakke, *Metodología del ensayo clínico*, Monografías Dr. Antonio Esteve, Barcelona, 1991.

[5] Corpus Iuris Civilis, Liber primus, I. 10. Sobre el principio de No-Maleficencia, ver D. Gracia, *Primum non nocere. El principio de No-Maleficencia como fundamento de la ética médica*, Madrid, 1990.

[6] Para el concepto de justicia médica, además de los trabajos citados de D. Gracia y J. Gafo, ver N. Daniels, *Just Health Care*, Cambridge University Press, 1985; Institut Borja de Bioètica, *Distribución de recursos escasos y opciones sanitarias*, MAPFRE, Barcelona, 1996; J. Conill, «Marco ético-económico de las empresas sanitarias», en Mar García, *Ética y salud*, Escuela Andaluza de Salud Pública, Granada, 1998, pp. 101-133; *Horizontes de economía ética*, Parte III.

ria de un paternalismo, que ha «hecho el bien al enfermo» aun sin contar con la concepción de bien del enfermo.

Las nociones de *justicia* y *autonomía* son posteriores, sobre todo esta última que nace bien tarde, no sólo en la conciencia médica, sino en la historia de la conciencia social. La autonomía, la conciencia de que un individuo es capaz de darse a sí mismo sus propias leyes, es —al menos en su explicitación— un logro ilustrado, que viene a entrar en pugna con cualquier paternalismo político o médico. Incurre un soberano en paternalismo político cuando se empeña en hacer feliz al pueblo según su propio concepto[7]; incurre el médico en paternalismo igualmente cuando se empeña en hacer feliz al paciente según su propio concepto. En ambos casos los *afectados por la acción, sea política o médica,* son tratados como seres heterónomos, incapaces de decidir acerca de su propio bien. ¿Por qué el *Belmont Report* enuncia el principio de autonomía en primer lugar?

A mi modo de ver, por tres razones. En principio, porque siendo un informe que pretende orientar la acción médica en relación con la investigación con humanos, intenta recoger fielmente el contenido avanzado por el primero de los códigos elaborado en este sentido: el Código de Nuremberg de 1946. Este Código, redactado para juzgar a los médicos y científicos que realizaron experimentos biomédicos en los campos nazis de concentración, se inicia con la siguiente declaración: «1. El consentimiento voluntario del sujeto humano es absolutamente esencial.»

No es de extrañar que posteriormente cualquier tipo de investigación con humanos requiera, junto a ingredientes de adecuación técnica, el consentimiento informado del paciente. Porque si la aplicación del principio de beneficencia exige evaluar la relación riesgo/beneficio, y el de justicia, adoptar criterios para la selección de sujetos de investigación, la aplicación del principio de autonomía se plasma de modo paradigmático en la exigencia del consentimiento informado del paciente para iniciar la investigación.

En segundo lugar, el consentimiento resulta indispensable dado el poder que el médico y el investigador adquieren sobre el paciente en virtud del avance tecnológico y farmacológico; poder que podría llevar a transformar al paciente sin contar con su voluntad expresa. Por eso se hace urgente proteger ética y jurídicamente la autonomía del paciente a través del consentimiento informado.

---

[7] I. Kant. *Gemeinspruch*, VIII, 302.

Y, en tercer lugar, al crecer la conciencia de los pacientes de ser afectados con capacidad de decisión, el principio de autonomía cobra un especial relieve. No en vano especialistas en el tema señalan tal crecimiento como uno de los factores por los que la bioética clínica se ha ido configurando como un potente saber desde hace unos veinte años[8].

Por otra parte, esta obligación, que nace en el ámbito de la investigación, se va extendiendo a otros sectores de la práctica médica, distintos al de la comprobación de hipótesis, porque en el caso de determinados tratamientos y en situaciones terminales, el tema del consentimiento informado del paciente va introduciéndose como necesario para superar el paternalismo y la heteronomía. Con lo cual parece que por fin un principio descubierto por los filósofos ya hace dos siglos es reconocido por la clase médica, un principio que, a mayor abundamiento, constituyó la vertiente dinámica de esa idea metafísica, desde la que quedaba caracterizado el concepto de persona, y que le dotaba, no de precio, sino de dignidad.

Parece, pero yo diría que no es verdad, al menos por dos razones. En principio, porque cabe dudar de que el concepto de autonomía descubierto por Kant coincida con el expuesto por el *Belmont Report*. Y, en segundo lugar, porque la autonomía descubierta por los ilustrados —y muy especialmente por Kant— y la reconocida por los médicos parecen haber estado jugando al escondite desde hace un par de siglos, ya que en los escritos kantianos sobre medicina no se plantea el problema dialógico de la relación médico-paciente, sino más bien el de observar una conducta racional en lo que respecta al propio cuerpo, con lo cual se evitan enfermedades[9]; mientras que en la segunda mitad del siglo XX, cuando las comisiones médicas reconocieron la autonomía, tal como anteriormente la hemos venido entendiendo, resultó que las corrientes filosóficas dominantes la estaban denunciando como inválida por ilusoria. ¿Cómo seguir manteniendo entonces un discurso fundamentado sobre la dignidad personal?

Ciertamente, que la vida humana exija consideraciones éticas, no sólo específicas, sino muy especiales, es cosa que no precisa justificación para el común de los mortales. Al fin y a la postre, es la nuestra una cultura antropocéntrica, en la que el interés por seres vivos no humanos y por la ecosfera es el que ha necesitado credenciales para presentarse en sociedad; credenciales que en buena parte de los casos han venido a

---

[8] E. Pellegrino, M. Siegler y P. A. Singer, «Future Directions in Clinical Ethics», *The Journal of Clinical Ethics*, vol. 2, n.º 1 (1991), pp. 5-9.
[9] I. Kant, *Der Streit der Fakultäten*, VII, 3. Abschnitt.

resumirse en las malas consecuencias que para los hombres tiene maltratar a los animales o destruir los recursos ecológicos. La preocupación moral por la vida humana, por el contrario, sea concretada en un individuo o extendida a la especie, ha parecido siempre sobradamente acreditada.

Sin embargo, la filosofía, saber que nunca debe renunciar al apoyo del sentido común, so pena de decir banalidades sin cuento, tampoco debe guiar sus reflexiones sólo por este sentido y dar por bueno sin más lo que el común de los mortales por bueno dé. Por eso se ha preguntado, y sigue preguntándose, por qué la vida humana parece ostentar un *derecho* a merecer una especial protección, mientras que el discurso de los derechos de los animales, aunque con las inevitables excepciones, aparece normalmente como una prolongación, como un establecimiento de analogías con los derechos de la vida humana.

Claro que la vida humana —conviene puntualizar— no tiene derechos. Ni siquiera los tiene la especie humana, a pesar de los biólogos, porque las especies carecen de derechos. Derechos tienen —o les reconocemos a— los *individuos* de la especie humana, porque la reflexión sobre los derechos extensibles a todo hombre en cuanto hombre nace sin duda con el liberalismo y pretende el respeto de cada individuo. Por eso es verdad que en nuestra cultura el individualismo es insuperable, siempre que intente salvaguardar los derechos de *todos y cada uno de los individuos*. Lo cual es imposible sin *solidaridad*, que es lo contrario del colectivismo, porque los colectivos no son solidarios sino destructivos por gregarios, sólo los individuos pueden ser solidarios.

En cualquier caso la bioética, si quiere insertarse en el contexto de la cultura que nos impregna y de la racionalidad moral acuñada por nuestro aprendizaje histórico—social, ha de tener por punto de mira de su reflexión fundamentalmente la vida humana concretada en cada individuo, es decir, en cada *persona*.

3. EL DISCURSO DE LA DIGNIDAD PERSONAL

El concepto de persona tiene, como sabemos, una larga historia, que se inicia en el mundo griego —en lo que al término respecta— en aquel célebre «*prósopon*» referido al *papel* que cada quien representamos en el gran teatro del mundo. Pero la caracterización que hizo fortuna, nacida al calor de las disputas teológicas sobre las relaciones intratrinitarias, es la noción de persona sugerida por Boecio —*persona est naturae rationalis individua substantia*—; noción que conserva el valor inapreciable de referirse a la vez al carácter racional e individual de la persona: a un ser capaz de *universalidad* desde su irrepetible *individualidad*. Y es a este tipo de ser, caracterizado en diversas versiones, pero siempre irrepetible en su *individualidad* y *capaz de universalidad*, al que hemos ido reconociendo esa *dignidad*, por la que su vida cobra un rango cualitativamente superior al de cualquier otro ser en la Tierra.

De ahí que una amplia corriente filosófica defienda que la única fundamentación racional posible para los derechos humanos, históricamente reconocidos, es la *fundamentación ética*, que rechaza tanto el iusnaturalismo como el positivismo jurídico[10]. Porque, frente a quienes tienen a la naturaleza misma por fundamento de tales derechos y frente a quienes remiten su fuerza exigitiva a la voluntad del legislador que los ha establecido, los defensores de la fundamentación ética apelan a la idea de *dignidad* como justificación de que los hombres merezcan una consideración especial, que se expresa en derechos a los que corresponden obligaciones.

Sin embargo, a mi juicio, la fundamentación ética de los derechos humanos, que posee una gran fuerza retórica, presta bien poca ayuda en lo que a una fundamentación racional se refiere, porque la *dignidad* es una cualidad transitiva, es decir, expresa que *alguien es merecedor de algo*, como aclara el *Diccionario de la Lengua Española,* pero no de qué es merecedor ni por qué lo es. Un individuo —continuando con nuestro *Diccionario*— puede ser *digno de* respeto o de castigo, por ejemplo, *en proporción a* su conducta o al puesto social que ocupa: es digno de algo, en suma, en atención a su *mérito* o a su *condición*.

Si trasladamos esta cualidad al especial caso de los hombres, como razón para que ostenten unos determinados derechos, nos encontramos con que la pregunta por el fundamento de esos derechos sigue sin responder, ya que no hemos aclarado en modo alguno *por qué concedemos o reconocemos* a los hombres esa dignidad. De ahí que, a mi juicio, la fundamentación ética de los derechos humanos, que tan cálido aplauso recibe, no sirva racionalmente para gran cosa; cuando, a mayor abundamiento, cae sin remedio en la tercera posibilidad de ese callejón sin salida en que incurren algunos intentos de fundamentación y que ha venido expresado en el célebre trilema de Fries o de Münchhausen.

---

[10] E. Fernández, *Teoría de la justicia y derechos humanos*, Debate, Madrid, 1984.

En efecto, recuerda H. Albert[11], para quien todos los intentos de fundamentación conducen al mencionado trilema, que si el primer cuerno del trilema consiste en caer en un regreso al infinito en la serie de premisas presuntamente fundamentadoras, y si el segundo consiste en recurrir a premisas que a su vez anteriormente necesitaron de fundamentación, el tercero es la opción más usual y consiste en interrumpir el proceso de fundamentación en alguna de las premisas, alegando que ya no precisa ser fundamentada por ser evidente, por haberla revelado alguna autoridad o —añadiría yo en nuestro caso— por tratarse de una cualidad, como la dignidad, irrefutable por no falsable con hechos.

En todos estos casos —y creo que no le falta razón a Albert— el presunto buscador de fundamentaciones está movido más por un afán de contar con seguridades que por un deseo de verdad, con lo cual la voluntad de estar seguro prima sobre la voluntad de verdad, y parece que hemos encontrado unos conocimientos verdaderos, cuando lo que hemos logrado es la tranquilidad que ofrece haber llegado a una meta que hemos convertido en incontrovertible.

En este orden de cosas considero que las cualidades de valor, tales como «dignidad», pueden y deben cumplir una función mediadora entre *ciertos hechos* y *determinadas obligaciones*, ya que aquello que tiene —o a lo que se reconoce— un valor determinado es objeto a la vez de determinadas obligaciones. Los términos evaluativos son sin duda dinámicos, incitan a la acción, y si a un ser le reconocemos una dignidad, es lo *lógico* —dentro de la lógica de los argumentos prácticos— que obliguen por ello a una posición de respeto. Pero cuál es la razón por la que les asignamos o reconocemos esa dignidad y a qué nos obliga esa asignación o reconocimiento es lo que todavía nos queda por responder, si queremos salir del trilema de Münchhausen. Y hay que reconocer que no es poco.

4. LA AUTONOMÍA COMO FUNDAMENTO DE LA DIGNIDAD

En esta tarea de fundamentación podríamos empezar intentando recurrir a los hechos biológicos, pero en seguida nos percataremos de que constituyen una ayuda muy parcial, ya que del hecho de que la dotación cromosómica del cariotipo sea de veintitrés parejas no se sigue lógica-

---

[11] H. Albert, *Traktat über kritische Vermunft*, cap. 1. De ello me he ocupado también en *Ética mínima*, cap. 4.

mente que el individuo correspondiente sea más o menos digno. Por eso conviene recordar algo tan obvio como que el hombre es naturaleza y cultura —aun cuando sea naturalmente cultural— y que la mediación cultural ha dado, entre otras cosas, en el reconocimiento o la decisión de que un ser que muestra una determinada *condición* —que no, en este caso, un determinado mérito— tiene que ser tratado de acuerdo con ella, es decir, es digno de un determinado trato.

¿Qué condición muestran las personas para ser dignas de exigir ese trato? La respuesta a esta pregunta no ha sido única a lo largo de la historia. Sin duda el reconocimiento religioso del hombre como creado a imagen y semejanza de Dios permanece en el trasfondo de una cultura en la que religión y razón han crecido juntas, influyendo más en la mutua configuración de lo que fideístas y laicistas, amantes de la contraposición, quieren suponer. Sin embargo, también es cierto que algunas respuestas a la pregunta por el fundamento de la dignidad personal se pretenden filosóficas, es decir, aceptables por cualquier hombre, profese o no una determinada fe, de suerte que quien negara que una persona, algunas, muchas o todas poseen dignidad, atentaría contra su propia racionalidad en el acto mismo de negarlo. Es decir, quien negara actuaría irracionalmente. Y en este sentido es en el que resulta pionera —por lo que sé— la afirmación kantiana de la dignidad personal.

En efecto en la *Fundamentación de la Metafísica de las Costumbres*, tras aclarar el significado de la formulación del imperativo del Reino de los Fines, expresa Kant la idea de *dignidad* de cada persona por comparación con la idea de *precio*, que rige el intercambio de mercancías; lo cual no dejaba de tener su importancia a fines del siglo XVIII, cuando el intercambio de mercancías se estaba convirtiendo en una de las piezas clave de todo un sistema jurídico-político nuevo.

La mercancía, como bien sabemos, es sin duda algo valioso o bien porque satisface ciertas necesidades o bien porque satisface ciertos deseos. En ambos casos, se echa de ver con facilidad que su valor es *relativo* a las necesidades y deseos que viene a satisfacer, de modo que no tiene un valor *en sí*, un valor interno, sino un valor *para*, un valor externo, *relativo* a la necesidad o al deseo que puede satisfacer. Pero —y aquí surge la vieja pregunta— ¿todo tiene un precio? ¿La ley mercantil del precio puede extenderse universalmente, porque todo es convertible en mercancía, o hay algo que un ser racional no puede intercambiar, porque no hay equivalente alguno, y es irracional, por tanto, fijarle un precio como base del intercambio?

La respuesta kantiana a estas cuestiones es bien conocida y ha venido a convertirse de algún modo en el *marco racional de fundamentación de la idea de dignidad personal*, marco al que otras propuestas filosóficas darán contenidos distintos, pero conservándolo.

«En el reino de los fines —dirá nuestro autor— todo tiene un *precio* o una *dignidad*. Aquello que tiene precio puede ser sustituido por algo *equivalente*; en cambio, lo que se halla por encima de todo precio y, por tanto, no admite nada equivalente, eso tienen una dignidad. [...] Aquello que constituye la condición para que algo sea fin en sí mismo, eso no tiene meramente valor relativo o precio, sino un valor interno, esto es, *dignidad*»[12].

Ese valor interno, por el que su portador carece de equivalente y no es, por tanto, intercambiable, sólo puede reconocerse en la *persona*, que goza, en consecuencia, de dignidad.

A qué hace acreedor tal dignidad es lo que todavía conviene aclarar; sin embargo, no está de más recordar que este *marco axiológico* del *valor absoluto o interno* de las personas, en virtud del cual les reconocemos una dignidad, es la constante de las corrientes *deontológicas* que atraviesan la Ilustración y se preocupan en el mundo moral más por los *derechos* de las personas que por su felicidad. Y no porque no consideren la felicidad como un negocio que interesa a los hombres, sino porque en ese ámbito todo tiene un precio según las necesidades y los deseos, todo tiene un valor relativo, con lo cual no podemos en él exceder las máximas de prudencia. Sólo el descubrimiento de que algo tiene un valor interno colorea nuestro mundo de moralidad, en un doble sentido: porque entonces nadie está legitimado a atropellar los derechos de ese algo desde sus presuntos proyectos de felicidad y porque es irracional un mundo que no se propone como proyecto potenciar la plenificación de lo que tiene un valor interno[13].

La versión kantiana cree, pues, encontrar el fundamento del valor interno de la persona en el hecho metafísico de que sea el único ser ca-

---

[12] *Grundlegung zur Metaphysik der Sitten*, IV, pp. 343-435; A. Cortina, «Dignidad y no precio. Más allá del economicismo», en E. Guisán (coord.), *Esplendor y miseria de la ética kantiana*, Anthropos, Barcelona, 1988, pp. 140-166; versión alemana revisada en J. Muguerza (ed.), *Ethik aus Unbehagen*, Alber, München, 1991, pp. 209-232.

[13] Ver en este sentido I. Kant, *Metaphysik der Sitten*, VI, p. 395. Sobre ello, mi «Estudio preliminar» a *La Metafísica de las costumbres*. La aplicación de estas consideraciones a la bioética es un referente insoslayable. Por ejemplo, en el caso de las técnicas de reproducción médicamente asistida, los países comunitarios consideran como elemento prioritario el bien del niño, que ha de entenderse como un fin en sí mismo, y no sólo como un medio para satisfacer los deseos de quienes desean tener un hijo biológico.

paz de darse leyes a sí mismo, es decir, el único ser capaz de *autonomía*. Lo cual ha desencadenado fundamentalmente dos tipos de críticas: por una parte, las de quienes preguntan qué ocurre entonces con los individuos pertenecientes biológicamente a la especie humana, pero incapaces de autonomía por taras congénitas o adquiridas, y por otra parte, las de quienes consideran que se produce entonces una escisión, propia del Idealismo Trascendental, entre el hombre nouménico y el fenoménico, entre el hombre capaz de una legislación universal y el sometido a sus impulsos individuales, de suerte que una guerra interna parece declararse entre la *capacidad universalizadora* de cada individuo y su *peculiar idiosincrasia*, atribuyéndose la dignidad a la capacidad universalizadora y no al hombre concreto.

Ante tales críticas quisiera puntualizar, en principio, que quien descarte la autonomía como fundamento de la dignidad porque hay seres que biológicamente pertenecen a la especie humana, pero no muestran esta característica, sea por taras congénitas, sea por taras adquiridas, parecen no percatarse de que entonces es a ellos a quienes queda el *onus probandi*, y que sólo pueden ofrecer dos respuestas: o bien una fundamentación religiosa, válida sólo para creyentes, o la fundamentación en una convención, es decir, en que hemos convenido reconocer un valor absoluto a determinados seres simplemente por su dotación genética; lo cual no es en modo alguno una fundamentación racional[14]. Pero la crítica a la fundamentación de la dignidad en la autonomía por atender únicamente a la capacidad universalizadora del hombre y no a la totalidad de la persona, creo que precisa una consideración aparte.

5. ¿DE QUÉ ES DIGNA UNA PERSONA?

Como apunté en un capítulo anterior de este trabajo, el concepto de sujeto presentado por Kant, que puede caer bajo las críticas dirigidas a la llamada «filosofía de la conciencia», es hoy conservado y «superado» en la noción de sujeto que diseña la pragmática formal, y puesto que la nueva noción *permite resolver la aporía entre otorgar la dignidad únicamente a la autonomía o a la idiosincrasia del sujeto*, resumiré brevemente las aportaciones de la pragmática formal que en el mencionado capítulo expuse con mayor detalle.

---

[14] Ver al respecto J. Muguerza y otros (ed. a cargo de G. Peces-Barba), *El fundamento de los derechos humanos*, Debate, Madrid, 1989.

En el *paradigma de la pragmática lingüística* el sujeto no aparece como un observador, sino como un *hablante que interactúa con un oyente*. La apertura a la alteridad es aquí radical, porque me aparezco como un *alter ego* de otro *alter ego*, de modo que la categoría básica para interpretar al sujeto no es la de *la conciencia de autodeterminación*, sino la de *reconocimiento recíproco de la autonomía, simbólicamente mediado*[15], lo cual nos permite acuñar un nuevo modo de entender las relaciones entre «yo», «individuo», «sujeto» y «autonomía».

En efecto, el significado realizativo de «yo» —decíamos— expresa pragmáticamente *toda una estructura del sujeto* que puede hacer uso de tal expresión, porque, al decir «yo», quiero manifestar que no sólo puedo ser identificado espacio-temporalmente por observación, sino que para mí existen un *mundo subjetivo*, al que tengo un acceso privilegiado, y un *mundo social*, al que pertenezco. Lo cual me abre a la vez una intransferible *dimensión individual*, privativa mía, y una *dimensión personal, común a cualquier interlocutor virtual*: yo puedo ser caracterizado *genéricamente* como persona capaz de actuar autónomamente y como *individuo*, que se realiza a través de una biografía única.

Las *dos dimensiones* que constituyen al sujeto son entonces la *autonomía personal* y la *autorrealización individual*; es decir, precisamente aquellas dimensiones que parecen entrar en conflicto en el seno de la noción kantiana de persona. Lo cual nos permite articular en un mismo «yo» lo que Kant entendía por dimensión fenoménica y por dimensión nouménica, la *peculiar idiosincrasia de los individuos* (*su concepción de bien*) y *su capacidad universalizadora* (*la idea intersubjetiva de lo correcto*).

El concepto kantiano de autonomía ha sido criticado —como dijimos—, entre otras razones, por limitarse al ámbito moral, mientras que la pragmática no empírica supera esta crítica en la medida en que entiende la autonomía a distintos niveles, el primero de los cuales es pragmático-lingüístico.

En efecto, la autonomía, por la que nos reconocemos como personas, es descubierta en la acción comunicativa, en las situaciones concretas de habla, inmanente a la praxis vital, pero trasciende tales contextos concretos en la medida en que las pretensiones de validez los desbordan en su aspiración universalizadora. Los hablantes competentes, son reconocidos como *personas* y por eso la categoría básica en el paradigma comunicativo no es la de sujeto, sino la de «subjetividad/intersubjetividad», que aflora en el reconocimiento recíproco de la autonomía de hablante y oyente.

---

[15] J. Habermas, *Pensamientos postmetafísico*, p. 210.

UN CONCEPTO «TRANSFORMADO» DE PERSONA 235

En un segundo nivel la autonomía se refiere sólo a una de las pretensiones de validez —la de corrección— y se expresa del siguiente modo: desde el punto de vista moral, es autónoma la voluntad que se orienta por aquello que todos podrían querer y es práctica la razón que piensa como producto de una voluntad legisladora todo lo que está justificado de acuerdo con un juicio imparcial[16]. Voluntad y razón práctica adoptan, pues, como es costumbre en la tradición kantiana, el punto de vista de la universalidad, pero ahora el punto de partida no es la noción de sujeto, sino la de subjetividad/intersubjetividad, de modo que para comprobar que una norma es universalmente válida o, lo que es idéntico, moralmente correcta, es preciso que todos los *afectados* por ella, *como interlocutores válidos* que son, estén dispuestos a darle su *consentimiento*, tras un diálogo celebrado en condiciones de simetría, porque autónomamente reconocen que la norma satisface, no intereses particulares o grupales, sino *intereses universalizables*.

Con ello se supera, entre otras cosas, la separación kantiana entre los dos mundos, ya que ahora la autonomía no consiste en la represión de los intereses empíricos de cada sujeto, sino que el contenido del discurso práctico son los intereses de los individuos, insertos en la historia y en contextos concretos. Sin embargo, las personas han de seguir adoptando una *doble perspectiva*: la de aquellos de sus intereses que no son generalizables y los que sí que lo son, consistiendo la opción moral en pronunciarse por los universalizables. Por eso seguíamos preguntándonos si, a la hora de adscribir dignidad a las personas, el interrogante que Kant y tantos otros dejan abierto tampoco aquí puede cerrarse: ¿tienen que ser reconocidos como personas los interlocutores por ser *afectados con capacidad de decisión* o porque son *capaces de asumir la perspectiva de la universalidad*?

Estas cuestiones no son asépticas en relación con nuestro tema, porque la distinción de intereses marca los límites entre aquellos que son defendibles con argumentos y, por tanto, deben ser aceptados por los demás interlocutores, y aquellos que, por pertenecer a la propia idiosincrasia, no son defendibles con argumentos que tengan que ser universalmente aceptados y, por tanto, no tienen por qué someterse a la prueba del consenso. Por eso conviene seguir manteniendo aquella distinción entre *éticas de mínimos normativos universalizables*, que pueden ser defendidos con argumentos alcanzando intersubjetividad o, lo que es idéntico, objetividad, y *éticas consiliatorias de máximos*, referidas a la pe-

---

[16] J. Habermas, *Erläuterungen zur Diskursethik*, Suhrkamp, Frankfurt, 1991.

culiar idiosincrasia de los individuos y los grupos, que han de ser respetadas en la medida en que no violen los mínimos universalizables. Porque la ética de mínimos, fundada en la noción de *autonomía*, exigirá respetar los ideales de *autorrealización* de los individuos y los grupos, siempre que no atenten contra los ideales de los demás hombres. Y de esto son «*merecedores*», de esto son dignos como interlocutores válidos. El concepto de dignidad, nunca trabajado por Apel y Habermas, puede cobrar aquí —creo yo— su sentido literal, al descubrir que cualquier interlocutor válido es digno de ser atendido, merece serlo, en la toma de decisiones sobre normas que le afectan. Y por eso la ética de que tratamos es inevitablemente antropocéntrica: porque sitúa los límites de la dignidad en aquellos seres con los que cabe comunicación, en el sentido expuesto. Los animales habrán de ser respetados, pero no porque tengan derechos ni sean dignos de ser atendidos en sus intereses, sino porque causar daño innecesario es síntoma de enfermedad.

6. APLICACIÓN AL ÁMBITO DE LA BIOÉTICA DEL CONCEPTO DE PERSONA COMO INTERLOCUTOR VÁLIDO

En el ámbito de la bioética el «nuevo» concepto de persona resulta rentable especialmente en tres respectos: 1) en cuanto dota de sentido a la idea de *dignidad del paciente*, mostrando que, como interlocutor válido, tiene derecho no sólo a que se le haga bien, sino también a ser escuchado en la toma de decisiones que le afectan, lo cual comporta un buen número de implicaciones; 2) en cuanto es una exigencia la creación de comités éticos, tanto clínicos —sea consultivos, sea de investigación clínica— como comités éticos de investigación biotecnológica, en los que los afectados por las decisiones tengan la oportunidad de defender intereses generalizables; 3) en cuanto la justicia médica ha de tener por referentes a los afectados por las decisiones, que no son sólo los pacientes actuales, sino también los virtuales, lo cual obliga a establecer sistemas sanitarios públicos que hagan accesible a todos al menos un «mínimo decente».

1. Desde el punto de vista médico es cierto que el «descubrimiento» y la creciente aceptación del principio de autonomía han ido sugiriendo tanto la idea de que el paciente es un sujeto capaz de y legitimado para tomar decisiones acerca de cuestiones que le afectan vitalmente, como la idea de que el personal sanitario no tiene derecho a arrebatarle tales decisiones, salvo en los casos en que el grado de autonomía del paciente

no sea suficiente como para dejar la decisión en sus manos. De hecho, cuestiones como la del consentimiento informado han venido a concebirse como la expresión médica del principio de autonomía. Sin embargo, el hecho mismo de hablar de «graduación» nos lleva a sospechar que el segundo concepto de autonomía que acabamos de mencionar no es el mismo que aquel por el que se ha llegado a tener al paciente por un interlocutor válido. Y de hecho el *Belmont Report* dice expresamente:

> Una persona autónoma es un individuo capaz de deliberar sobre sus objetivos personales y actuar bajo la dirección de esta deliberación. Respetar la autonomía es dar valor a las opiniones y elecciones de las personas así consideradas y abstenerse de obstruir sus acciones, a menos que éstas produzcan un claro perjuicio a otros.

Por tanto, no se pretende que el paciente indique qué normas tiene por correctas —por consensuables por todos los afectados—, o qué máximas tendrá por leyes morales —por universalizables—, sino que *tome una decisión única en un contexto irrepetible*. Las normas y las leyes pretenden valer para regular acciones semejantes, mientras que la decisión que ha de tomar el paciente corresponde a *su caso* concreto, depende de su biografía, de su *páthos* actual, de su relación con el entorno, de su jerarquía de valores, de su noción de lo que para él es el bien, y es, por la concurrencia de estos y otros factores, única.

«Autonomía» en este caso significa, a mi modo de ver, madurez psicológica y ausencia de presiones externas (sociales) o internas (el dolor mismo), suficientes como para decidir de acuerdo consigo mismo. Y este «consigo mismo» puede precisarlo en primer lugar el paciente, en una situación psicológica adecuada, porque él tiene un acceso privilegiado a su propia subjetividad, a sus *proyectos de autorrealización*. Por eso creo necesario precisar este concepto médico de autonomía como un articulación de las dos nociones de autonomía y autorrealización a las que antes me he referido: lo universalizable es aquí el derecho del paciente a tomar decisiones porque tiene un acceso privilegiado a su subjetividad, a sus propios ideales de autorrealización. Y tiene derecho a ello porque *desde una autonomía dialógicamente entendida, el paciente «es digno de», tiene derecho a ser tratado como un interlocutor válido*.

En efecto, la relación personal sanitario-paciente se entiende como una relación dialógica, como una relación *entre sujetos*, en virtud de la cual es preciso ir averiguando paulatinamente desde el comienzo qué idea de vida buena tiene el paciente, cómo concibe su felicidad. Si esta relación dialógica es la usual, cobrarán una nueva luz problemas como el de la información al paciente en caso de enfermedades irreversibles —el paciente tiene derecho a vivir, si así lo quiere, su propia muerte— o el problema de la eutanasia, porque la relación del personal sanitario con el paciente no es entonces la paternalista de un sujeto con un objeto al que se desea hacer el bien desde la concepción de bien del sujeto, sino una *relación entre sujetos*, que dialogan en torno a su idea de autorrealización.

El tradicional paternalismo médico queda, pues, abolido y en su lugar entra como principio la *relación dialógica entre sujetos autónomos*. Relación que ha de ser bien entendida, porque tampoco se trata de cambiar las tornas e implantar un despotismo del paciente, de modo que el médico haya de limitarse a seguir sus instrucciones: el médico no sólo es experto en la materia, sino que es igualmente un interlocutor válido, que goza de autonomía. Por eso la relación ha de ser dialógica entre dos sujetos autónomos, uno de los cuales tiene la capacidad y el deber de asesorar, el otro, el derecho a decidir sobre su propia concepción de bien, ya que él es el beneficiario del acto médico.

Y no vale decir que tal relación de simetría es imposible en la asistencia sanitaria, arguyendo que el paciente es, además de profano en medicina, un ser débil que precisa cuidado más que trato simétrico. Desde esta perspectiva la relación personal sanitario-paciente sería necesariamente asimétrica, y la noción de persona como interlocutor válido resultaría inaplicable en la bioética clínica. Sin embargo, una posición semejante olvida al menos dos factores insoslayables: en primer lugar, que el paciente goza en un buen número de ocasiones de madurez psicológica suficiente como para decidir con respecto a su bien, y que en esos casos no tenerle en cuenta es una mala práctica que atenta contra sus deseos de autorrealización; la relación personal sanitario-paciente no es siempre la que existe entre un adulto y un menor de edad, y no es de ley ampliar el paternalismo a situaciones en las que —por decirlo con E. Garzón[17]— el paciente no es ya un «incompetente básico», un ser incapaz de pronunciarse *racionalmente* sobre la materia de la que se trata. Pero, en segundo lugar, aunque en otras ocasiones el paciente se encuentre en esta situación de incompetencia en virtud de su enfermedad, el respeto a su ideal de autorrealización exige tomar decisiones teniendo en cuenta la jerarquía de valores que ha presidido el

---

[17] E. Garzón, «¿Es éticamente justificable el paternalismo jurídico?», *Doxa*, n.º 5 (1988), pp. 155-176.

decurso de su vida[18]. Si esta actitud dialógica con las opciones vitales del paciente se generaliza, se irá creando una *cultura médica*, que es lo que a fin de cuentas importa, porque la moral y la cultura son cosa de actitudes.

2. Ahora bien, si la estructura del sujeto a la que nos hemos referido —estructura en la que se articulan autonomía y autorrealización— nos obliga a tratar al paciente como un interlocutor válido, la noción de autonomía moral, según la cual es moralmente correcta una norma sólo cuando defiende intereses universalizables, hace especialmente urgente la creación de comités de investigación clínica, comités consultivos en hospitales y comités de investigación biotecnológica. Porque las decisiones acerca de qué normas satisfacen intereses universalizables no pueden tomarlas sólo los expertos, ni tampoco los políticos, sino que han de ser los afectados, con el asesoramiento de los expertos, quienes decidan qué tienen por universalizable.

Por eso es urgente promocionar la existencia de tales comités en los centros sanitarios y dotarlos de una estructura que refleje la participación tanto de los expertos como de los afectados por las decisiones[19]. Teniendo en cuenta que los acuerdos a que se llegue no han de tomarse por mayoría, siguiendo las directrices de la democracia liberal, sino por un consenso que defienda intereses universalizables y al que, por lo tanto, sólo puede accederse argumentativamente. Naturalmente, las razones que se aporten al diálogo consistirán en un buen número de casos en calcular el mayor bienestar del mayor número, es decir, serán razones utilitaristas, lo cual es buena muestra de que el marco deontologista dialógico dentro del cual razona el comité no excluye —sino todo lo contrario— que las razones internas que se aporten procedan de una tradición utilitarista. Deontologismo dialógico y utilitarismo no se excluyen, como ya hemos comentado reiteradamente, sino que se complementan, en la medida en que el primero constituye el marco ético, y el segundo, un criterio para la toma de decisiones que en ocasiones puede ser el adecuado.

---

[18] Ver D. Gracia, *Procedimientos de decisión en ética clínica*.

[19] A este respecto conviene recordar que en España la Ley del Medicamento prescribe como obligatoria la creación de Comités Éticos de Investigación Clínica, que tienen por misión revisar los ensayos clínicos que se proponen en los centros correspondientes. La tarea es similar a la de los antiguos Comités de Ensayos Clínicos, pero la ley exige que entre los miembros del comité cuente personal no sanitario y precisa claramente los requisitos que han de satisfacer los protocolos, incluidos los «aspectos éticos»: información al paciente, consentimiento informado y póliza de seguros contra los riesgos de la investigación. Ver para todo ello, además de la ley, F. García Alonso y O. M. Bakke (eds.), *Metodología del ensayo clínico*.

No es el momento de considerar las posibles funciones de los comités consultivos de ética[20], sino de recordar que su existencia, estructura y tareas son el fruto del nuevo concepto de persona del que venimos hablando; como también que los afectados no son sólo los directamente implicados en cada decisión concreta, sino también aquellos miembros de la sociedad a los que afecta la decisión de manera indirecta, o bien porque son pacientes virtuales, o bien porque la decisión tiene implicaciones en la distribución de la riqueza en el conjunto de la sociedad. El principio de justicia es, como hemos dicho, el tercero de los apuntados por el *Belmont Report*, y desde nuestro paradigma tenemos que reconocer que, efectivamente, también los interlocutores potenciales han de ser tenidos en cuenta a la hora de decidir y que las cuestiones de justicia pertenecen a la ética de mínimos que compone una ética civil compartida.

Por eso creo que al menos dos de los principios de la bioética «promulgados» en el *Belmont Report*, el de autonomía y el de justicia, reconstruidos desde el paradigma pragmático-trascendental, pueden reformularse en el sentido de que cada persona es «digna de», está facultada para codecidir en las cuestiones que le afectan, tanto directa como indirectamente. Si entre estos principios cabe introducir un orden lexicográfico, de suerte que, en caso de conflicto entre ellos, alguno haya de ser obedecido prioritariamente, es cosa que no me atrevo a decir. Se trata sin duda de principios *prima facie*, que han de ser seguidos siempre que no entren en conflicto, y que nos obligan a reflexionar y ponderar cuando entran entre sí en conflicto, quedando la decisión última en los casos concretos en manos de los afectados por ella[21].

Si esta concepción «transformada» de persona no «sirve» de ayuda en problemas bioéticos, como podría ser el del estatuto del embrión, si sólo nos permite establecer un marco para las decisiones, que ha de ser complementado con argumentos de otras propuestas morales, no queda sino reconocer que cualquier propuesta ética que aceptemos por racional es limitada en su capacidad de respuesta a los retos morales, lo cual no exige descartarla por inválida, sino trazar cuidadosamente sus límites de suerte que no se propase en sus atribuciones ni deje de cumplir las tareas para las que sí está capacitada.

---

[20] A. Cortina, *Comités de ética*, en O. Guariglia (ed.), *Cuestiones morales*, Trotta, Madrid, 1996, pp. 291-306; M. J. Bertomeu, «La ética en los comités de ética», *Quirón*, vol. 19 (1988).

[21] D. Gracia introduce un orden lexicográfico entre los cuatro principios de la bioética, porque considera que no-maleficencia y justicia pertenecen al orden de los mínimos mientras que beneficencia y autonomía corresponden a los máximos (ver *Fundamentos de Bioética*). Sin embargo, dada la reformulación que en este capítulo hemos hecho de la autonomía, resulta imposible situarla entre los máximos, no exigibles, sino opcionales.

15. MORIR HUMANAMENTE

1. EL JUEGO INHUMANO DE LAS ETIQUETAS

Uno de los fenómenos vitales a los que hoy hace frente no sólo la bioética, sino también la sociedad en su conjunto, es el *proceso del morir*. No el hecho de la muerte, porque aunque la muerte es un acontecimiento inevitable, los hombres no la vivimos como un hecho puro y duro, sino culturalmente interpretado. No el acto de la muerte porque, salvo en contados casos, no es la muerte un acto puntual, sino un proceso que se inicia con el conocimiento de la enfermedad irreversible. En buena ley el proceso del morir se inicia con la vida misma, y así lo entendieron quienes hicieron de ella una *meditatio mortis*, pero a la bioética se le plantea como problema cuando hace su aparición la enfermedad irreversible. Entonces no acontece la muerte, sino que se inicia un proceso cargado de interrogantes para el paciente y para cuantos le rodean; hablar sobre él está de moda en nuestra sociedad.

En efecto, en ella menudean las propuestas de reforma de los códigos penales para despenalizar las acciones médicas de asistencia al suicidio[1], asociaciones de la vida civil propugnan la muerte digna como un derecho[2], mientras otras proclaman que la vida biológica es un valor absoluto, anterior —por tanto— en dignidad a la libertad de elegir la propia muerte. Se multiplican los debates sobre el tema en los medios de comunicación y aumentan las publicaciones, más o menos informadas, sobre un presunto derecho a morir con dignidad.

Por si poco faltara, los partidos políticos y la Iglesia católica desde su jerarquía se posicionan al respecto, con lo cual es éste de la eutanasia uno de esos temas cargados de etiquetas, sobre los que resulta imposible argumentar racionalmente. La información del público sobre él es mínima en realidad, pero como al parecer en problemas morales todos hemos de tener una opinión, aunque sea desinformada, no hay per-

---

[1] Ver, por ejemplo, J. J. Barrenechea, «Aspectos legales de la eutanasia», en J. Gafo (ed.), *La eutanasia y el arte de morir*, pp. 87-94.
[2] D. Humphry y A. Wickett, *El derecho de morir*, Tusquets, Barcelona, 1989.

sona que no esté a favor o en contra de la eutanasia por razones que rara vez se relacionan con la cosa misma. ¿Es usted lo que en general se llama «progresista»? Ha de estar a favor de la eutanasia. ¿Es usted «de derechas»? Ha de estar en contra y defender el valor absoluto de la vida. ¿Es usted católico? Tendría que estar en contra. ¿Es usted católico progresista? Pues en este tema es un desclasado. Todo, menos argumentar. Porque es éste de la eutanasia uno de esos problemas malditos, lastrados con las etiquetas «progresista» y «conservador», que se emplean en las campañas políticas, y en los que a nadie le importan los argumentos.

Sin embargo, es tema demasiado serio, demasiado cargado de consecuencias para los hombres, como para que lo despachemos con procedimientos tan expeditivos como irresponsables por faltos de reflexión. Por eso empezaré esta breve consideración sobre el proceso del morir aclarando que prescindo de etiquetas y deseo dirigirme a la cosa misma: ¿qué cuestiones ha de enfrentar la bioética en lo que respecta al fenómeno vital de la muerte humana?

Como es lógico, adoptaré en esta tarea la perspectiva que hemos ido ganando a lo largo del libro y que nos permite enfocar las cuestiones éticas desde dos perspectivas: desde la perspectiva de *éticas de máximos*, en las que son clave las categorías de *bien* y *autorrealización* y, en el tema que nos ocupa, de *calidad de vida*, y desde el enfoque de una *ética de mínimos*, construida sobre las categorías de *norma* y *justicia*. Si las primeras —recordemos— tienen siempre por último referente al *sujeto*, porque es él quien ha de decidir qué le hace feliz, en qué consiste su autorrealización, la pregunta por las normas pide respuestas *universalizables*, que nos introducen en el mundo de los derechos y los deberes. La rentabilidad de un enfoque semejante en problemas bioéticos como los que rodean al morir humano es considerable, porque tal vez la pregunta por la moralidad del suicidio no sea tanto «si tiene *derecho* una persona a poner término a su vida cuando da a la calidad de la misma un valor inferior a cero, es decir, inferior a la muerte», cuanto «qué lugar puede tener tal acción en una vida personal que busca autorrealizarse». Mientras que problemas como el de la eutanasia nos conducen necesariamente al de los mínimos de justicia, e incluso al ámbito jurídico, si implican al personal y a la institución sanitaria, porque entonces entramos en el terreno de la salvaguarda de derechos humanos, que deben ser legalmente protegidos.

Mientras en el terreno moral las soluciones vinieron dadas por cosmovisiones religiosas socialmente compartidas, se contaba con intérpretes autorizados, pero en las sociedades seculares pluralistas se presenta el extraño fenómeno de que no hay intérpretes autorizados y, sin embargo, las normas siguen pretendiendo universalidad. Es, pues, una tarea común determinar cuáles deben ser universalizadas, lo cual aumenta nuestra responsabilidad y nos obliga moralmente a abandonar el juego inhumano de las etiquetas y a entrar responsablemente a decidir qué queremos para nosotros, hombres, desde la consideración de unos derechos humanos y unos valores mínimos, comúnmente compartidos y racionalmente fundamentados.

Con un objetivo como éste, trataremos de considerar el proceso del morir desde la doble dimensión ya usual: desde la *agathológica* (referida al bien y la autorrealización) y desde la *deontológica* (referida a normas universalizables).

2. LA MUERTE DESDE EL HORIZONTE DE LA FELICIDAD

La historia de la ética y la llamada «historia de las mentalidades» han ido proporcionándonos al hilo de los siglos modos diversos de enfrentar el acontecimiento de la muerte desde las expectativas de vida plena. De entre ellas comentaré brevemente sólo cuatro, que considero paradigmáticas, ya que una relación exhaustiva es aquí imposible.

1. La primera de ellas, la del *hedonismo naturalista*, del que Epicuro podría considerarse un tipo ideal, concibe la muerte como situada fuera de la vida. Ya que «todo bien y todo mal radican en la sensación» y «la muerte es la privación de la sensibilidad» —dirá Epicuro—, la muerte no puede aparecer nunca como un mal para el sujeto, porque cuando muere está privado de toda sensación y, por lo tanto, también está privado de la conciencia del mal. El sabio es entonces aquel que vive libre del temor a la muerte y, por lo tanto, ni se asusta cuando piensa en ella, ni la busca deliberadamente.

> Así pues —dirá Epicuro en su célebre *Carta a Meneceo*—, el más terrible de los males, la muerte, nada es para nosotros, porque cuando nosotros somos, la muerte no está presente y, cuando la muerte está presente, entonces ya no somos nosotros. En nada afecta, pues, ni a los vivos ni a los muertos, porque para aquellos no está y éstos ya no son[3].

---

[3] Epicuro, *Ética*, ed. a cargo de C. García Gual y E. Acosta, Barral, Barcelona, 1974, p. 91.

Esta posición es hoy compartida por cuantos se esfuerzan por alejar de la vida el fenómeno del dolor y de la muerte, como si fuera posible concentrar la enfermedad en hospitales, la muerte, en tanatorios, y situarlos incluso físicamente más allá de los lugares en que la vida corre por las venas. Sin embargo, este «presentismo» de corte epicúreo parece olvidar el carácter temporal de la vida humana que tiene, en nuestro caso, al menos dos consecuencias: la muerte es en cada momento una posibilidad siempre anticipada, porque la estructura temporal del hombre no está hecha sólo de presente, sino hasta tal punto de pasado-presente-futuro, que el futuro acaba siendo la clave interpretativa de la vida; el *morir* es un proceso vital, perteneciente a la vida, y no un hecho fatal, puntual, situado fuera de ella.

2. Una segunda posición *hedonista*, pero más propia del utilitarismo moderno y contemporáneo, situaría la muerte dentro de la vida, como una posibilidad que debe someterse al único criterio racional para el utilitarismo: la búsqueda del placer, del bienestar, y la huida del dolor, del malestar.

Parecería en principio que, desde este criterio, el suicidio y la eutanasia estarían racionalmente legitimados siempre que un individuo experimentara su vida como más dolorosa que placentera. Sin embargo, conviene recordar que el utilitarismo moderno y contemporáneo no es individualista, como el epicúreo, sino que persigue el mayor placer del mayor número. Por eso, en buena doctrina utilitarista, quien esté dispuesto a quitarse la vida o a pedir ayuda a otros para que se la quiten, debe hacer un cálculo en el que entren, al menos, dos ingredientes: el placer que la sociedad en su conjunto gana o pierde con su acción, y lo que la sociedad en su conjunto gana o pierde con el debilitamiento de la regla que prohíbe el suicidio o la eutanasia. Cálculo que, sin duda, no es fácil de hacer.

Por otra parte, determinadas versiones del utilitarismo, llevando a sus últimas consecuencias la máxima que ordena buscar el mayor placer del mayor número, justifican el derecho, e incluso el deber, de eliminar a seres biológicamente humanos, pero carentes de autonomía y autoconciencia, en aras del bienestar colectivo[4]. Con lo cual entra en escena la peligrosa afirmación de que hay vidas carentes de valor, por no gozar de autonomía y autoconciencia, y que los sujetos autoconscientes y autónomos pueden y deben acabar con tales vidas. Algo así piensa sin

---

[4] Ésta es la posición de P. Singer en *Ética práctica*, Ariel, Barcelona, 1984.

duda la policía colombiana cuando califica de «desechables» a niños y ancianos vagabundos.

3. Bien conocida es en el tema que nos ocupa la posición *estoica* que, a diferencia de las hedonistas mencionadas, no toma el placer y el dolor como criterio para las decisiones, sino la noción de *autarquía*, de *autosuficiencia*. El sabio no teme a la muerte, sino que aprende a vivir y morir con dignidad, y recurre a la muerte antes de sufrir una degradación de su dignidad personal. Una muerte digna no es aquí una muerte sin sufrimiento físico, sino sin degradación y sin queja. De ello son buena muestra los textos de Séneca o Marco Aurelio, pero también el bello final de las *Memorias de Adriano* de Marguerite Yourcenar:

> Mínima alma mía, tierna y flotante, huésped y compañera de mi cuerpo, descenderás a esos parajes pálidos, rígidos y desnudos, donde habrás de renunciar a los juegos de antaño. Todavía un instante miremos juntos las riberas familiares, los objetos que sin duda no volveremos a ver... Tratemos de entrar en la muerte con los ojos abiertos[5].

4. Por último, un buen número de concepciones filosóficas y religiosas tiene a la muerte por una posibilidad del hombre, ya siempre apropiada, desde la que comprende también el sentido de su vida. El sentido de la muerte y de la vida están estrechamente unidos, bien porque la muerte abre la posibilidad de una vida inferior o superior tras la muerte, como admiten en distinto modo buena parte de las religiones, bien porque se considera la anticipación de la muerte como una llamada a asumir una existencia auténtica.

Así, considera Heidegger al hombre como «ser para la muerte», llamado a asumir una existencia auténtica, y que tendrá que vivir su muerte en primera persona, porque el morir es «en cada caso mío», nadie puede quitarle a otro su morir. Por eso la forma habitual de hablar de la muerte que se expresa en forma impersonal —el «se muere»— es pura enajenación: mi muerte es intransferible[6].

Ahora bien, yo añadiría que mi muerte, como *muerte personal*, es también un *morir para otros*, mientras que la muerte de los otros es a su vez un *morir para mí*, como espetaba Augusto Pérez a su creador, Miguel de Unamuno, al comienzo de *Niebla*:

> ¡Pues bien, mi señor creador don Miguel: también usted se morirá, también usted, y se volverá a la nada de que salió! [...] ¡Dios dejará de soñarle!

---

[5] M. Yourcenar, *Memorias de Adriano*, Edhasa, Barcelona, 1982, p. 236.
[6] M. Heidegger, *Ser y Tiempo*, F.C.E., Buenos Aires, 1962, p. 262.

> ¡Se morirá usted, sí, se morirá, aunque no lo quiera se morirá usted y se morirán todos los que lean mi historia! Así me dijo, ¡y cómo me susurran, a través de más de veinte años, durante ellos, en terrible silbido casi silencioso, como el bíblico de Jehová, esas palabras proféticas y apocalípticas! Porque no es sólo que he venido muriéndome, es que se han ido muriendo, se *me* han muerto, los que *me* hacían y *me* soñaban mejor. Se me ha ido el alma de la vida gota a gota, y alguna vez a chorro. ¡Pobres mentecatos los que suponen que vivo torturado por mi propia inmortalidad individual! ¡Pobre gente! No, sino por la de todos los que he soñado y sueño, por la de todos los que *me* sueñan y sueño[7].

Y años más tarde un epígono de la Generación del 27, Miguel Hernández, recordaba nuevamente este carácter interpersonal —que no colectivo— de la muerte, al iniciar su *Elegía* a Ramón Sijé con las ya célebres palabras:

> En Orihuela, su pueblo y el mío, se *me* ha muerto como el rayo Ramón Sijé, con quien tanto quería.

No es posible, pues, desde esta perspectiva separar el sentido del vivir y del morir, como tampoco abrir un abismo entre el propio vivir y morir y el de los que son *conmigo*, porque la muerte humana es con otros. Y es que ni la vida ni la muerte tienen ya un sentido que sea menester descubrir: más bien se lo damos al otorgarles un valor. Pero ese valor no puede crearse individualmente, sino *con-viviendo* y *con-muriendo*. Que a menudo el deseo de dejar de vivir surge al percibir que no *nos* vamos a morir *para nadie*.

Ciertamente, ninguna de las concepciones comentadas sobre el lugar que el morir ocupa en el vivir humano es hoy universalmente compartida. Por eso, para acceder a los elementos morales intersubjetivables en una sociedad pluralista, es necesario traspasar los umbrales de una deontológica ética de mínimos.

3. LA MUERTE DESDE EL HORIZONTE DEONTOLÓGICO

«Aplicar» las claves del deontologismo dialógico a la relación personal sanitario-paciente implica cuando menos: 1) tener el consentimiento informado como uno de los requisitos imprescindibles en la ex-

---

[7] M. de Unamuno, *Niebla*, en *Obras selectas*, Plenitud, Madrid, p. 584. La cursiva, que, como es sabido, Unamuno detestaba, es obviamente mía.

perimentación con humanos; 2) dialogar con el paciente en todos los casos posibles, incluido el de los enfermos terminales, e incluido el tema de su propia muerte; 3) percibir como problema moral el deseo de un sujeto autónomo de poner término a una vida que tiene para él un valor inferior a la muerte.

En este último caso —en el de la eutanasia— conviene recordar reiteradamente que no es el afán de *bienestar social*, no es el deseo de alcanzar el mayor bienestar del mayor número el que ha puesto sobre el tapete de las cartas éticas la de la eutanasia, sino el paulatino descubrimiento de la *autonomía* del paciente y de que tiene un acceso privilegiado a su ideal de *autorrealización*, de modo que tiene un peculiar protagonismo a la hora de decidir qué entiende por calidad de vida. No en vano D. Gracia, al relatar la historia de la eutanasia desde el punto de vista de la historia de las mentalidades, denomina a la última fase «autonomizadora», ya que en ella la pregunta clave es: «¿hay posibilidad ética de dar una respuesta positiva a quien desea morir y pide ayuda para ello?»[8].

El mayor bienestar social no es un criterio ético, sino un criterio pragmático que podría exigir la eliminación de seres humanos molestos para la mayoría, lo cual es sencillamente inmoral. La eutanasia sólo se plantea *como problema moral* cuando un sujeto enfermo pide *de modo autónomo* ayuda para morir porque valora la vida menos que la muerte. En ese caso surge un problema moral; nunca cuando hay pocas camas en un hospital, los familiares están cansados de atender al enfermo o la sociedad conviene en considerar vidas humanas como carentes de valor, como desechables.

Aclarados estos extremos, ¿qué problemas morales plantea a la ética el morir humano?

3.1. LA MUERTE INVOLUNTARIA

En la relación entre ética y muerte el primer problema de justicia que se plantea es práctico, y no teórico, porque desde el punto de vista teórico es totalmente claro que se trata de una crasa inmoralidad: los millones de muertes de quienes no desean morir y que se producen por hambre, violencia o por falta de asistencia. En una sociedad dotada de medios suficientes para evitar tales muertes y para proporcionar a la co-

---

[8] D. Gracia, «Historia de la eutanasia», en J. Gafo (ed), *La eutanasia y el arte de morir*, pp. 13-32.

munidad real de comunicación un nivel de vida digno, el problema ético más urgente en relación con la muerte no es el del suicidio o el de la eutanasia, sino el de impedir millones de muertes involuntarias que son humanamente evitables. No sea cosa que, deliberando desde el Primer Mundo sobre el derecho a elegir la propia muerte —sobre una presunta «autonomotanasia»—, olvidemos la sangrante injusticia diariamente cometida contra aquellos a los que hemos privado de la opción de elegir la propia vida.

3.2. LA MUERTE VOLUNTARIA

Más complejos parecen desde el punto de vista teórico los problemas planteados por aquellos sujetos que experimentan sus vidas como carentes de valor y desean ponerles término, como es el caso del suicidio y la eutanasia.

1. Por lo que hace al *suicidio*, no es cuestión —a mi modo de ver— que deba tratarse en el contexto de un ética deontológica de mínimos, ocupada en determinar procedimentalmente derechos y deberes de los individuos, sino en el ámbito de una ética de máximos, que se las ha con proyectos de autorrealización. Porque para considerar el suicidio en términos de derechos y deberes —«¿tiene una persona *derecho* a suicidarse o *debe* permanecer en la vida?»— es preciso suponer: 1) o bien que una persona tiene deberes para consigo misma, porque en ella son distinguibles dos dimensiones, una que impone deberes y otra que está obligada a ejecutarlos; 2) o bien que no es dueña de su vida, sino que la tiene en usufructo, de modo que sólo el legítimo propietario puede privarle de ella.

Por lo que hace al primer supuesto, es típico de la tradición kantiana que distingue en el propio hombre entre la dimensión legisladora, por la que un hombre es fin en sí mismo, y la legislada, deseosa de alcanzar la felicidad. Puesto que el suicidio se produce cuando una persona valora más la calidad felicitante de vida que la posibilidad de seguir en la existencia y ser un ser autolegislador, el suicidio está terminantemente prohibido: consistiría en utilizar como un medio la propia grandeza, la propia capacidad autolegisladora, para lograr como fin una mayor felicidad o, al menos, evitar el sufrimiento.

> Destruir al sujeto de la moralidad en su propia persona es tanto como extirpar del mundo la moralidad misma en su existencia, en la medida en que depende de él, moralidad que, sin embargo, es fin en sí misma; por consi-

guiente, disponer de sí mismo como un simple medio para cualquier fin supone desvirtuar la humanidad en su propia persona (*homo noumenon*), a la cual, sin embargo, fue encomendada la conservación del hombre (*homo phaenomenon*)[9].

Ciertamente esta posición kantiana con respecto al suicidio queda desvirtuada al renunciar a la doctrina de los dos hombres o de los dos mundos y aceptar de ella únicamente que se trata de dos perspectivas que un hombre puede asumir a la hora de legitimar normas: la de la universalidad y la del propio egoísmo. En este contexto el tema del suicidio no se plantea, porque no es una cuestión de normas, de derechos o de deberes.

En lo que respecta al segundo supuesto, es propio de una antropología religiosa que entiende de un modo muy determinado la relación del hombre con Dios, o bien de una antropología laica colectivista, empeñada en considerar a los individuos como elementos de una colectividad, a la que deben la vida recibida en ella. A mi modo de ver, ninguna de las propuestas es fácilmente mantenible.

Por lo que hace al colectivismo, ha demostrado suficientemente su incapacidad teórica para concebir a los hombres como personas, al disolverlos en la colectividad, y las desastrosas consecuencias prácticas que una tal disolución puede tener. Precisamente el rechazo de un colectivismo semejante es uno de los elementos que abona el actual cultivo del individualismo, incapaz también —sin embargo— de dar cuenta de la persona íntegra, autónoma y solidaria[10].

Por último, la antropología religiosa según la cual Dios es el propietario de la vida humana y se la cede a los hombres únicamente en usufructo, reservándose en exclusiva el derecho de recobrar su propiedad cuando le parece oportuno, ha sido uno de los ingredientes culturales más poderosos contra el presunto derecho al suicidio: un hombre no podía disponer de aquello que no le pertenecía.

Sin embargo, yo me pregunto si, en lo que se refiere al Dios judeocristiano, es ésta una manera muy acertada de interpretar la relación Dios-hombre porque, según el relato del *Génesis*, Dios da a los hombres la creación entera, es decir, es el origen de todo bien y se lo regala a los hombres para que lo gobiernen según su buen saber y entender, incluida la propia vida. Si el hecho de ser la propia vida un regalo de Dios fuera la única razón para no tener derecho a quitársela, entonces por la misma

---

[9] I. Kant, *Metaphysik der Sitten*, VI, p. 423 (trad. cast., pp. 282-283).
[10] No sería de este corte insolidario el «individualismo ético» propuesto por J. Muguerza en *Desde la perplejidad*.

razón tampoco podríamos cortarnos el pelo o las uñas u operarnos de un órgano necrosado. La razón no es entonces que Dios sea el dueño, porque también lo es de todo lo demás y podemos disponer de ello, sino que la decisión de quitarse la vida es absolutamente peculiar y única por *irreversible* y por eso desde un punto de vista racional-sentiente es totalmente desaconsejable.

La vida puede ser desesperadamente dolorosa en algún tiempo y, sin embargo, nada asegura que no pueda cambiar para mejor. Por eso, a mi juicio, no es el del suicidio un problema de derechos y deberes ni para los creyentes ni para los no creyentes, sino una cuestión de posibilidades de autorrealización y de calidad de vida, en la que entran otras consideraciones morales, que cobran sentido en un diálogo consigo mismo y con quien desea quitarse la vida: que se trata de un acto *irreversible*, cuando tal vez es posible volver a dar sentido a la vida, y que no queremos que se *nos* muera aquel que quiere quitarse la vida. Y es que en una relación interpersonal no se trata de tener derecho a la vida del otro, se trata de que queremos que viva porque es parte *nuestra*, se trata de que no queremos que se *nos* muera. Si todo hombre se sintiera interlocutor real en una relación dialógica de esta calidad, posiblemente el deseo de suicidarse se reduciría a casos de enfermedad.

2. La *eutanasia*, por el contrario, sí se presenta hoy en el contexto de las éticas deontológicas de mínimos, dentro del discurso de los derechos y los deberes. Por supuesto, me refiero a la «*eutanasia voluntaria*», es decir, al presunto derecho de quien valora su vida cualitativamente menos que la muerte a pedir a otra persona —especialmente el médico— que le ayude a ponerle término.

En el debate ético sobre la eutanasia no deben, pues, entrar en juego ni 1) la *eutanasia no voluntaria*, es decir, aquella que se practica con un sujeto que no ha tenido jamás la capacidad de elegir entre la vida y la muerte o que, habiéndola tenido, la ha perdido por accidente o por vejez, y antes de perderla no ha expresado ningún deseo sobre la eutanasia en tales circunstancias; ni 2) la *eutanasia involuntaria*, o sea, aquella en que la persona a quien se da muerte tiene la capacidad de consentir en su propia muerte, pero no lo hace o porque no se le consulta o porque se le consulta y elige seguir viviendo. Porque la eutanasia se plantea hoy en día como *problema moral* a raíz, sobre todo, de dos novedades: el desarrollo técnico y el crecimiento en la conciencia de la autonomía.

En lo que hace a la primera «novedad», y admitiendo que hoy la salud deba definirse en términos de capacidad de posesión y apropiación por parte de un hombre de su propio cuerpo, no cabe duda de que las nuevas técnicas comportan expropiaciones peores que la muerte, precisamente porque distorsionan el proceso de apropiación. Por eso el problema no estriba en saber si el Estado tiene derecho a eliminar a enfermos y minusválidos, sino si el reconocimiento de la autonomía de las personas puede conducir, dado que la vida no se mide sólo por la cantidad, sino también por la *calidad*, al derecho a pedir a otros, especialmente al médico, que les quiten la vida. Precisamente porque es la autonomía de los sujetos la que hace surgir el problema ético, quedan excluidas del contexto ético las apelaciones a la «muerte dulce» de sujetos cuya vida se considera carente de valor, sin contar con la petición de tales sujetos.

Y ya situados en el ámbito de la eutanasia voluntaria, es ésta una cuestión que ha de considerarse en las distintas éticas de máximos, en los diversos proyectos de autorrealización que conviven en una sociedaad pluralista, pero también afecta a la clave de una ética de mínimos, que es el respeto a la *autonomía* de los sujetos para pedir una muerte digna en determinadas circunstancias. Concretamente, cuando distintos facultativos independientes entre sí hayan diagnosticado la irreversibilidad de la enfermedad, cuando el paciente decida de modo voluntario y pueda comprobarse que así es, y cuando se actúa con total publicidad.

Ahora bien, de estos requisitos se desprende que el problema de la eutanasia no sólo afecta a la ética, sino que tiene también implicaciones legales y que no puede tomar cada facultativo sus decisiones sin contar con un marco legal que garantice el control de tales decisiones. Cuando están en juego derechos de las personas, una sociedad está obligada a explicitar claramente en qué términos deben ser respetados, con el fin, entre otras cosas, de evitar abusos: la moralidad reclama legalidad.

A mayor abundamiento, en nuestro caso entran en juego no sólo proyectos de autorrealización y autonomía de las personas que piden ayuda para morir, sino también las repercusiones que las decisiones tomadas tienen para todos los afectados por ellas. Por una parte, porque el sentido de la medicina y de la institución sanitaria se ven afectados por estas decisiones y, por otra, porque la sociedad está formada por pacientes potenciales a quienes también afectan las decisiones.

De ahí que podamos decir, por ir concluyendo, que así como el suicidio es cuestión de éticas de máximos, la eutanasia corresponde a éticas de mínimos y al ámbito de las garantías jurídicas. Y que el modo de enfocar uno y otra ganará fuerza moral si, abandonando posturas ideológicas de uno u otro signo, nos preocupamos por la cosa misma[11].

---

[11] De ahí la importancia de las directrices anticipadas o voluntades anticipadas. Ver al respecto: J. C. Siurana, *Voluntades anticipadas*, Trotta, Madrid, 2005.

16. ASPECTOS ÉTICOS DEL PROYECTO GENOMA HUMANO

1. EL TEMOR DE LOS CIENTÍFICOS ANTE UNA ÉTICA INQUISITORIAL

Hace escasos días comentaba en la prensa un conocido y prestigioso científico español que la ética no debe por ningún concepto frenar la investigación científica. Comentario que cualquiera tiene derecho a hacer, avalado por la libertad de expresión de que gozamos, pero que no por eso resulta menos descorazonador: ¿es que nuestros científicos — y el común de las gentes— siguen entendiendo por «ética» una suerte de tribunal de la Inquisición, preocupado por poner vallas al campo, por matar la ilusión sexual, la creatividad científica, el genio investigador?

Si es así, mala prensa tiene sin duda este nuestro ancestral modo de saber ético, que a lo mejor se la ha ganado a pulso por la manipulación de la que inveteradamente ha sido objeto por parte de unos y otros. Pero tampoco estaría de más que nuestros venerados científicos, librándose de un cientificismo tan trasnochado al menos como el propio tribunal de la Inquisición —que inquisiciones hay muchas y de bien distinto signo—, se tomaran la molestia de averiguar si la ética no es a fin de cuentas algo más de lo que en su infancia les enseñaron, si no se nutre en buena ley de aquellas acepciones que en este libro venimos comentando.

Porque en tal caso deberíamos saber que la ética nada tiene que frenar de cuanto potencie el impulso creador por el que la humanidad se hace más humana, y que no es sino la moral del científico —su *ethos*— el que la marca ese camino. ¿Un camino con límites? No los hay sin ellos, pero lo que importa es la flecha indicadora del *sentido*. ¿Y quién tiene que decir cuál es el sentido correcto y desde qué criterios? De ello intentaremos hablar en este capítulo, refiriéndonos al caso concreto de un muy célebre proyecto científico: el *Proyecto Genoma Humano*, que ha sido objeto en nuestro país de una especial atención.

2. EL PROYECTO GENOMA HUMANO

El Proyecto Genoma Humano, como es bien sabido, consiste en desarrollar y usar las técnicas para secuencias y cartografiar los tres mil millones de pares de bases que componen el genoma *sensu lato* de la especie humana (es decir, el ADN humano). Tal proyecto podría dotarnos, entre otras cosaas, de claves valiosas para realizar diagnosis precoces y terapias de propensiones y enfermedades hereditarias, hecho por el cual atrae hoy fundadamente la atención de los especialistas[1].

Sin embargo, la propia cientificidad del proyecto desencadenó en un principio una fuerte controversia, ya que, mientras un sector lo consideraba como el Santo Grial de la Genética[2], otro opinaba que, dada la elevada proporción de ADN repetitivo que tiene el genoma humano, su secuenciación total podría llevarnos a un bosque en que los propios árboles impiden ver los otros árboles. Por otro lado, dada la enorme variabilidad genética de la especie humana, habría que preguntarse si los datos obtenidos de muestras de muchos individuos diferentes no podrían introducir errores de interpretación[3]. Ambas posibilidades descalificarían a la vez al proyecto científica y moralmente, porque un proyecto técnicamente deficiente resulta a la vez inmoral.

Con el tiempo, sin embargo, la controversia ha conducido por lo menos al acuerdo de que es útil ir secuenciando genes concretos, especialmente los responsables de enfermedades importantes, porque ello ayuda a la comprensión de la patología molecular de las enfermedades con vistas a su posible curación[4].

Ahora bien, también a nivel legal y ético ha despertado el proyecto suspicacias, enmarcadas además en los recelos que suele ocasionar la ingeniería genética, y es de comentar brevemente algunas de estas sospechas de lo que nos ocuparemos a continuación, para pasar más tarde a considerar los aspectos de la justificación ética del proyecto, a los que se refiere el título del capítulo.

---

[1] *El Proyecto Genoma Humano*, Generalitat Valenciana, Monografies del Consell Valencià de Cultura, Valencia, 1990.
[2] J. Sanmartín, «El desafío de la GenÉtica», *Tendencias científicas y sociales*, n.º 19 (1990), pp. 8-9; D. Suzuki y P. Knudtson, *GenÉtica*; J. R. Lacadena, *Genética y bioética*, Desclée de Brouwer, Bilbao, 2002; F. Mayor y C. Alonso (coords.), *GenÉtica*, Ariel, Barcelona, 2003.
[3] J. R. Lacadena, «El Proyecto "Genoma Humano"», *Razón y Fe*, enero (1989), pp. 43-55.
[4] Ibíd., 53.

3. UN MUNDO DE RECELOS ÉTICOS

1. Proyectos como los del Genoma Humano despiertan siempre en principio en el público el temor de caer en un *determinismo reduccionista*, que pretende explicar la conducta humana exclusivamente desde una de las dimensiones humanas, sea la física, sea la teológica, sea la psicológica, sea la genética. Con ello queda en cuestión, como es obvio, la posibilidad de la libertad, que es en definitiva la categoría que da sentido a nuestra vida moral, jurídica, política y religiosa, porque un ser determinado mal puede ser libre. Otra cosa es que el ser en cuestión se encuentre *condicionado*, lo cual resulta inevitable en el caso de seres contingentes; pero si hablamos de *determinación*, y no sólo de condicionamiento, la libertad queda descartada por imposible[5].

El problema del determinismo está presente en la historia de la humanidad al menos desde la εἱμαρμένη griega y es un tema recurrente que hoy reaparece en forma genética: ¿supondría la secuenciación del genoma humano reducir al ser humano a una simple secuencia de cuatro dígitos, como apuntaba Gamow?[6].

La respuesta a esta cuestión no puede consistir en modo alguno en despreciar el problema, sino en mostrar, por una parte, cómo en biología el todo no es igual a la suma de las partes, como consecuencia de las interacciones en los diferentes niveles de organización y como consecuencia de la interacción con el medio, y cómo, por otra parte, la libertad sigue siendo posible porque es de un orden diferente. En este sentido los intentos kantianos de distinguir entre una perspectiva fenoménica y una nouménica no significan sino el intento filosófico de fundamentar racionalmente la libertad.

2. Un segundo recelo despertado por el proyecto que nos ocupa (si es que cabe numerarlos) consiste en el temor a que sea posible conocer la *sustancia* humana. Porque desde una concepción cosmológica tradicional las ciencias pueden llegar a conocer los *accidentes* de los individuos, pero no su sustancia, y el Proyecto Genoma parece posibilitar el acceso de la Genética a la sustancia humana, en la medida en que permite conocer el genotipo, y no sólo el fenotipo. El genotipo aparece entonces como lo más íntimo de un ser, de igual modo que la sustancia, mientras que el fenotipo se alinearía con los accidentes. Esta entrada en

---

[5] A. Cortina, «Dignidad y no precio: más allá del economicismo», en E. Guisán (comp.), *Esplendor y miseria de la ética kantiana*, pp. 140-166.
[6] J.R. Lacadena, *op. cit.*, p. 54.

la intimidad de los seres humanos ¿no confiere al científico un peligroso poder, que puede plasmarse en consecuencias nefastas? En principio el conocimiento del genoma comportaría el de la peculiar idiosincrasia de los individuos, el de su intimidad sagrada, lo cual conlleva riesgos morales y jurídicos, como son el de la posible violación de la intimidad o el riesgo de discriminaciones en el ámbito laboral o en el criminológico. Como tales temores son fundados, un número creciente de juristas dedica sus esfuerzos a reflexionar sobre los medios para proteger legalmente a los individuos y a la especie con el reconocimiento de derechos, como el que todo individuo tiene al propio patrimonio genético, o los que se derivarían para el mundo laboral y para las repercusiones de la configuración genética en las generaciones futuras[7].

Ahora bien, la convicción de que penetrar en el mapa genético de los individuos significa acceder a su sustancia comporta una segunda sospecha, y es la de que tal conocimiento puede llevar a *modificar* esa sustancia, y no sólo los accidentes del individuo, hasta el punto de que la *manipulación* genética puede convertirse en *dominación* de unos hombres por otros. Que es precisamente lo que, al decir de las filosofías de la historia, la humanidad ha ido intentando evitar en su lucha por la emancipación.

Y es que la ingeniería genética supone —como sabemos— todo un cambio en la concepción del mundo, porque por ella sabemos que no sólo es posible trabajar *con el* material genético, pero sin modificarlo[8], sino que es también posible trabajar *en él*, modificando su estructura interna. La posibilidad de conocer el genoma humano y de modificarlo determina entonces necesariamente un cambio en el modo de entender el cosmos y también en el modo de entender la relación del hombre con el cosmos[9], porque la interpretación del sentido de la naturaleza no puede ser ya la misma[10].

En efecto, el mundo griego, en la figura de pensadores como Aristóteles, desarrolla una concepción teleológica del universo, en virtud de la cual cada ser se mueve por un fin y el universo en su conjunto, a su

---

[7] D. Gracia, «The Status of Genetic Material and Genetic Information: The Spanish situation», en H. ten Have, J. V. M. Welie y J. I. de Witte (eds.), *Property and Identity on the Human Genome*, Kluwer, Dordrecht, en prensa.

[8] Como es el caso de la inseminación artificial, la fertilización *in vitro*, la clonación o la elección del sexo de los embriones.

[9] Cambia también inevitablemente el modo de comprender el par «naturaleza/técnica», ya que la técnica ahora no sólo efectúa cambios accidentales, sino que *produce sustancias*. Ver J. Sanmartín, *Los nuevos redentores*, Anthropos, Barcelona, 1987.

[10] D. Gracia, «Problemas filosóficos de la ingeniería genética», en AAVV, *Manipulación genética y moral*, Fundación Universitaria CEU, Madrid, 1988, pp. 57-120.

vez, por un fin que hace de él un cosmos y no un caos. De ahí que las prescripciones médicas anduvieran por la senda de seguir a la naturaleza, ayudar a la naturaleza, teniendo aquí el naturalismo médico un fundamento indudable. El mundo moderno, por el contrario, apuesta, como es bien sabido, por las explicaciones mecanicistas del cosmos frente a las teleológicas, y eleva la causa eficiente al rango de causa explicativa frente a la final, de suerte que ya no puede hablarse de un fin de la naturaleza como sentido de la misma. Aplicado el cambio de cosmovisión a la evolución de las especies, el azar ocupa consecuentemente el lugar de la teleología.

Ahora bien, la evolución es resultado del azar, pero de un azar que conserva toda la información acumulada en las jugadas anteriores y, por tanto, no es en cada una de ellas mera arbitrariedad. En este sentido es en el que se ha hecho célebre la metáfora de dos tipos de juego: el de los dados, totalmente azaroso, y el del ajedrez, que supone una acumulación de información en cada jugada, de modo que las posteriores van cargadas de necesidad. Y es esta necesidad la que nos obliga a hablar no ya de teleología, pero sí de *teleonomía* porque, a pesar de no llevar inscrita una finalidad, la evolución actúa conforme a un plan.

La idea de plan, por tanto, no abandona la investigación sobre la naturaleza, pero es con la ingeniería genética cuando tal idea sufre un nuevo y espectacular cambio: el hombre puede modificar el material genético, puede trabajar en él, y por eso es capaz de dirigir tanto los procesos de adaptación al medio como los de mutación. De ahí que la teleología entre de nuevo en la naturaleza, pero esta vez de la mano del hombre, que es quien se propone fines y tiene el poder, en consecuencia, de modificar la naturaleza con vistas a sus fines, incluso sustancialmente[11].

Obviamente, el poder que el hombre adquiere por este medio sobre la naturaleza no deja de ser inquietante y lleva a formular necesariamente al menos dos preguntas: «¿*hacia dónde* vamos a dirigir los procesos de cambio?» —que es la pregunta por los *fines últimos* de la investigación y la manipulación en el mundo genético— y «¿quiénes están legitimados para tomar las decisiones en estos asuntos?» —que es la pregunta por los sujetos legitimados y responsables de las decisiones. Porque decir «el poder del hombre» es, evidentemente, no decir nada: la cuestión es quiénes son los hombres concretos que van a *conocer* y *dirigir* la evolución; quién es el «nosotros» que va a conocer y dirigir la evolución.

---

[11] Ibíd., pp. 61 ss.

Indudablemente, con esta pregunta por los fines últimos y por los sujetos legitimados para decidirlos entramos de lleno en el ámbito de la ética.

4. ¿CÓMO RESPONDER ÉTICAMENTE?

1. Ante preguntas como las formuladas la ética se viene encontrando desde hace tiempo con obstáculos, que le dificultan gravemente dar respuestas. El primero de ellos es el *cientificismo*, al que aludí al comienzo de este capítulo, que impregna nuestra cultura, incluido el modo de pensar de nuestros más prestigiosos científicos.

La objetividad de la ciencia, expresada de forma paradigmática en el célebre postulado de neutralidad weberiano (*Wertfreiheitspostulat*), parece obligar a expulsar la ética de las reflexiones científicas, porque es éste a fin de cuentas un modo de pensar que sólo aporta subjetivismo. En el mundo moral cada quien tiene su dios, el politeísmo es indudable, y tanto más en una sociedad pluralista, por eso los científicos deben guardar la llama de la objetividad de la ciencia de los vientos subjetivistas, y por tanto irracionales, de la ética, no sea cosa que se apague. Con tan sabias consideraciones viene a tenerse a la ética como el dominio de la irracionalidad frente a la racionalidad científica, como el mundo de lo subjetivo e incomunicable frente a la intersubjetividad y comunicabilidad de la ciencia.

Las consecuencias de tales malentendidos son sin duda nefastas y muy especialmente para la cuestión que tratábamos de resolver. Porque si lo más a que podemos llegar en el ámbito moral es al emotivismo, según el cual los juicios morales no son sino expresión de emociones subjetivas, ¿quién decide las metas comunes con una legitimidad moral? ; y si al cabo no podemos decir de términos como «justo» o «correcto» sino que sólo tienen sentido en una cultura concreta, como quiere el relativismo, ¿no es posible llegar a principios, orientaciones y recomendaciones comunes?

A todo ello se añade en nuestros días un tópico harto mal entendido por lo general, que es el célebre derecho a la diferencia. Parece desde él que el derecho a la diferencia supone reconocer que nos movemos sobre la base de la heterogeneidad moral, cosa que es radicalmente falsa. Porque precisamente puede reconocerse un derecho a ser diferente si estamos de acuerdo al menos en aceptar que tal derecho existe, y sin ese mínimo de entendimiento es imposible que convivan respetuosamente los que entre sí son diferentes.

2. Por último, en este catálogo de malentendidos entre ciencia y ética, conviene recordar que la ética ya no es la reina en la monarquía de los saberes, y no está legitimada para imponer despóticamente a sus súbditos unos principios materiales objetivos. Más bien ha de proceder al modo democrático y escudriñar «en la base» de los saberes qué orientaciones morales se perfilan.

Sería sin duda muy cómodo contar con unos principios materiales objetivos e imponerlos, como sería bien cómodo conocer un fin ya dado, al que sólo hace falta ajustar prudentemente los diversos medios. Pero ocurre, sin embargo, por lo que hemos visto, que no hay principios materiales ni fin dado de antemano: el fin nos lo damos a nosotros mismos. Pero entonces la pregunta permanece: ¿*quiénes somos «nosotros»*?

5. EL SUJETO ÉTICO DE LA DECISIÓN

Dilucidar quién es el sujeto autorizado para tomar decisiones acerca de los fines últimos en los distintos ámbitos de la vida social es hoy uno de los grandes retos —si no el mayor— planteados a la ética, precisamente porque la desaparición de principios morales con contenido compartidos por el conjunto de la sociedad e interpretados por algún magisterio legitimado para ello, deja abierta la cuestión de quién tiene que ser ahora responsable de fijar las metas últimas a las que la sociedad deba dirigirse[12]. Y en este punto las dificultades para una respuesta que presentan los distintos ámbitos de la ética aplicada son también diversas. En lo que respecta al Proyecto Genoma Humano cabría reseñar, al menos, las siguientes[13]:

1) El problema del posible neocolonialismo científico y técnico. En definitiva, los descubrimientos ahondan las diferencias entre los países pobres y los países ricos, ya que existe el peligro de que la tecnología de vanguardia quede en poder de unos pocos países y que sean éstos y sus interpretaciones los que dirijan un tipo de proyectos que, como hemos mencionado, inciden en la orientación de la evolución. Serían entonces los países ricos los que decidirían hacia dónde debe dirigirse la evolución, imponiendo con ello a los países pobres nada menos que las metas últimas.

---

[12] A. Cortina, *Ética mínima*, pp. 143 ss.
[13] J. R. Lacadena, *op. cit.*, pp. 54-55; D. Gracia, «Ethical and Social Aspects of the Human Genome Analysis», en H. Haker, K. Stiegleder y D. Mith (eds.), *Ethics of Human Genome Analysis*, Stuttgart, en prensa.

Una teoría de la dependencia reformulada surge aquí, sin duda, y las consecuencias de la misma ya no son sólo económicas, sino antropológicas y cuasi metafísicas, porque la Modernidad occidental había saludado con gozo el surgimiento de los individuos autónomos, de esos seres capaces de darse a sí mismos sus propias leyes, de fijarse su propios fines, pero el neocolonialismo al que aludimos supone condenar a la heteronomía a una inmensa capa de la población, ya que sólo unos pocos decidirán por otros metas últimas como las de la evolución. Pasaríamos entonces de la dependencia económica a una dependencia antropológica, que es sin duda mucho más profunda.

2) Sin embargo, cuando en temas antropológicos se establecen distinciones, como la que acabamos de hacer, entre países ricos y pobres, parecemos olvidar que no son los países los que deciden, sino determinados individuos. Y, en casos como el del Proyecto Genoma Humano, no cabe duda de que son las *industrias* las empeñadas en promover los avances, porque las compañías multinacionales invierten grandes sumas en la creación de laboratorios de investigación y no parecen dispuestas a detener sus investigaciones por el hecho de que planteen problemas morales.

Podríamos decir de nuevo entonces que la economía dirige el mundo, pero no en el sentido en que lo decía el materialismo histórico, sino tomando conciencia de que las industrias de tecnologías avanzadas son las que conocen el presente y dirigen el futuro humano desde sus intereses. No habría, pues, países autónomos y países heterónomos, como apuntábamos en el apartado anterior, sino un grupo de industriales autónomos que fijan las metas últimas al resto de la humanidad, de una humanidad inevitablemente heterónoma.

3) Sin embargo, de este razonamiento se desprende que cabe albergar otro temor, tan antiguo como la humanidad, y es el de que sean los *expertos* quienes decidan nuestro futuro. En definitiva, tomando como referente cada campo del saber cabe hacer en la población una distinción entre «expertos y masa», por decirlo en términos políticos; es decir, una diferencia entre aquellos que poseen ese saber y los que carecen de él, lo cual da a los primeros un indudable poder sobre los segundos. Hasta el punto de que, en casos como el que nos ocupa, podemos llegar a configurar una «*expertocracia*». ¿Van a ser, pues, los expertos quienes dirijan la evolución? ¿Van a ser ellos quienes fijen las metas últimas?

Ante una pregunta como ésta existe siempre la tentación de responder afirmativamente, argumentado que en suma son los expertos quienes mejor conocen el asunto en cuestión y, en consecuencia, quienes nos conducirán al mejor término. Sin embargo, este argumento es falaz, porque los expertos nos conducirían al mejor término si realmente hubiera *expertos en fines*, pero tal cosa no existe: hay expertos en medios, pero los fines sólo pueden determinarlos los afectados por la puesta en marcha de una ciencia, porque son ellos quienes mejor conocen en qué consiste su bien.

Y es que, si tomamos en serio el principio ético moderno de la autonomía de los individuos, quiere esto decir también que es cada individuo quien tiene que expresar qué considera un bien para él, de modo que el experto puede asesorarle sobre cómo acceder mejor a tal bien, pero no puede suplantarle en la decisión sobre en qué consiste ese bien. Hay expertos en medios, pero no hay expertos en fines, en consecuencia el papel de los expertos consiste en asesorar y no en fijar las metas, que es cosa de los afectados. Es la conciencia, al menos implícita, de esta realidad la que está obligando en los últimos tiempos a cuantos proyectos tienen claras repercusiones sociales a comunicarse con la sociedad.

4) Por último, una duda queda todavía sobre el sujeto de las decisiones en proyectos como el que nos ocupa: ¿van a ser los políticos quienes tomen las decisiones? Porque, en definitiva, los políticos son elegidos por el pueblo para representarle y deberían ser ellos —al menos así parece— quienes decidieran los fines últimos en representación del pueblo.

Sin embargo, convertir este tipo de decisiones en decisiones políticas es sumamente peligroso, porque el juego de la política no es en realidad, como hemos recordado reiteradamente, el de lo universal, sino que en las democracias liberales son los intereses particulares los que entran en ese juego. De ahí que sea necesario afirmar que nadie puede sustraer a los individuos la toma de decisiones en un asunto que les afecta tan directa y gravemente.

Y es que en definitiva podríamos decir que el «tema ético» de nuestro tiempo es fundamentalmente el de responder a la pregunta por el «nosotros» que toma las decisiones en servicio, y no en detrimento, de los individuos, y discernir desde qué criterios podrán tomarse tales decisiones.

6. JUSTIFICACIÓN DEL PROYECTO GENOMA HUMANO

Ante investigaciones como la del Proyecto Genoma Humano suele darse una justificación presuntamente «ética», que consiste de algún modo en hacer de la necesidad virtud. Puesto que el interés de los investigadores y de las multinacionales —se dice— es tal que llevarán

ASPECTOS ÉTICOS DEL PROYECTO GENOMA HUMANO   261

adelante la investigación en cualquier caso, más vale asumir su prosecución como algo inevitable y dejar de ponerla en cuestión. La irreversibilidad sería entonces la justificación ética de un proyecto.

Sin embargo, no es ésta la razón por la que el Proyecto Genoma Humano está legitimado moralmente, sino más bien la siguiente: que cuantos proyectos ayuden a *predecir* y *prevenir* enfermedades están moralmente legitimados, porque pueden conducirnos a contar con individuos más sanos. Y sanos querría decir aquí *más dueños de su propio cuerpo* y, en esta medida, *más libres*, porque la caracterización que de la salud hace la OMS resulta poco operativa.

En efecto, considerar como salud «un estado de perfecto bienestar físico, mental y social, y no sólo de ausencia de enfermedad» nos pone en la situación de considerar como enferma a toda la raza humana. Por eso parece más operativo tener esta definición como una «idea teórica regulativa» en sentido kantiano y caracterizar la salud al menos como ausencia de enfermedad, en la medida en que el individuo es entonces más dueño de su propio cuerpo y, por tanto, más libre. La directriz ética de las investigaciones que se lleven a cabo debe ser, entonces, doble. Por una parte, habiendo reconocido que los hombres son fines en sí mismos, es necesario *respetar* la *dignidad humana* en cuantas investigaciones se lleven a cabo, que es lo que Kant entendía como poner a cada hombre como *fin limitativo* de las acciones: no cualquier investigación, por rentable o por innovadora que sea puede llevarse a cabo, porque en la idea de dignidad humana hay un límite que desautoriza moralmente las realizaciones que atenten contra ella[14].

Sin embargo, la ética no es sólo negativa, sino que tiene sobre todo un fin *positivo*, que consiste en dotar a los hombres de una mayor libertad, precisamente en atención a su dignidad. Y, en este sentido es en el que hay que hablar de un doble fin —limitativo y positivo— de los proyectos científicos: el fin limitativo es el respeto a la dignidad en cada hombre, mientras que el fin positivo consiste en dotar a cada hombre de una mayor libertad[15].

Ahora bien, con estas afirmaciones entramos en un terreno sumamente resbaladizo, que es el de la doble dificultad de marcar los límites entre lo negativo y lo positivo —en este caso entre la *ingeniería genética positiva* (que pretende mejorar o perfeccionar la naturaleza humana actuando sobre sujetos normales) y la *negativa* (que trata de corregir

---

[14] I. Kant, *Grudlegung zur Metaphysik der Sitten*, IV, pp. 430-431.
[15] I. Kant, *Metaphysik der Sitten*, VI, pp. 375 ss.

errores y curar enfermedades)— y distinguir entre lo que afecta únicamente al individuo y lo que afecta a sus descendientes. Y aquí es donde entra en juego la pregunta por los *sujetos* que han de tomar las decisiones, porque los *criterios* serían el limitativo de respeto a la dignidad y el positivo de acrecentamiento de la libertad, pero la cuestión de los sujetos de las decisiones no es menos compleja.

Y no lo es porque —como hemos comentado— no podemos dejar tales decisiones en manos de los países ricos, las industrias, los expertos o los políticos, ya que hoy en día la posibilidad de tomar decisiones morales *objetivas* —*intersubjetivas*— pasa por la toma de decisiones responsable por parte de los afectados, que, con el debido asesoramiento de los expertos, han de optar teniendo en cuenta no sólo sus intereses individuales, sino los universalizables. Esto significa tomar en serio —como tantas veces hemos dicho a lo largo de este trabajo— que cualquier hombre es, en lo que le afecta, interlocutor válido, y que desde ahí alcanzamos para las decisiones morales objetividad, entendida como intersubjetividad.

Pero eso exige —y aquí las dificultades— llevar a cabo al menos una triple tarea: 1) lograr que los expertos comuniquen sus investigaciones a la sociedad, que las acerquen al público, de modo que éste pueda *codecidir* de forma autónoma, es decir, contando con la información necesaria para ello; 2) concienciar a los individuos de que son ellos quienes han de decidir, saliendo de su habitual apatía en estos asuntos, y 3) educar moralmente a los individuos en la responsabilidad por decisiones que pueden implicar, no sólo a individuos, sino incluso a la especie. Y este «educar moralmente» supone mostrar a la vez la responsabilidad que el hombre de la calle tiene de informarse seriamente sobre estos temas y el deber de tomar decisiones atendiendo a intereses que van más allá de los sectoriales.

Porque reconocer que el sujeto ético de las decisiones son los afectados no significa afirmar que los afectados siempre aciertan moralmente, como si un jurado de blancos que condena a un negro por el hecho de serlo fuera más justo que un juez blanco que condena a un negro por la misma razón. Significa más bien recordar a los afectados que han de asumir la responsabilidad de informarse, dialogar y asumir las decisiones desde intereses universalizables, si es que desean que los intereses satisfechos por la investigación científica no sean unilaterales, sino humanos.

17. ÉTICA DE LA EMPRESA: SIN ÉTICA NO HAY NEGOCIO

1. ¿ES POSIBLE UNA ÉTICA «ECONÓMICA»?[1]

Los términos «ética» y «economía» parecen reñidos al gran público y es esta historia de aparentes enemistades una larga historia. La economía para ser fiel a sí misma —piensa buen número de especialistas— no debería contaminarse con valores morales, mientras que la ética, para llevar adelante su quehacer —cree el común de las gentes— debería evitar las consideraciones económicas. De aquí surgiría el enfrentamiento entre dos valores, uno al parecer típicamente económico, otro, típicamente moral: la *eficiencia* y la *equidad*.

Sin duda estos tópicos constituyen, como he dicho, el resultado de una larga historia: la historia de la Modernidad occidental —al menos tal como nos lo cuenta Weber—, que ha venido a privilegiar la racionalidad económica como paradigma de la «*racionalidad*», sin más, mientras que las decisiones éticas han ido quedando relegadas habitualmente al ámbito de las decisiones subjetivas, de las decisiones privadas de conciencia. Porque, según Weber, en el proceso de racionalización occidental, son las acciones racional-teleológicas las que han ido ganando terreno en detrimento de las acciones guiadas por valores, como mostraría el siguiente cuadro:

TIPOLOGÍA WEBERIANA DE LA ACCIÓN, ATENDIENDO
AL GRADO DECRECIENTE DE RACIONALIDAD[2]

Tipos de acción	El sentido subjetivo comprende los siguientes elementos			
	Medios	Fines	Valores	Consecuencias
Racional-teleológica	+	+	+	+
Racional-axiológica	+	+	+	
Afectiva	+	+		
Tradicional	+			

---
[1] Para una excelente exposición y análisis de los posibles modelos de ética económica actual, como también del marco ético de la economía, ver J. Conill, *Horizontes de economía ética*, Tecnos, Madrid, 2004, sobre todo Partes I y II.
[2] J. Habermas, *Teoría de la acción comunicativa*, I, p. 381.

Siguiendo este esquema, una acción máximamente racional será aquella que realiza un agente en un horizonte axiológico claramente articulado, eligiendo para sus fines los medios más adecuados y teniendo en cuenta las consecuencias que de ellos se siguen. Ciertamente, la acción racional-teleológica parece permitir una mayor objetividad en la medida en que puede discutirse la adecuación de los medios a los fines recurriendo a las consecuencias, mientras que los restantes tipos de acción bloquean toda argumentación sobre medios al prescindir de la valoración de las consecuencias.

Incluso la acción racional-axiológica se encuentra ante grandes dificultades en sus pretensiones objetivadoras: los valores son objeto de creencia y la creencia es una cuestión subjetiva. Cada hombre opta por una jerarquía de valores, pero sus valores últimos ya no pueden fundarse en otros, por lo cual ha de aceptarlos por fe. Los axiomas últimos de valor son inconmensurables y por eso con ellos no es posible establecer discusión y acuerdo, sino simple aceptación.

Ésta es, sin duda, la raíz última del «politeísmo axiológico» que el mundo demócrata-liberal profesa, en virtud del cual en el campo de los valores cada quien tiene su dios, sobre los valores no cabe argumentar y ponerse de acuerdo, mientras que en el ámbito de la racionalidad impera la razón teleológica, que tiene su paradigma en la racionalidad económica.

Sin embargo, tener por buenas estas afirmaciones implica olvidar tres cosas al menos:

1) Que *lo moral es también racional,* si por «racionalidad» entendemos *la facultad de lo intersubjetivo,* es decir, la facultad que nos permite argumentar y alcanzar acuerdos. En este sentido, puede decirse sin temor a errar que a lo largo de la historia de la ética occidental hemos ido descubriendo distintos modelos de racionalidad moral, algunos de los cuales la aproximan prodigiosamente a la racionalidad económica, como es el caso de la razón calculadora de los utilitaristas, que tiene en cuenta todos los elementos de la racionalidad teleológica.

2) Que la intersubjetividad moral es hoy un hecho, al menos en los países con democracia liberal, en la medida en que en ellos es posible detectar unos valores compartidos por los individuos (respeto a los derechos humanos, libertad, igualdad y solidaridad, tolerancia y pluralismo), valores que componen lo que llamamos —a falta de mejor nombre— una *ética cívica.* Leer en los distintos campos esos valores, así como sus específicas modulaciones, constituye la tarea de lo que hemos llamado «éticas aplicadas».

3) Que la racionalidad económica, en su funcionamiento concreto y situado, no es amoral: los modelos económicos, sobre todo en sus apli-

caciones concretas, *son* más o menos morales o inmorales, pero nunca amorales. Cierto que el proceso de modernización introduce una diferenciación en los distintos ámbitos de la vida social: política (conquista y conservación del poder), economía (optimización del beneficio), moral (expresión de un deber difícil de cumplir en estos ámbitos). Y que parece entonces que los ámbitos político y económico son amorales porque tienen un fin propio que no puede ser moralmente valorado; en el caso de la economía, la búsqueda del *máximo beneficio, meta que no permite tratar nada como incondicionado.* Sin embargo, las denuncias de la inmoralidad de la vida económica, política o empresarial recuerdan que pueden y deben juzgarse moralmente. La pregunta es: ¿desde unos principios morales exteriores a ellas mismas o desde principios que han ido surgiendo desde esos ámbitos como cristalizaciones del modo en que una moral compartida se especifica en ellos?[3]

Como hemos visto, la mirada no puede dirigirse sino al interior de cada uno de los ámbitos para captar el *sentido* y *fin* de cada uno de ellos para la vida social desde la que se legitiman sus actividades. Por este procedimiento descubriremos que la economía no es moralmente neutral, como no lo es ninguna de las actividades humanas que tienen incidencia social, porque todas ellas tienen un *sentido social* que deben satisfacer, unas metas por las que cobran legitimidad social, y desde ellas es posible descubrir valores y principios peculiares. En el caso de la economía, valores como la *equidad,* la *eficiencia,* la *calidad,* la *competitividad,* o la *solidaridad al alza.* De ahí que podamos atrevernos a aventurar que:

1) La actividad económica es indisociable de la moralidad, porque es una dimensión de una teoría de la sociedad[4].

La actividad económica de una sociedad consiste en esencia en la cooperación productora y la distribución para el consumo de lo producido, y esta actividad ha de realizarse a través de unos cauces institucionales, cuya organización permite un ejercicio ordenado de la misma. Ahora bien, esta actividad no está desligada del resto de las tareas sociales, sino que hunde sus raíces en la dimensión social, uno de cuyos ingredientes esenciales está constituido por las *concepciones morales y las instituciones jurídicas influidas por ellas.* Por eso a la altura de nuestro tiempo, habida cuenta del grado alcanzado de conciencia moral social, cabe decir que el *progreso económico* ha de ser a la vez *técnico* y

---

[3] J. Conill, *Horizontes de economía ética.*
[4] E. Menéndez Ureña, «Ética y sistemas de organización de la actividad económica», *Información Comercial Española,* n.º 691 (1991), pp. 63-74.

social: progreso en la mejora de las *condiciones materiales de vida* y en una regulación de la *cooperación productora y la distribución* que se acerquen lo más posible a la realización de *ideales de libertad, justicia, igualdad y paz*.

Tiene que haber, por tanto, una ética de los sistemas de organización de la actividad económica.

2) En este mismo sentido se extiende la convicción de que es necesaria una *teoría compartida de la justicia distributiva* para poder cohesionar a los individuos de nuestras sociedades, entendidas como sistemas de cooperación y no de conflicto. Y en esta tarea se emplean autores de la talla de Bell o Rawls, Lyotard o Walzer, Apel, Habermas o Barber, Koslowski o Ulrich[5].

Cualquier actividad social que hoy quiera presentarse como legítima debe, pues, atenerse a unos criterios de justicia entendida como equidad, lo cual no está reñido con la búsqueda de la eficacia, sino todo lo contrario: puesto que el fin social de la economía es la satisfacción de necesidades humanas, son *ya* valores suyos aquellas capacidades morales sin las que es imposible alcanzar la meta.

Ahora bien, si la actividad económica no puede en buena ley estar reñida con la racionalidad moral, ¿puede decirse lo mismo de la actividad empresarial que, aunque en el amplio marco de la economía tiene sus innegables peculiaridades como actividad y como racionalidad?

2. «EL NEGOCIO ES EL NEGOCIO»: UN VIEJO TÓPICO

Si el término «economía» parece en un primer momento reñido con la ética, de suerte que la posibilidad de una ética económica es considerada habitualmente con recelo, mayor distancia parece existir para el público entre el mundo de la empresa o el de los negocios y el ámbito de la moralidad[6]. Y no sólo para el público, sino para una buena parte del empresariado que viene desconfiando de la moral hace ya tiempo y sigue haciéndolo explícita o implícitamente. Desde esa desconfianza surgen posiciones con respecto a las relaciones entre ética

---

[5] P. Koslowski, *Ethik des Kapitalismus*, Mohr, Tübingen, 1986; P. Ulrich, *Transformation der ökonomischen Vernunft*, 2.ª ed. revisada, Haupt, Bern/Stuttgart, 1987; J. Conill, *Horizontes de economía ética*.

[6] J. Conill, *Horizontes de economía ética*; id., «Ética económica».

ÉTICA DE LA EMPRESA: SIN ÉTICA NO HAY NEGOCIO

y empresa que, sin ánimo de exhaustividad, podríamos ordenar del siguiente modo[7]:

1) Para hacer negocio es preciso olvidarse de la ética común y corriente, porque los negocios tienen sus propias reglas de juego, regidas por una ética propia.

2) La misión de la empresa consiste en maximizar beneficios, en términos de dinero, prestigio y poder, de suerte que es ésta una guerra en la que cualquier medio es bueno si conduce al fin. No hay valor superior en este mundo al de la cuenta de resultados, y tirios y troyanos convienen en afirmar que *el negoci és el negoci*.

3) La ética debe limitarse en la empresa a unos mínimos, que en realidad coinciden con el cumplimiento de la legalidad y la sujeción a las leyes del mercado. La empresa debe, por tanto, preocuparse de ganar dinero, que ya los mecanismos del mercado y los poderes públicos se preocuparán de las cuestiones sociales imponiendo las leyes adecuadas.

Ciertamente estas extendidas creencias estarían legitimadas si hubiéramos de entender el negocio y la empresa, por ejemplo, según el modelo que Michel Albert presenta en su libro *Capitalismo contra capitalismo* como propio del capitalismo neoamericano, enfrentándolo al que califica de renano. Si bien es cierto que tal modelo neoamericano resulta atípico si se le compara con las grandes multinacionales, piensa Albert que representa la tendencia predominante del estilo americano[8], al que caracterizarían rasgos como los siguientes.

La empresa es considerada desde esta perspectiva como una mercancía de la que el propietario, el accionista, dispone libremente[9]; es en definitiva sólo «un paquete de acciones» que, como tal, se compra, y con el que se puede hacer cuanto se quiera, ya que en ella todo es cuestión de precio: «el dinero es el fin, las cosas son los medios». De donde se sigue como consecuencia lógica que los colaboradores han de ser tratados como producto de un capital, como una mercancía[10], en el seno de una empresa considerada como un bien comercial (no tanto como una comunidad)[11]; que el papel de la empresa en materia de educación y for-

---

[7] D. Melé, «Ética y empresa», *Información Comercial Española*, n.º 691 (1991), pp. 122-134.
[8] M. Albert, *Capitalismo contra capitalismo*, Paidós, Barcelona, 1992, p. 188.
[9] Ibíd., p. 20.
[10] Ibíd., p. 75.
[11] Ibíd., p. 99.

moción profesional tiene que ser el menor posible, y que en este modelo el futuro queda sacrificado al presente deliberadamente[12].

Ciertamente, si éste es el modo de entender el ser y el funcionamiento de una empresa, mal lo tiene el mundo de los negocios para intentar —por decirlo con Lipovetsky— un matrimonio con la ética, porque la ética es un tipo de saber que necesita *tiempo* para crear una forma de vida, necesita proyectarse al *futuro* desde el presente y el pasado, necesita *sujetos o corporaciones* que se sepan responsables de tales proyectos y de sus realizaciones, necesita una finalidad que se inscribe en la cuenta de resultados, pero va más allá de ella. Sólo desde un contexto semejante tiene sentido una ética empresarial.

3. EL NACIMIENTO DE LA ÉTICA EMPRESARIAL O ÉTICA DE LOS NEGOCIOS[13]

No deja de resultar llamativo que, en contraste abierto con la posición que acabo de exponer, a partir de la década de los años setenta empiece a ponerse de moda tanto en Estados Unidos como paulatinamente en Europa la llamada «ética de los negocios» (*business ethics*), que recibe también otros nombres como «ética empresarial», «ética de la gestión», «ética de la organización» o «ética de la dirección», todos ellos justificados —como veremos— desde distintas perspectivas[14].

Revistas especializadas se consagran en exclusiva a este tipo de ética, como es el caso del mensual *Journal of Business Ethics*, los trabajos sobre el tema menudean y empiezan a crearse cátedras exclusivamente dedicadas a la materia. ¿Qué acontecimientos —no podemos por menos de preguntarnos— han desencadenado esta inusual y febril actividad, que algunos califican de «moda»? ¿Qué modelo de empresa tienen *in mente* quienes pretenden ligarla a la ética?

En principio, convienen los expertos en afirmar que fueron escándalos del tipo del Watergate los que provocaron la necesidad de reconstruir la credibilidad de las empresas, que no parecían pertrechadas de valores como para satifacer las expectativas del público[15]. La falta de

---

[12] Íbid., p. 237.
[13] De desarrollar ampliamente la naturaleza y estructura de la ética empresarial, apuntada en este capítulo, nos hemos ocupado A. Cortina, J. Conill, A. Domingo y D. García Marzá en *Ética de la empresa*, Trotta, Madrid, 1994, y D. García-Marzá en *Ética empresarial*, Trotta, Madrid, 2004.
[14] Para una aclaración de estos términos, ver J. Conill, «Ética económica».
[15] Ver J. M.ª Lozano, «Una cuestión controvertida: ética y gestión», *Revista de Fomento Social*, n.º 188, pp. 429-445; G. Lipovetsky, *Le crépuscule du devoir*, cap. VII.

credibilidad no resultaba ser una carta de triunfo en el mundo del negocio y la *confianza* fue convirtiéndose de nuevo explícitamente en el valor empresarial, que, en buena ley, nunca había dejado de ser. Pero la confianza es una actitud que necesita *tiempo* para mostrarse y es éste del tiempo, del largo plazo, otro de los factores que por entonces llevó a repensar la presunta neutralidad moral de la empresa. ¿No es cierto que las empresas deben asumir la responsabilidad de sus decisiones con vistas al futuro? ¿No es cierto que su tiempo no es el presente, el corto plazo, sino el *largo plazo*?

Una empresa que se plantea únicamente el máximo beneficio en un corto plazo es de hecho suicida y mal va a poder sobrevivir en estos tiempos de dura competencia, en que la *responsabilidad a largo plazo* es una garantía de supervivencia. Curiosamente —y esto es un hecho—, los grupos de empresas más responsables son los que han tenido mejores cuentas de resultados: por decirlo con Tuleja, en el largo plazo el más allá de la ética (los valores éticos) refuerza el más acá de la cuenta de resultados[16]. ¿No hemos de decir entonces con R. Stern que la ética, o al menos —añadiría yo—un tipo de ética, es rentable?

La respuesta a esta pregunta parece ser hoy afirmativa, según las estadísticas, porque las organizaciones que sobreviven son en muy buena medida aquellas que generan internamente un sentido de *pertenencia* entre sus miembros y, a la vez, una *confianza* en el público de que sus necesidades son satisfechas por una empresa que mira al futuro. Compartir creencias que despiertan en las gentes un interés no es entonces sólo cosa de una moral del deber, de un marco deontológico que no ofrece por su cumplimiento ninguna recompensa a cambio, sino cosa también de una *moral de la rentabilidad*: la moral, entendida de un peculiar modo, es económicamente rentable, porque cualquier organización, para sobrevivir, ha de disponer hoy de un sólido grupo de creencias sobre las que asentar su política y sus acciones[17].

Nace así, al hilo de la ética, la idea de una *cultura empresarial* —del mismo modo que ha nacido la idea de una cultura médica o ecológica— que configura formas de vida peculiares, cada vez menos opcionales y más «obligatorias» para quien tenga afán de supervivencia. Porque, en el caso que nos ocupa, la empresa necesita *legitimar* su existencia y actuaciones tanto como los gobiernos, y una legitimación se obtiene a través de la *confianza* que se infunde en el público y a través de

---

[16] T. Tuleja, *Más allá de la cuenta de resultados*, Plaza-Janés, Barcelona, 1987, p. 16.
[17] Ibíd., p. 9.

lo que se ha dado en llamar un «capital-simpatía», una sintonía con los consumidores, que les lleva a preferir esa determinada empresa y sus productos. *La cultura empresarial genera, entre otras cosas, ese capital, que no es financiero, pero sí beneficioso.* Y es que en tiempos de competencia darwiniana por la existencia, como los que vivimos, en tiempos de homogeneidad entre los productos —muchos se parecen— y entre las empresas —muchas guardan semejanza entre ellas—, poder exhibir una cultura propia, permite cobrar una identidad, un perfil bien trazado, por el que la empresa se distingue de las restantes. La guerra de los «*logos*», de los signos distintivos, no es suficiente, si tras el *logotipo* no existe una identidad de la empresa, que responda a él. Porque el «parecer» es un elemento, pero no el único del marketing: convencer —y no sólo persuadir— de que un colectivo responsable se propone atender a las necesidades del público de la forma más eficiente posible, y de que ese colectivo comparte los valores morales a que la sociedad en su desarrollo ha llegado, es una carta de triunfo en la empresarial lucha por la vida[18].

Ahora bien, hablar de corporaciones que toman decisiones a largo plazo, obviamente en condiciones de incertidumbre, y que son responsables de cara al futuro, supone introducir subrepeticiamente una creencia, que resulta fundamental para este ámbito de la ética aplicada: la de que *las empresas son organizaciones*, irreductibles a la suma de sus miembros; que gozan de un tipo de entidad que se distiende en pasado, presente y futuro; y que tales organizaciones toman decisiones morales. No que la responsabilidad de los individuos se diluya en la del conjunto de la empresa, sino que *la ética no es sólo individual, sino también corporativa y comunitaria.*

En efecto, en una época como la nuestra en la que retos como los ecológicos exigen ir más allá de la ética personal del deber y asumir que los colectivos son responsables de las consecuencias de sus acciones, el *paso del deber personal a la responsabilidad colectiva*, en este caso a la *corporativa*, está dado. Y ello se muestra también en un mundo como el empresarial en el que empieza a esclarecerse que, no sólo los individuos son moralmente responsables, sino también las empresas. Unido

---

[18] G. Archier y H. Sérieyx denominan «reáctica» a la agilidad de una empresa para reaccionar ante las posibles necesidades de los clientes, adaptándose a ellas. Y proponen tres rótulos para agrupar las características de una empresa del tercer tipo: «mejor que la previsión, el tiempo de cuatro velocidades»; «mejor que el *management*, la reáctica»; «mejor que la motivación, la movilización». (*La empresa del tercer tipo*, Planeta, Barcelona, 1985, pp. 32 ss.).

todo ello al incremento del poder nacional y transnacional de las empresas, una ética empresarial se hace, no sólo posible, sino necesaria, y las empresas empiezan a preocuparse por el tipo de formación que desean ofrecer a sus miembros.

4. «COMUNITARISMO» EMPRESARIAL FRENTE A INDIVIDUALISMO ABSTRACTO

A mayor abundamiento, esta ética de las instituciones encuentra en nuestros días un terreno social abonado como para enraizar en él, porque, como ya hemos comentado, para un buen número de expertos el individualismo generado por la Modernidad ha producido tal cúmulo de insatisfacciones, que los individuos precisan integrarse en comunidades y corporaciones para recuperar su *yo concreto*.

Frente al yo abstracto de los modernos, sujeto de deberes y derechos, pero ayuno de raíces concretas —se dice—, ofrecen comunidades y corporaciones valores que proponen a los hombres un mundo de *sentido*: proponen una *identidad* a los sujetos que forman parte de ellas, un *sentido de pertenencia*, unos *valores compartidos*, una *tarea común*, un *bien común* que no difiere del de cada uno de los miembros, e incluso un sentido de la «*excelencia*», que el universalismo individualista es incapaz de considerar[19]. Todo lo cual va componiendo una «*cultura corporativa*» o de las organizaciones, en la que el yo concreto se siente integrado, arropado. Empezando por la comunidad familiar y continuando por las corporaciones de las que se es miembro —empresa, universidad, hospital, administración—, los individuos recobran en ellas el sentido concreto de sus vidas.

¿No significa esto en definitiva apelar a una *ética comunitarista*, que va de la sola eficiencia descarnada a la *confianza*, de la cantidad a la *calidad*, del conflicto a la *cooperación*, del negocio salvaje a la *responsabilidad*?

Sin duda son éstas las exigencias que los nuevos retos plantean, pero para intentar satisfacerlas encontramos distintos obstáculos, entre ellos

---

[19] El término «excelencia» es sumamente ambiguo. En la tradición comunitaria es «excelente», como en Grecia, el que posee una habilidad en un grado superior a la media. Las virtudes son excelencias y ayudan a la supervivencia de la comunidad. Desde una perspectiva individualista, sin embargo, el «excelente» es el triunfador en la lucha por la vida. Ver T. J. Peters y R. M. Waterman, *En busca de la excelencia*, Folio, Barcelona, 1990; N. Aubert y V. de Gaulejac, *El coste de la excelencia*, Paidós, Barcelona, 1993.

dos de gran envergadura, el primero surgido del modo usual de concebir la ética, el segundo, del modo de concebir la empresa. En efecto, el hombre de la calle suele entender por ética la moral de la convicción de la que hablaba Weber, con lo cual le parece imposible que las decisiones de las empresas puedan ser alguna vez éticamente correctas; y, en lo que hace al modo de comprender la empresa, adoptan muchos el modelo neoamericano de que Albert nos hablaba. ¿No sucede entonces que hablar de ética de la empresa carece de sentido?

La respuesta a esta pregunta no puede ser sino afirmativa, por eso en lo que sigue trataré de considerar hasta qué punto la ética de la empresa no es más una *ética de la responsabilidad* que una ética de la convicción, y hasta qué punto una empresa situada a la altura de la conciencia moral de nuestra época no se atiene más al modelo que Albert califica de renano que al que califica de neoamericano.

5. DE LA ÉTICA DE LA CONVICCIÓN A LA ÉTICA DE LA RESPONSABILIDAD, PERO NO AL PRAGMATISMO

Es ya un tópico de la ética aplicada a la política remitirse a la conferencia de M. Weber «Política como vocación»[20], en la que plantea nuestro autor abiertamente la pregunta sobre el tipo de moral que debe asumir un político. Para intentar responderla realiza una distinción que, como es sabido, ha hecho fortuna, entre una ética de la convicción o de la intención y una ética de la responsabilidad. La primera prescribe o prohíbe determinadas acciones incondicionadamente como buenas o malas en sí, sin tener en cuenta las condiciones en que deben realizarse u omitirse ni las consecuencias que se seguirán de su realización u omisión; la ética de la responsabilidad, por su parte, ordena tener en cuenta las consecuencias previsibles de las propias decisiones.

Ahora bien —prosigue Weber—, sería injusto con la ética de la convicción creer que quienes la profesan se desinteresan de las consecuencias de sus acciones, porque no es éste el caso. Lo que ocurre más bien es que el ético de la convicción es un «racionalista cósmico-ético», que no acepta la irracionalidad ética del mundo, las antinomias de la acción. Le resulta imposible creer que de una acción mala puedan seguirse consecuencias buenas y que de una acción buena puedan seguirse malas

---

[18] M. Weber, «Política como vocación»; ver también los capítulos 10 y 11 del presente libro.

consecuencias. Por eso prohíbe recurrir a medios dudosos bajo pretexto de conseguir un fin bueno.

Y, sin embargo, la ética de la convicción choca en múltiples ocasiones con las antinomias de la acción, porque no hay ni ha habido ninguna ética que «pueda eludir el hecho de que para conseguir fines "buenos" hay que contar en muchos casos con medios moralmente dudosos o, al menos, peligrosos, y con la posibilidad, e incluso la probabilidad, de consecuencias naturales moralmente malas»[21]. De hecho, todas las religiones se han visto obligadas a justificar una violencia mínima, aunque en la base de la ética de la convicción latiera la confianza de que Dios se hace cargo de las consecuencias. Temas como los de la guerra justa, el homicidio justificado en legítima defensa o la justificación de dar muerte al tirano en determinados casos, son un buen ejemplo de cómo estas éticas de la convicción se han visto obligadas a legitimar un mínimo de violencia, un medio dudoso por un fin bueno.

Parece, pues, que responder a la pregunta por la ética que debe asumir el político no vaya a ofrecer muchas dificultades, porque sin duda ha de ser responsable de las consecuencias que de sus decisiones se sigan ante el pueblo que le ha elegido para conducirle a buen puerto. Con lo cual el político adoptaría una ética de la responsabilidad.

Ciertamente, ésta es la respuesta de Weber, pero no toda la respuesta, porque —según él— tampoco es lícito olvidar la otra cara de la moneda: tampoco es lícito olvidar el hecho de que «ninguna ética del mundo puede resolver cuándo y en qué medida quedan "santificados" por el fin moralmente bueno los medios y las consecuencias moralmente peligrosos»[22]. De ahí que el puro ético de la responsabilidad, carente de convicciones, sea también desaconsejable, porque se transforma al cabo en un puro calculador de consecuencias, en un pragmático inmoral, que ya no sirve a la causa para la que fue elegido. Por eso, el político ha de servir a la causa por la que fue elegido y de la que dice estar convencido, porque es ella la que *da sentido a su actividad*.

La actitud moral del político no puede, pues, decantarse por la pura convicción ni por el puro pragmatismo: ambos en estado puro son inmorales. Entre la convicción intolerante y el pragmatismo del «todo vale», la actitud que conviene al hombre llamado a la política es la *responsabilidad convencida*.

---

[21] M. Weber, «Política como vocación», p. 165.
[22] M. Weber, «Política como vocación», p. 165.

Ciertamente, estos trazos del texto weberiano son ya un lugar común en la ética política, pero lo que yo quería preguntarme aquí es si no vale también para la actividad empresarial lo que de la política Weber comenta. Porque como *actividades humanas* cada una de ellas tiene un fin que le es propio y que le legitima y da sentido; pero a la vez cada una de ellas obliga a tomar decisiones cuyas consecuencias es preciso tener en cuenta precisamente para alcanzar ese fin; y ninguna de las dos puede diseñar *a priori* las acciones concretas que sí deben ser hechas y las que deben ser evitadas, prescindiendo de los contextos en que se desarrollan. De ahí que sea tarea de la ética empresarial dilucidar cuáles son el sentido y fin de la actividad empresarial y proponer orientaciones y valores morales específicos para alcanzarlo. Las decisiones concretas quedan en manos de los sujetos que tienen que ser *responsables* de ellas y, por tanto, no pueden tomarlas sin contar con el fin que se persigue, los valores morales orientadores, la conciencia moral socialmente alcanzada y los contextos y consecuencias de cada decisión.

6. VALORES DE UNA EMPRESA POSTAYLORISTA[23]

Dirijamos ahora la mirada al otro referente que necesitábamos para construir una ética empresarial, atenta a la vez a las *ventajas que puede ofrecer el comunitarismo, pero sin olvidar que el universalismo es irreversible*: el modelo de empresa que Albert propone como renano.

Dibuja este modelo —según nuestro autor— el perfil de una solterona, poco atractiva pero segura, frente al fascinante modelo neoamericano que no da, sin embargo, más que para fugaces aventuras. Porque nuestra solterona plantea proyectos a largo plazo, no se tiene por mercancía, sino por corporación de personas unidas por una común tarea y aprecia, en consecuencia, esa cultura que va constituyendo su ser. Con lo cual quienes recordamos la distinción introducida por Kierkegaard entre la actitud ética y la estética, nos vemos abocados a concluir que es este modelo el candidato que buscamos para la ética.

Sin embargo, un recelo queda: ¿por qué la moral siempre ha de parecer segura, pero poco atractiva?, ¿por qué proyectar el futuro creativamente y sentirlo entre los dedos como cosa propia no puede ser al menos tan atractivo como trabajar codo a codo con seres a los que se considera

---

[23] G. Lipovetsky, *Le crépuscule du devoir*, cap. VII.; G. Archier y H. Sérieux, *La empresa del tercer tipo. Una nueva concepción de la empresa*.

mercancías, en una empresa o institución que no despierta el menor afecto y que en cualquier momento se vendería al mejor postor?

No creo que este mundo de relaciones instrumentales, en el que la gestión de recursos humanos no puede entenderse sino como manipulación[24], resulte más atractivo que un universo en que las relaciones intra y extraempresariales se basen en la idea de que las personas son interlocutores válidos y que la propia actividad empresarial es una tarea cooperativa que merece creación, imaginación, desvelo. Establecer relaciones de cooperación y no de conflicto, recurrir a la creación y no a la chapuza, sería entonces la meta, por eso creo que un buen pretendiente para la ética sería el que asumiera las virtualidades del postaylorismo.

Según los expertos, si la empresa tayloriana era piramidal y autoritaria, la empresa de tercer tipo pretende acrecentar la *iniciativa* de cada uno de los miembros, movilizar la inteligencia de todos, desarrollar las capacidades de propuesta de los asalariados en grupos de progreso, equipos autónomos y otros círculos de calidad. Intenta sustituir el principio de obediencia por el de *responsabilidad*, dinamizar los recursos *creativos* de todos los colaboradores, desarrollar la *calidad* de vida en el trabajo.

La clave del éxito económico no reside entonces en la explotación de la fuerza de trabajo y en la división mecánica de las tareas, sino en los programas de *formación*, en la asunción conjunta del *destino colectivo*.

Este *management* participativo exige proyectos de empresa, en los que la *cultura* sustituye a la racionalidad tecnocrática, el diseño *cualitativo* a la eficacia inmediata, la *adhesión* a la coerción, y la dinámica común y la movilización individual dependen de la *participación* de todos en el proyecto y del esclarecimiento de los valores comunes.

En la empresa de la excelencia los *ideales compartidos* reemplazan a la coerción burocrática, por eso no bastan las transformaciones técnicas ni las promociones internas, sino que hay que cambiar las mentalidades, modificar la relación del individuo consigo mismo y con el grupo, producir asalariados creativos, capaces de adaptarse y comunicarse.

---

[24] F. Cardona, C. Soriano y V. Todolí, «Ética en la gestión de recursos humanos», en prensa. Según Archier y Sérieyx, el «*management* de concentración vertical», que se vale del sistema de gestión de recursos humanos, permite transitar desde el *management* estratégico (las grandes opciones políticas) al operacional (asuntos cotidianos). Tal sistema ha de asumir seis funciones: inserción del personal, dinamización, ayudar a progresar a quienes trabajan en la empresa, fomentar el diálogo, la calidad de vida y la imagen de la empresa (ver *op. cit.*, pp. 75 ss.).

Los dispositivos clave de la nueva racionalidad managerial son entonces: autoridad de animación en vez de autoridad disciplinaria; enriquecimiento de responsabilidades, delegación de poderes y desburocratización; actitud de escucha y diálogo; medidas de redistribución de beneficios; políticas de formación permanente del personal; management participativo y horizontal.

Todo ello supone desarrollar la capacidad *creativa*; entender que la finalidad real de la empresa consiste en *innovar*, en crear riqueza y que el beneficio es el medio, no el fin de la empresa.

De cuanto venimos diciendo se desprende que los retos a que la empresa se enfrenta en nuestro momento le invitan a asumir un *ethos* determinado, un carácter específico, si desea sobrevivir, de tal suerte que puede decirse que «sin ética no hay negocio». Tales retos y los rasgos que a ellos corresponden serían los siguientes:

1) *Responsabilidad* por el *futuro*. La necesidad de la gestión a largo plazo obliga a reconciliar el beneficio y el tiempo.

2) Desarrollo de la capacidad *comunicativa*. Toda organización precisa una legitimación social, que se «vende» comunicativamente. El respeto a las normas morales es también un imperativo de relación pública, ya que es preciso crear un *entorno afectivo*.

3) *Personalización* e *identificación* de los individuos y de las firmas.

   El fracaso del individualismo hace necesaria la inserción de los individuos en grupos y el desarrollo del sentido de *pertenencia* a ellos[25].

   En la competencia entre empresas no bastan las publicidades comerciales para identificar la personalidad de una empresa, sino que se impone el imperativo de la personalización de las firmas. De lo que es claro ejemplo el mecenazgo, que no se ejerce sin beneficio.

4) En una cultura de la *comunicación* la moral impulsa la creatividad de los especialistas de la comunicación y funciona como un útil de diferenciación y personalización de la empresa. En la empresa abierta, la ética forma parte del *management* de «tercer tipo», erigiendo frente a la complejidad de los mercados,

---

[25] La tesis de P. F. Drucker según la cual la sociedad postcapitalista es la sociedad de las organizaciones, entre las cuales es central la empresa, le lleva a considerarla también como clave del mundo político. Ver *op. cit.*, pp. 117 ss.

no sólo el principio de innovación permanente de los productos, sino la innovación «moral» de la comunicación.
5) *Confianza*. Las imágenes de eficiencia han sido sustituídas por las de confianza entre la firma y el público, como se muestra, por ejemplo, en la imagen de responsabilidad social y ecológica de la firma, con la que se trata de establecer un lazo entre la firma y el público.

Naturalmente ante una exposición como la que acabo de hacer siempre queda flotando en el aire una pregunta, entre otras: ¿es la ética empresarial un cosmético que pretende aplicarse a un rostro en realidad demacrado e impresentable sin maquillaje? ¿No se trata de nuevo de jugar a encubrir ideológicamente la realidad, como si el mundo laboral fuera el de la cooperación y no el del conflicto, y la relación empresa-consumidor una relación de servicio y no de instrumentalización?

Antes de responder abiertamente a esta cuestión conviene, a mi juicio, aclarar en qué sentido se entienden —y entiendo— la ética empresarial y sus más claras realizaciones hasta el momento.

7. ¿QUÉ ES LA ÉTICA EMPRESARIAL?

Para responder a esta pregunta es de rigor acudir en primer término a distintos textos del ramo, en los que encontramos caracterizaciones como las siguientes:
1) La ética de los negocios puede entenderse como un *modo de resolver moralmente conflictos de acción*. La necesidad de considerar distintos cursos de acción y llegar a decisiones *justificadas* en el mundo de los negocios promovería un modo de entender la reflexión moral, que es el de ayudar a determinar los términos de la discusión y a llegar a acuerdos justificados. Como hemos comentado en varias ocasiones, que las decisiones últimas hayan de ser personales no implica que sean subjetivas, es decir, que no se puedan compartir y ser tenidas como racionales por otros interlocutores racionales, y en este sentido la ética posibilitaría llegar a acuerdos morales racionales en un proceso de argumentación.

En este sentido se pronuncia, por ejemplo M. T. Brown, para quien «aunque pueda resultar extraño, el propósito de la ética no es que la gente sea más ética, sino que sea capaz de tomar mejores decisiones»[26]. Dis-

---

[26] M. T. Brown, *La ética en la empresa*, Paidós, Barcelona, 1992, p. 10.

tinguiendo entre una ética negativa, que es una ética de prohibiciones, y una ética positiva, que aconseja lo que debemos hacer, «la ética [...] es el proceso de decidir lo que debe hacerse. Todas estas decisiones podrían generar un código ético, pero en realidad la meta consiste en generar recursos para que las personas puedan tomar mejores decisiones»[27]. En este proceso será preciso contar con propuestas, observaciones, juicios de valor y supuestos.

Por tanto, la reflexión ética se entiende como un análisis de la argumentación que permite tomar decisiones mejores y justificadas y llegar a acuerdos, para lo cual es necesario atender a tres elementos: el proceso de toma de decisiones, los sistemas de producción y mantenimiento y la cultura. Precisamente por lo que hace a la cultura, entiende Brown que las organizaciones son *comunidades morales*, lo cual significa que la interacción y las relaciones humanas presentes en ellas tienen una significación moral y que en ellas hay solidaridad, en el sentido de que existe una unidad que prevalece frente a los conflictos y desacuerdos. Las organizaciones son además *agentes morales*, porque pueden considerar cursos de acción alternativos, elegir uno u otro y justificar la decisión apelando a normas apropiadas de conducta.

2) Según otros autores, como es el caso de Gélinier, la ética de los negocios es la que concierne a las *relaciones externas de las empresas* o de los profesionales independientes con sus clientes, proveedores, con los poderes públicos, etc., y a las *relaciones internas entre personas en la empresa*, incluyendo a los dirigentes[28]. Se trata en ella de destacar los valores positivos que permiten juegos de no suma cero frente a la idea del juego de suma cero, es decir, se trata en ella de optar por un modelo de cooperación frente a un modelo de conflicto. A mi modo de ver, aquí entran con pleno sentido los llamados «códigos de conducta», que hoy están cobrando un auge espectacular, no sólo en las empresas, sino en otros tipos de instituciones y actividades, como es el caso de Hospitales, el de la Administración Pública, o el de la Prensa, entre muchos otros.

3) También puede entenderse la ética que nos ocupa como una *ética de la dirección y la gestión*[29]. Desde esta perspectiva, en una primera fase la ética de los negocios se plantea como una rama de la ética, que trata de aplicar a los negocios unos principios éticos. La transición a una segunda fase se produce cuando, a través de la consideración mo-

---

[27] Ibíd., p. 21.
[28] O. Gélinier, *Ética de los negocios*, Espasa-Calpe, Madrid, 1991, p. 9.
[29] Ver J. M.ª Lozano, *Ética y empresa*, Trotta, Madrid, 1999.

ral de la acción de los directivos, se percatan de que lo son de organizaciones: las organizaciones tienen obligaciones sociales, que trascienden sus funciones económicas. En una tercera fase se tiene una visión más directiva de la responsabilidad social: se trata de reconstruir la legitimidad de la organización, y para ello es necesario comprender la organización como proceso organizativo, poner énfasis en los procesos de toma de decisión, y en la interrelación del conjunto de elementos que configuran el proceso de constitución de la organización y la comprensión de sus finalidades como clave para comprender los procesos de toma de decisión.

La gran pregunta es entonces: ¿qué tipo de directivos hay que educar para qué tipo de organizaciones? La educación y el desarrollo moral habrán de pasar a formar parte del desarrollo organizativo.

4) *La ética empresarial en el contexto de una ética de las instituciones*[30]: Para una corriente que —a mi modo de ver— vendría a englobar las anteriores, la ética empresarial se tejería contando con hilos como los siguientes:

a) La empresa es, en primer lugar, un *sistema de valores*, con potenciales que han de aflorar a través de una cultura corporativa.

b) Las instituciones —también las empresas— han de redefinirse desde sus finalidades y, por tanto, desde los valores que las identifican.

c) Lo ético es una exigencia de los *sistemas abiertos*: en los cerrados lo moral se identifica con lo legal, mientras que en los sistemas abiertos, desregulados, el hombre necesita normas de comportamiento que descansen en los valores de la institución, en nuestro caso de la empresa. Tales normas encarnadas en la conducta componen una *cultura empresarial*.

d) Lo ético es *rentable* porque reduce costes de coordinación externos e internos en la empresa: posibilita la identificación con la corporación y una motivación eficiente.

e) La cultura propia de la empresa permite *diferenciarla* frente a los competidores.

f) Todo ello requiere una clara concepción del papel del *directivo*, que se identifica con la corporación y tiene capacidad para integrar hombres.

Estos rasgos van componiendo sin duda lo que llamamos una *cultura empresarial*, expresiva de una *peculiar ética de la empresa*, y conviene

---

[30] S. García Echevarría y Ch. Lattmann, *Management de los recursos humanos en la empresa*, Díaz de Santos, Madrid, 1992; T. Tuleja, *op. cit.*

recordar —llegados a este punto— que no los hemos obtenido a partir de una ética aplicada que funcione *more deductivo;* es decir, que no hemos enunciado al comienzo algún principio ético general con contenido y después lo hemos aplicado al caso especial de la empresa, sino que hemos acudido al *mundo mismo de la empresa*, tal como se configura a la altura de nuestro tiempo, y en él hemos ido descubriendo esos rasgos que nos permiten comprenderlo mejor y a la vez orientarlo moralmente. Pero, a la vez, en la peculiariedad del hodierno mundo empresarial, en la entraña misma de los rasgos que lo caracterizan, hemos ido leyendo elementos éticos comunes a otros ámbitos de la vida social; elementos que, como antes decíamos, van componiendo los rasgos de una ética mínima. Es el proceder hermenéutico el que los descubre, y no alguna suerte de intuición especial. Y es en el contexto de esta ética mínima en el que, a mi juicio, cobra todo su sentido la ética de la empresa.

8. LA ÉTICA EMPRESARIAL EN EL CONTEXTO DE UNA ÉTICA CÍVICA

Bueno parece en este momento recordar aquellos modos de entender lo moral, que casi como «plantillas» para la ética aplicada expuse en el capítulo 11, y que efectivamente se dibujan también en el trasfondo de la moral empresarial: es una empresa *desmoralizada* —podemos decir atendiendo al primer modo— la que, ignorando el fin propio de la actividad empresarial (la producción de riqueza para satisfacer necesidades humanas), carece de un proyecto compartido en el que merece la pena emplear las fuerzas o la que lo ha olvidado y la que carece de fuerzas para llevarlo adelante; la que no considera la calidad de sus productos como el valor más elevado de su tarea; pero también la que, descuidando la naturaleza misma de la empresa como grupo humano, al servicio de grupos humanos, mantiene relaciones humanas *ad intra* y *ad extra* puramente instrumentales, como si la pura instrumentalización, sin dosis alguna de comunicación, fuera la relación propia del mundo empresarial.

Por el contrario, es una empresa *alta de moral* la que tiene arrestos para enfrentar los retos vitales, porque cuenta con un proyecto compartido, del que forman parte la producción de calidad, la generación de confianza, la comprensión de las relaciones humanas no sólo como instrumentales, no sólo como regidas por el derecho, sino también como comunicativas y cooperativas.

Por otra parte, también resulta innegable —por seguir con los diferentes modos de entender lo moral— que quienes cooperan en la empresa tienen que recurrir a una razón calculadora, que genera *recursos para tomar decisiones correctas*, y enseña a actuar de este modo, como Brown nos recuerda. El cálculo de las consecuencias y la maximización del beneficio son, pues, también componentes de la ética de la empresa.

Sin embargo, estos dos modos de entender lo moral resultan insuficientes para dar cuenta de la ética empresarial, que —a mi juicio— hoy acusa en alto grado el *impacto del comunitarismo* y, por otra parte, no puede sustraerse en modo alguno al marco *deontológico postconvencional*, que conviene al nivel de desarrollo de nuestra conciencia moral.

En efecto, el ideal comunitario parece adecuado para dirigir una actividad como la económica, en la medida en que los miembros de la empresa cobran su identidad en el seno de un grupo que comparte una meta común, refuerzan su sentido de pertenencia al grupo frente a la tentación del individualismo abstracto, desarrollan unas virtudes necesarias para alcanzar la meta compartida, y distribuyen entre sí las funciones atendiendo a la excelencia. Como diría Walzer, no existe un sólo criterio de justicia por el que quepa medir la distribución de bienes, sino que es necesario atender a las peculiaridades de cada ámbito para fijar el criterio de distribución justa. Y en este caso, como en el de la mayor parte de las instituciones, el criterio de distribución de cargos no puede ser sino la excelencia. Otra cosa no va sino en contra de los propios fines que legitiman la institución y es, por tanto, inmoral[31].

Ahora bien, la hodierna ética cívica, el nivel moral alcanzado por una sociedad democrática y pluralista, no queda satisfecho con la racionalidad calculadora y la comunitaria, porque cuenta de modo irreversible con ese marco deontológico universalista al que ninguna actividad puede hoy renunciar sin abjurar de su moralidad y que he venido caracterizando como un marco comunicativo; el nivel de los derechos humanos y el descubrimiento de que cada hombre es un interlocutor válido son irrenunciables para una ética empresarial de nuestro tiempo.

La ética empresarial consistiría, por tanto, en el descubrimiento y la aplicación de los valores y normas compartidos por una sociedad pluralista —valores que componen una ética cívica— al ámbito peculiar de

---

[31] Esta inmoralidad es ya habitual en la Universidad española, en la que el principio de endogamia en la adjudicación de puestos sustituye abiertamente a los de imparcialidad y excelencia. Ver *La moral del camaleón*, cap. 7.

la empresa[32], lo cual requiere entenderla según un modelo comunitario, pero siempre empapado de postconvencionalismo.

Esta ética se expresaría obviamente en la conducta de los miembros de la empresa, pero también explícitamente en declaraciones éticas corporativas[33], en la generación de recursos para que las personas puedan decidir y en los códigos de las empresas, de sectores económicos o de grupos empresariales.

En lo que a éstos últimos respecta, suelen girar en torno a cuatro conceptos[34]: equidad (salarios del ejecutivo, mérito comparativo, precio del producto), derechos (proceso de audiencia justo, protección de la salud del empleado, derecho a la intimidad, igualdad de oportunidades, no discriminación por razón de sexo o raza), honestidad (seguridad de información comercial de la compañía, regalos impropios, sobornos) y ejercicio del poder corporativo (seguridad en el lugar de trabajo, seguridad del producto, seguridad del medio ambiente, cierre y reducción de plantilla).

Sin duda contar con un código de conducta presta a la empresa una cierta identificación y, aunque en ocasiones tales códigos incorporan prohibiciones, forman parte de una concepción moral de la vida empresarial, no sólo negativa, sino también positiva: de una cultura empresarial. Sin embargo, estas últimas palabras nos recuerdan cuestiones que antes dejamos abiertas: ¿es la ética empresarial una moda que, bajo una capa de polvos ideológicos, quiere encubrir inteligentemente la faz de la explotación?

9. ¿UN NUEVO OPIO DEL PUEBLO?[35]

Formular una pregunta como la anterior no es sólo cuestión de mala fe o de desconfianza universal, sino un recelo bien fundado en la historia de la humanidad, preñada de construcciones ideológicas dirigidas, de modo más o menos consciente, a proteger los intereses de la clase dominante.

Cierto que los intereses no serían ahora de clase dominante porque la división de clases, practicada desde la diferente posición ocupada en

---

[32] E. Tortosa, «Una experiencia sobre la ética de los negocios», *Dinero*, n.º 499 (1993), p. 81.
[33] T. Tuleja, *op. cit.*, pp. 249 ss.
[34] D. Melé, *op. cit.*, p. 131.
[35] G. Lipovetsky, *op. cit.*, cap. VII.

relación con la propiedad de los medios de producción, está ya fuera de lugar, y más en un mundo en que son pieza clave los directivos, los gestores, los encargados del *marketing*, que nada tienen que ver con la cuestión de la propiedad. Sin embargo, un buen número de sospechas siguen siendo inevitables, habida cuenta del triunfo de la razón manipuladora, no sólo en la empresa, sino en el conjunto de las relaciones humanas: ¿qué credibilidad puede darse a una presunta visión común, recogida en un código de conducta —preguntan algunos, como Lipovetsky—, cuando ésta no evita las prácticas de fusión y adquisición salvaje de empresas, de reestructuración y despidos más o menos brutales, más o menos masivos? ¿En qué se diferencia el proyecto de empresa de un efecto cosmético, cuando lo impone el equipo directivo sin debate colectivo, y no le acompañan los cambios adecuados en las prácticas cotidianas de la empresa? Sin transformaciones coherentes en la organización, ¿no se vuelve la gestión participativa contra ella misma, exacerbando las sospechas y la desmotivación de los asalariados? ¿No parece que en realidad no importa el contenido del proyecto, sino crear la sensación de que se participa en él, de que hay algo compartido, de que existe una comunicación? ¿*No hay, pues, una manipulación a cuento de los valores*?

La conclusión de este cúmulo de sospechas no puede ser sino la de que es ésta una ética sumamente ambigua, porque se dice en ella que los ideales son lo primero y, sin embargo, lo es en realidad la eficacia de la empresa, que intenta ahora lograrse a través de la motivación y la adhesión del personal. La presunta transparencia y comunicación, el trato a trabajadores y consumidores como interlocutores virtuales, forma parte entonces del cálculo estratégico, hasta el punto de que tiene sentido preguntarse si se trata *de un nuevo opio del pueblo o de una necesidad*.

10. QUE LA ÉTICA SEA RENTABLE NO ES INMORAL

Estas sospechas, sin duda fundadas, se tranformarían en auténticas evidencias si no tuviéramos en cuenta dos factores al menos: que la actividad empresarial es una actividad humana con una finalidad social, de modo que las actitudes necesarias para alcanzar su meta (búsqueda de la calidad, solidaridad a la alza, excelencia, competencia, etc.) son actitudes morales , y que estas actitudes hoy se modulan sobre el trasfondo de una ética cívica, para la cual tanto los miembros de la empresa como los consumidores se caracterizan por ser interlocutores válidos.

Porque el *procedimentalismo universalista* del tipo de la ética discursiva constituye, como venimos diciendo, la ética marco de un Estado de derecho, con su principio «una norma sólo será correcta si todos los afectados por ella están dispuestos a darle su consentimiento tras un diálogo celebrado en condiciones de simetría», que constituiría la puesta en diálogo del principio del Contrato Social: «el soberano no puede promulgar más normas que las que todos pudieran querer».

Aplicado este marco formal a la específica actividad empresarial, en el sentido que estamos dando al término «aplicar», esto significa:

1) Que una ética empresarial no es una ética de la convicción, sino una ética de la responsabilidad por las consecuencias de las decisiones que en ella se toman. Lo cual no significa en modo alguno optar por el pragmatismo, sino recordar que es preciso tener en cuenta las consecuencias de las decisiones para aquella finalidad por la que la empresa existe y que consiste en la satisfacción de necesidades humanas.

2) Que puesto que la actividad empresarial tiene una finalidad, que le legitima y de la que cobra todo su sentido —servir a los consumidores, que son los afectados a cuyo servicio se encuentra la actividad de la empresa—, queda deslegitimada la que olvide esta finalidad.

3) Que los consumidores son interlocutores válidos y una *democracia radical* exigiría tener en cuenta sus intereses a través de mecanismos de participación efectiva.

4) Que los miembros de la empresa son interlocutores válidos, cuyos derechos tienen que ser respetados al nivel de una conciencia moral como la que socialmente hemos alcanzado; de ahí que queden fuera de época las prácticas humillantes y las desconsideraciones. Pero también que es tiempo de cumplir los propios deberes y de corresponsabilizarse por la marcha de la empresa a la que se pertenece; de ahí que la cooperación haya de tomar el lugar del conflicto y la corresponsabilidad el lugar de la apatía.

5) Que ha crecido en inteligencia una humanidad que se guía por este modelo y que se atiene al mencionado marco postconvencional de justicia, no sólo legal, sino también moral.

6) Que en tal caso el cambio en la concepción de la empresa de un modelo taylorista a uno postaylorista no es una simple moda, sino una auténtica exigencia de la conciencia moral de los tiempos. Una conciencia que, como tal, es irreversible[36].

---

[36] Ver A. Cortina, J. Conill, A. Domingo y D. García Marzá, *Ética de la empresa*; A. Cortina (dir.), *Rentabilidad de la ética para la empresa*; A. Cortina y J. Conill, *Democracia participativa y sociedad civil. Una ética empresarial*, Siglo del Hombre/Fundación Social, 1998; J. Conill, *Horizontes de economía ética*; D. García-Marzá, *Ética empresarial*; J. F. Lozano, *Códigos éticos para el mundo empresarial*; A. Cortina (ed.), *Construir confianza*, Trotta, Madrid, 2003.

ÍNDICE DE AUTORES

ABELLÁN, J.: 68.
ACOSTA, E.: 243.
ADORNO, R. W: 124, 210.
ALBERDI, R.: 198.
ALBERT, H.: 48, 49, 50, 51, 53, 54, 55, 56, 57, 230.
ALBERT, M.: 267, 272.
ALEXY, R.: 219.
AMENGUAL, G.: 123, 132.
APEL, K.-O.: 17, 28, 39, 45, 53, 70, 71, 77, 78, 80 101 107, 108, 109, 111, 112, 113, 114, 115, 117, 125, 130, 131, 132, 136, 137, 138, 139, 140, 155, 167, 169, 170, 171, 172, 174, 190, 196, 213, 219, 236, 266.
ARANGUREN, J. L. L.: 17, 33, 66, 130, 142, 162, 178 179, 180, 200, 216.
ARCHIER, G.: 270, 274, 275.
ARIAS, G.: 187.
ARISTÓTELES: 52, 80, 81, 146, 255.
ARRAS, J. D.: 167.
ARROW, K. J.: 56.
ASÍS, R. DE: 205.
AUBERT, N.: 271.
AVINERI, S.: 102.

BACHRACH, P.: 89, 94, 97.
BAKKE, O. M.: 225, 239.
BARBER, B.: 75, 92, 93, 101, 102, 103, 104, 105, 106, 266.
BARRENECHEA, J. J.: 241.
BATAILLE, G.: 123.
BELDA, R.: 198.
BELL, D.: 266.
BENAVENTE, J.: 222.
BENHABIB, S.: 74, 102, 108, 156.
BENJAMIN, W: 49.
BENNÁSSAR, B.: 195.
BENTHAM, J.: 90.
BERLIN, I.: 73, 95, 109, 213.
BERTOMEU, M. J.: 240.
BLANCO, D.: 170.
BOBBIO, N.: 29, 76.
BROWN, M. T: 277.
BUCHANAN, J.: 55, 56, 57.

CAMPS, V: 195.
CARDONA, F.: 275.
CASTIÑEIRA, A.: 31, 54, 123, 192.

CHEVALIER, J.: 152.
CIORAN, E. M.: 169.
COLE: 94.
CONILL, J.: 13, 39, 47, 55, 68, 98, 120, 124, 125, 137, 143, 152, 155, 166, 170, 174, 177, 178, 198, 200, 225, 263, 265, 266, 268, 284.
CONSTANT, B.: 73, 76, 95, 145.
CORTINA, A.: 17, 20, 21, 31, 35, 45, 53, 66, 68, 70, 75, 78, 89, 90, 93, 99, 108, 113, 122, 130, 136, 137, 139, 140, 142, 155, 157, 162, 164, 170, 177, 185, 192, 194, 195, 196, 197, 200, 203, 204, 210, 212, 213, 219, 232, 240, 254, 258, 268, 284.
COTARELO, R.: 89, 97, 117.
CROCKER, D.: 13, 123.
CUBELLS, F.: 60, 146.

DAHL, R.: 54, 81, 94, 95, 97.
DAHRENDORF, R.: 101.
DALLMAYR, F: 102.
DANIELS, N.: 225.
DESCARTES, R.: 123.
DESCOMBRES, V.: 124.
DEWEY, J.: 36, 38.
DE ZAN, J.: 17, 108, 130, 137, 155, 233.
DÍAZ, C.: 149, 150, 153, 198, 199, 233.
DÍAZ, E.: 62, 67, 71, 100.
DOMINGO, A.: 125, 166, 177, 195, 268, 284.
DOWNS, A.: 70.
DRUCKER, P. F.: 66, 83, 99, 276.
DUBIEL, H.: 108.
DURKHEIM, E.: 132.
DUSSEL, E.: 125.
DWORKIN, R.: 31, 32, 76, 77, 79, 155.

EBELING, H.: 132.
ELLACURÍA, I.: 186, 188.
ENGELS, F.: 89.
EPICURO: 243.
ETCHEGOYEN, A.: 166.
ETZIONI, E.: 192.

FERNÁNDEZ, E.: 79, 229.
FEUERBACH, P. J.: 34.
FICHTE, J. G.: 123.
FOUCAULT, M.: 127.
FONT, Pl. Ll.: 183.
FOURIER, Ch.: 94.

[285]

FREEMAN, S.: 32.
FREUD, S.: 123.
FRIEDMAN, M.: 54.
GADAMER, H.-G.: 125.
GAFO, J.: 224, 225, 241, 247.
GALINDO, A.: 201.
GARCÍA, M.: 225.
GARCÍA ALFONSO, F.: 225, 239.
GARCÍA ECHEVARRÍA, S.: 279.
GARCÍA GUAL, C.: 243.
GARCÍA-MARZÁ, V. D.: 22, 89, 93, 108, 112, 152, 162, 170, 177, 268, 284.
GARCÍA ROCA, J.: 297.
GARCÍA ROS, R.: 216.
GARZÓN, E.: 238.
GAULEJAC, V. DE: 271.
GÉLINIER, O.: 278.
GIERKE, O. VON: 55.
GILLIGAN, C.: 74, 155, 156.
GINER, S.: 146, 196.
GÓMEZ, C.: 139.
GONZÁLEZ FAUS, J. I.: 191.
GORZ, A.: 151, 152.
GOYARD-FABRE, S.: 68.
GOZÁLVEZ, V.: 177.
GRACIA, D.: 166, 167, 168, 176, 178, 200, 223, 225, 239, 240, 247, 251, 255, 258.
GUARIGLIA, O.: 240.
GUISÁN, E.: 183, 232, 254.
GUYAU, J. M.: 129.

HABERMAS, J.: 28, 45, 49, 70, 71, 80, 101, 108, 109, 110, 112, 114, 115-19, 121, 125, 126, 132, 133, 134, 136-40, 152, 169, 170, 171, 199, 213, 218, 219, 234, 235, 236, 263, 266.
HAKER, H.: 258.
HAMPSHIRE, S.: 32.
HARSANYI, J. C.: 56.
HAVE, H. TEN: 255.
HAYEK, F. A. VON: 157.
HEGEL, F. W. F.: 35, 38, 61, 82, 130, 146.
HEIDEGGER, M.: 123, 245.
HELD, D.: 89, 97.
HERÁCLITO: 60.
HERNÁNDEZ, M.: 246.
HIRSCHMAN, O.: 147, 148.
HIRST, P.: 76.
HOBBES, T.: 55.
HOFFE, O.: 34, 126, 206.
HORKHEIMER, M.: 124, 132, 210.
HORTAL, A.: 166.
HUMPHRY, D.: 241.
HUSSERL: 137.

JEFFERSON, T.: 94.
KALLSCHEUER, O.: 79.
KANT, I.: 34, 35, 55, 61, 68, 74, 101, 104, 112, 125, 137, 138, 142, 145, 171, 172, 182-85, 197, 206, 211, 212, 220, 226, 227, 230-33, 235, 249, 261.
KEANE, J.: 146, 148, 151.
KEIM, D. W.: 116.
KETTNER, M.: 113, 114, 140, 170, 171.
KIERKEGAARD, S.: 39.
KLIEMT, H.: 54.
KNUDTSON, R.: 166, 253.
KOESTLER, A.: 130.
KOHLBERG, L.: 101, 156, 193, 198.
KOSLOWSKI, P.: 266.
KUHLMANN, W.: 130, 137, 171.

LACADENA, J. R.: 166, 253, 254, 258.
LACAN, J.: 127.
LARMORE, Ch.: 28, 29, 33, 40, 41, 46.
LATTMANN, Ch.: 279.
LEIBNIZ, G. W.: 125.
LEITA, J.: 183.
LENIN, V. I. U.: 94.
LEVINAS, E.: 125.
LÉVI-STRAUSS, C.: 127.
LINDNER, C.: 91, 93, 94.
LIPOVETSKY, G.: 17, 18, 129, 130, 131, 192, 268, 274, 282, 283.
LLANO, A.: 153.
LÓPEZ CALERA, N. M.ª: 99, 149.
LOZANO, J. F.: 177, 284.
LOZANO, J. M.ª: 268, 278.
LUBBE, H.: 196.
LYOTARD, J. F.: 11, 266.

MACINTYRE, A.: 26, 31, 64, 75, 101, 139, 154, 175, 184, 192, 200, 203.
MACPHERSON, C. B.: 73, 89, 101, 118.
MADISON, J.: 96.
MAIHOFER, A.: 156.
MALIANDI: 108.
MAQUIAVELO, N.: 166.
MARÍAS, J.: 204.
MARTÍN SOSA, N.: 166.
MARTÍNEZ MARTÍNEZ, M.: 193.
MARTÍNEZ NAVARRO, E. G.: 31, 177, 195.
MARX, K.: 38, 89, 94, 108, 123.
MEAD, G. H.: 72, 132, 133.
MELÉ, D.: 267, 282.
MENÉNDEZ UREÑA, E.: 265.
MERLO, V.: 201.
MICHELINI, D.: 17, 130, 137, 155, 213.
MILL, J.: 90.
MILL, J. S.: 61, 89, 93, 182.

ÍNDICE DE AUTORES

MITH, D.: 258.
MOUFFE, Ch.: 76.
MUGUERZA, J.: 33, 54, 131, 138, 170, 232, 249.
MUÑOZ, A.: 53, 58.

NICOLÁS, J. A.: 53.
NIETZSCHE, F.: 42, 123, 124.
NOVE, A.: 64.
NOZICK: 31, 54, 77, 108.

OAKESHOTT, M.: 38.
OBIOLS, R.: 62.
ORTEGA Y GASSET, J.: 178, 179, 180.
ORWELL, G.: 130.
OWEN, R.: 94.

PARAMIO, L.: 69.
PARETO, W.: 55.
PATEMAN, C.: 89, 94, 97.
PECES-BARBA, G.: 80, 205, 233.
PEIRCE, J. S.: 78.
PELLEGRINO, E.: 227.
PÉREZ DELGADO, E.: 216.
PÉREZ LUÑO, A. E.: 80.
PÉREZ TAPIAS, J. A.: 170.
PERICLES: 81, 145.
PETERS, T. J: 271.
PETTIT, Ph.: 13, 83.
PIEPER, A. M.: 114, 171.
PINTOR-RAMOS, A.: 178, 200.
PLATÓN: 123, 166.
POPPER, K.: 29, 31, 48, 53, 58.
POTTER, V. R.: 223.
PUIG ROVIRA, J. M.ª: 193.

QUINTANILLA, M. A.: 64, 71.

RANGEON, F.: 152.
RAWLS, J.: 28, 31, 32, 34, 37- 40, 46, 55, 69, 70, 76, 77, 79, 83, 102, 110, 179, 207, 208, 266.
RENAUT, A.: 124, 125.
REQUEJO, F.: 89.
RIEDEL, M.: 52.
RODILLA, M. A.: 32.
RODRÍGUEZ ARAMAYO, R.: 68.
RORTY, R.: 34, 37, 38, 41, 42, 43, 46.
ROS, J. M.: 129.
ROSENBLUM, N.: 31.
ROSS, D.: 192.
ROSSELLI, C.: 79.
ROTHBARD, M.: 54.
ROUSSEAU, J. J.: 89, 94, 104.
RUIZ DE LA PEÑA, J. L.: 201, 207.

SÁEZ, L.: 170.

SALCEDO, D.: 56.
SANDEL, M.: 200.
SANMARTÍN, J.: 253, 255.
SANTESMASES, A. G.: 62.
SARTORI, G.: 89.
SAUSSURE, F. DE: 132.
SAVATER, F.: 131, 143.
SCHUMPETER, J. A.: 90, 96, 109.
SEN, A. K.: 55.
SÉRIEYX, H.: 270, 274, 275.
SHALIT, A. DE: 102.
SIEGLER, M.: 227.
SINGER, P. A.: 227, 244.
SIURANA, J. C.: 177, 251.
SKLAR, J.: 41.
SMITH, A.: 50.
SOBRINO, J.: 186, 188.
SORIANO, D.: 275.
SOSOE, L. K.: 162.
STERN, R.: 269.
STIEGLEDER, K.: 258.
SUZUKI, D.: 166, 253.

THIEBAUT, C.: 74, 102.
TODOLÍ, V.: 275.
TORRES QUEIRUGA, A.: 199.
TORTOSA, E.: 282.
TOULMIN, S.: 175.
TUCÍDIDES: 81.
TUGENDHAT, E.: 39, 155.
TULEJA, T.: 269, 279, 282.
TULLOCK, G.: 56.

ULRICH, P.: 266.
UNAMUNO, M. DE: 245, 246.

VALLESPÍN, F.: 54.
VARGAS-MACHUCA, R.: 62, 64, 71.
VIDAL, M.: 162, 195.

WALRAS, M. E. L.: 55.
WALZER, M.: 15, 27, 74, 75, 79, 80, 82, 83, 84, 85, 143, 151, 152, 266, 281.
WARNOCK, G. H.: 178.
WATERMAN, R. H.: 271.
WEBER, M.: 50, 53, 114, 172, 186, 263, 272, 273.
WELIE, J. V. M.: 255.
WELLMER, A.: 112, 124.
WICKETT, A.: 241.
WITTE, J. I.: 255.
WITTGENSTEIN, L.: 123, 124, 137.
WOLLSTONECRAFT, M.: 89.

YOURCENAR, M.: 245.

ZUBIRI, X.: 178, 188.